Inhalt

„Polen in seinem Jahrhundert"

Polen scheint für viele Deutsche nach wie vor ein eher unheimlicher Nachbar zu sein – in Meinungsumfragen jedenfalls rangieren die Polen auf dem Thermometer der deutschen Sympathien in der Kältezone. Bestimmt aber ist es für die meisten Deutschen ein schwieriger Nachbar: Anders als Frankreich gebührte ihm in den letzten zweihundert Jahren nicht einmal die Ehre, ein „Erbfeind" zu sein – auch wenn sich manche Deutsche in der Wilhelminischen Zeit über die „welsche Tücke" empörten und Paris als eine Metropole der Dekadenz apostrophierten, war sie eben doch eine Metropole, die ebenso wie die französische Kultur eine starke Anziehungskraft ausübte. Nichts dergleichen im Osten: Warschau oder Krakau lagen zumeist außerhalb des Gesichtskreises eines deutschen Bildungsbürgers – der eigentliche, gefürchtete wie geachtete Nachbar im Osten war für ihn ja Rußland, während Polen durch die Teilungen im 18. Jahrhundert zur „Verfügungsmasse" und – wenn überhaupt – zu einem innerpreußischen Problem degradiert wurde.

Daß Polen dann 1918 „aus dem Nichts" wiederauferstand und dazu noch zum Teil auf Kosten des „durch die Schmach von Versailles gedemütigten" Deutschen Reiches, war kein guter Ausgangspunkt für eine Aussöhnung mit dem polnischen „Phoenix". Doch nach dem Ersten Weltkrieg gehörte „Aussöhnung" ohnehin noch nicht zu den gängigen politischen Kategorien, und mit jenem „Saisonstaat", den Hitler und Stalin 1939 dann einvernehmlich zerschlugen, schon gar nicht. Krieg und Besatzungszeit drohten, die Substanz des polnischen Volkes zu zerstören, doch 1945 war Polen – wenn auch von den Alliierten „westverschoben", kleiner als vorher und der sowjetischen Einflußzone zugeteilt – wieder da.

Die Ordnung von Jalta galt 45 Jahre lang. Durch sie wurde Europa „symmetrisch-übersichtlich" in zwei große Einflußzonen aufgespalten, und die Teilung Deutschlands war für sie ein tragender Pfeiler – ähnlich wie die Teilungen Polens für das Europa der „Heiligen Allianz" im 19. Jahrhundert. Trotz aller deutsch-polnischen Ungleichzeitigkeiten ist also die Geschichte beider Länder eng miteinander verzahnt. Daher empfanden es viele Polen als symbolisch, daß die Berliner Mauer ausgerechnet in dem Moment fiel, als der deutsche Kanzler gerade nach Warschau gereist war. Mit der deutschen Vereinigung – die sich namhafte Vordenker der *Solidarność* übrigens schon herbeiwünschten, als man sie in den europäischen Hauptstädten noch als unverantwortliche Schwärmerei abtat – und dem Zerfall der Sowjetunion entstand eine völlig neue Lage in Europa, in der gerade die deutsch-polnischen Beziehungen eine nicht unwesentliche Rolle spielen sollten. Das neue „karolingische Reich", das – gestützt auf die enge deutsch-französische Zusammenarbeit – mit der politischen Union der EG-Staaten geschaffen werden soll, ist noch nicht gefestigt, aber schon mit einer labilen Lage im Osten konfrontiert. In den postkommunistischen Staaten kommt es zu nationalistischen Konvulsionen, die neuen politischen Eliten sind amorph, die wirtschaftliche Lage unsicher. Der Osten erscheint in vielen Zeitungsberichten als ein Raum, der durch Chaos, Bürgerkriege und wirtschaftliche Katastrophen selbst eine „karolingische Festung" ins Wanken bringen könnte.

Doch die ostmitteleuropäischen Länder befinden sich nicht nur auf einer „Rutschbahn ins Chaos", sondern vor allem in einer Aufbauphase. Aus westlicher Perspektive fällt es oft schwer, die Tagespolitik anhand der historisch und kulturell bedingten Spezifik der Ostmitteleuropäer zu verstehen. Mal unterschätzt man ihre Zähigkeit bei der Bewältigung von Krisen, mal überschätzt man die Rolle antiquierter Traditionen oder historischer Traumata. Und so schwankt auch die deutsche Einschätzung der polnischen Nachbarn zwischen Begeisterung für „couragierte Freiheitshelden" und Entsetzen über „großspurige Nationalisten" oder „schäbige Schieber", die noch in einer „vormodernen" Welt leben.

Eine Stütze für das Verständnis der heutigen Entwicklungen kann die Geschichte in ihren „langen Abläufen" sein, die jede

Gesellschaft gewollt oder ungewollt erbt und an der sie sich reiben muß. Einige dieser Abläufe, die grundlegenden Dilemmata der polnischen Geschichte im 20. Jahrhundert und die Strategien ihrer Lösung, möchte dieses Buch dem deutschen Leser ein wenig verständlicher machen. Trotz aller Katastrophen und Rückschläge ist dieses Jahrhundert in einem gewissen Sinne ein „Jahrhundert der Polen", denn an seinem Anfang gab es nur die Träume und die Verbitterung des Volkes, das 123 von den Teilungsmächten „gestohlene" Jahre als Untertanen fremder und sogar feindlicher Staaten hinter sich hatte. Erst unser Jahrhundert entschied darüber, ob sich die Polen als Gesellschaft und Staatsnation würden behaupten können. Heute wird die Daseinsberechtigung des polnischen Staates von niemandem mehr angefochten, und trotz mancher Schüttelfröste des Systemwandels ist er stabiler und innerlich gefestigter als viele Beobachter von außen befürchten – letztendlich also eine bittere Erfolgsstory...

Dafür, daß ich sie in dieser Form erzählen konnte, danke ich vielen hier ungenannten polnischen und deutschen Historikern und Freunden, die mein Geschichtsbild geprägt und korrigiert haben, nicht zuletzt aber auch meiner Lektorin, Frau Dr. Ingrid Lent, ohne deren ermutigende und geduldige Beharrlichkeit sie vielleicht bis heute noch nicht zu Ende erzählt wäre...

Warschau, September 1992

I

Das 20. Jahrhundert begann für die Polen kaum weniger bedrückend als das 19. Auch mehr als hundert Jahre nach den Teilungen Polens durch Rußland, Preußen und Österreich bestanden für die dreigeteilte Nation keine Aussichten, einen unabhängigen Staat wiederzuerlangen. Gleichzeitig herrschte noch eine dubiose Ruhe in Europa, die den drei Teilungsmächten in der „polnischen Frage" weiterhin freie Hand ließ. In diesem „gestohlenen" 19. Jahrhundert hatten die Polen als Untertanen dreier verschiedener Mächte versucht, mit Widerstand und Anpassung, mit „organischer Arbeit" und Untergrundtätigkeit wenn schon nicht die Unabhängigkeit, so doch wenigstens größere Freiheiten zu erringen.

Doch die Bilanz dieser Bemühungen war traurig. Das Land war ausgezehrt, die Bevölkerung drangsaliert. Der einst ausgedehnte Staat, die Adelsrepublik, die sich im 16. Jahrhundert von Danzig bis fast zum Schwarzen Meer und von Smolensk bis Posen erstreckt hatte, war auf ein amorphes Gebiet mit unbestimmten äußeren Grenzen zusammengeschrumpft, auf drei Provinzen dreier Teilungsmächte, vorgeschobene Glacis, gespickt mit Festungen und Kasernen fremder Armeen. Unweit von Krakau, dem alten polnischen Königssitz, liefen die Teilungsgrenzen im „Drei-Kaiser-Dreieck" zusammen, einem surrealen Siegel der polnischen Unfreiheit.

Sogar 1800 hatte es besser ausgesehen. Noch klang zwar allen, die die alte *Res publica* mit ihrem Wahlkönig durch Aufklärung, innere Reformen – bis hin zur Verabschiedung der ersten schriftlichen Verfassung in Europa (1791) – und schließlich militärischen Widerstand (1794) hatten retten wollen, das lähmende „*finis Poloniae*" in den Ohren, mit dem Tadeusz Kościuszko, das Oberhaupt der polnischen Aufständischen, seine Festnahme durch die Russen kommentiert haben soll. Doch das heraufziehende Getöse der napoleonischen Geschütze ließ bald neue Hoffnungen keimen, der Korse – den die Polen trotz seiner Unredlichkeit in der „polnischen Frage" bis heute in ihrer Nationalhymne besingen – werde den drei gefräßigen Nachbarn Polens, den Romanows, den Hohenzollern und den Habsburgern, die die polnische Adelsrepublik gemeinschaftlich in drei Gängen – 1772, 1793, 1795 – aufgeteilt und verspeist hatten, so zusetzen, daß auch die Polen sich die Freiheit erstreiten würden. Die polnischen Legionen kämpften ja seit 1796 in Italien, wo Bonaparte ihnen – wie sie sangen – „ein Vorbild gab, wie wir siegen sollen". Für ihn siegten sie auch mehrmals, aber aus den Napoleonischen Kriegen gingen sie mit leeren Händen hervor. Einen souveränen Staat vermochten weder sie noch ihre Kinder und Enkel in den darauffolgenden Aufständen von 1831, 1846 und 1863 zu erzwingen . . .

Im Jahre 1900 deutete nichts oder zumindest sehr wenig auf einen „allgemeinen Krieg für Völker-Freiheit" hin, den der verbitterte Dichterfürst der Polen, Adam Mickiewicz, aus dem französischen Exil beschworen hatte. Die europäischen Diplomaten waren es leid, sich über die „polnische Frage" den Kopf zu zerbrechen, und auch die Sozialrevolutionäre in Europa rechneten kaum mehr mit einem „polnischen Zündfunken", sondern schielten danach, wann sich Rußland endlich bewege. Und wohl nur das zerfallende Osmanische Reich ignorierte hartnäckig die Aufteilung seines alten Gegners – stets forderte man den „Botschafter von Lechistan" auf, sich beim Empfang des Diplomatischen Korps vorzustellen, und erklärte seine Abwesenheit mit „vorübergehender Unpäßlichkeit".

Polen war Nirgendwo, wie 1896 der Klassiker des absurden Theaters, Alfred Jarry, in seinem „König Ubu" schrieb. So sah man es im 19. Jahrhundert auch in Petersburg, Wien und Berlin. Daher versuchte man immer wieder, seine polnischen Untertanen zu russifizieren beziehungsweise zu germanisieren, in der Hoffnung, eines Tages werde Polen tatsächlich zu einem „Nirgendwo", nicht einmal mehr ein geographischer Begriff sein. Nur ein Name in den Geschichtsbüchern, so wie die Reiche der Skythen, Thraker oder Wenden.

Doch diese Rechnungen gingen nicht auf. Ein Vierteljahrhundert später war Polen wieder da – erkämpft, erschlichen und erzwungen. Für viele in Europa unerwartet und mit seinen strittigen Grenzen, seiner inneren Labilität und seinem diffusen Selbstverständnis ungesichert – aber es war auf einmal da. Generationen von Polen hatten sich danach gesehnt, Hunderttausende waren für diese Unabhängigkeit gestorben, exiliert oder nach Sibirien verschleppt worden. Nun mußte sich dieser unabhängige polnische Staat in einer – gelinde gesagt – unfreundlichen Umgebung und unter inneren Zerreißproben in diesem Europa behaupten, abgrenzen und einfügen. Und all das gehemmt nicht nur durch die Mankos der 123 Jahre Fremdbestimmung, sondern auch durch die gravierenden Verspätungen in der wirtschaftlichen und sozialen Entwicklung der polnischen Gesellschaft seit dem 17. Jahrhundert.

Seit den Teilungen kämpften die Polen „gegen die Geographie". Und blickten stumm auf die alten Karten, in denen viele eine „rückwärtsgewandte Utopie" fanden. Bis heute schaudert es manch einen polnischen Viertkläßler, wenn er zum ersten Mal in seinem Geschichtsbuch die Karte Europas im 16. Jahrhundert entdeckt: „So groß waren wir?!" Daß nicht direkt „wir" es waren und daß dieses alte Königreich nur auf der Karte so „groß" aussieht, wird er erst lernen. Es umfaßte rund eine Million Quadratkilometer und war damals ein vielversprechender staatspolitischer Entwurf für ein multikulturelles Ostmitteleuropa.

Die polnisch-litauische Union der Jagiellonen verband im 16. Jahrhundert eine Bevölkerung, die weder ethnisch noch religiös, geschweige denn sozial einheitlich war. In ihr lebten Polen, Litauer, Ruthenen, Deutsche, Armenier, Kosaken und Tataren – Katholiken, Orthodoxe, Juden, Unierte, Reformierte und Muslime. Träger der „politischen Nation" war der zahlenmäßig starke und in sich sehr uneinheitliche Adelsstand, die *Szlachta*: Es gab Regionen wie Masowien, wo der Landadel etwa 40 % der Bevölkerung ausmachte, unter ihnen mächtige Magnaten, die wie Reichsfürsten lebten, und bettelarme Kleinadlige, die ständig bei diesen schnorrten und trotzdem den Würdenträgern gleichgestellt waren und seit dem 16. Jahrhundert den König mitwählen durften. Bis heute gibt es in Ostpolen „Kleinadelsdörfer", die mit ihren Nachbarn „bäuerlicher Herkunft" nichts gemein haben wollen, auch wenn die „Bauerndörfer" inzwischen reicher sind. Die Spuren der alten Standesgrenzen sind noch nach Jahrhunderten nicht völlig verwischt.

Dieses Königreich war eine *Res publica*, in der die *Szlachta* seit 1574 den König wählte und ihn auf die *Pacta conventa* einschwor. Diese Adelsrepublik hatte kein nennenswertes stehendes Heer, ihre ganze Stärke hing von der launischen Bereitschaft der *Szlachta* ab, das Land zu verteidigen. Der polnische Reichstag gewährleistete vorerst noch die Regierbarkeit des Reiches, doch die Macht der Exekutive war begrenzt. Der Reichtum des Landes beruhte weitgehend auf der Landwirtschaft, während die Städte eine verhältnismäßig geringe Rolle spielten – von Danzig, einer der europäischen Metropolen, einmal abgesehen. Die Juden bildeten einen Stand für sich, die einen eigenen Reichstag hatten und sogar eine eigene Reiterei für das polnische Heer aufstellten. Die *Szlachta* war „polnisch", auch wenn sie reformierten, orthodoxen oder unierten Glaubens war, aber „polnisch" bezog sich mehr auf Sprache und Sitten als auf die ethnische Herkunft. Man war „Litauer", wenn man im Norden im litauischen Großherzogtum, oder „von der Krone", wenn man im Süden im Königreich Polen lebte. Das Bürgertum – entlang der „Weichselschiene", auf der die Korntransporte über Danzig nach Westeuropa befördert wurden, vor allem in Thorn, Danzig oder Elbing – war überwiegend deutsch, in den Kleinstädten im Osten jüdisch. Die Bauern zählten nicht zur „Nation", sie waren das gemeine Volk, das, gleich ob katholisch oder orthodox, unterdrückt und an den Rändern des Reiches den Überfällen der Tataren oder Moskowiter ausgesetzt war. Nicht das „Blut" oder die Religion machten einen zum Polen, sondern die Loyalität gegenüber dem Staat. So konnte man im 16. Jahrhundert auf die Frage „Wer bist Du?" hören: *„canonicus cracoviensis, natione Polonus, gente Ruthenus, origine Judaeus"* (Krakauer Kanonikus, polnischer Nationalität, gebürtiger Ruthene, jüdischer Herkunft).

Eine richtige Großmacht war die polnisch-litauische Union nicht. Einerseits entwickelte sie sich zu schnell, anscheinend mühelos, mehr durch Übereinkünfte unabhängiger Staaten als durch militärische Eroberungen. Andererseits verfielen die Eliten dieser Union wohl zu rasch in eine Selbstgenügsamkeit, die sich mit der Zeit in Selbstgefälligkeit wandelte. Die Magnaten und die *Szlachta* meinten, Angreifer jederzeit abwehren zu können, waren jedoch nicht motiviert, die Lasten einer weitsichtigen Außen- und Innenpolitik zu tragen.

Diese *Res publica* erschien wie ein prächtiges Bauwerk, deren Baumeister, hingerissen von den kunstvollen Ornamenten der Säle im Erdgeschoß, die Lust am Weiterbau verloren. Die *Res publica* eignete sich westliche Neuigkeiten in Wissenschaft und Technik rasch an, erzeugte aber – von wenigen Ausnahmen abgesehen – nicht jene „kritische Masse", die den geistigen und technischen Fortschritt kontinuierlich hätte vorantreiben können. Ihre Bürger hatten ein ausgeprägtes Rechtsempfinden, und die religiöse Toleranz ihrer humanistischen Denker im 16. und 17. Jahrhundert verblüfft noch heute, aber das reichte nicht aus, um eine kodifizierte Rechtskultur hervorzubringen. Ihre Kirchen hatten fulminante Prediger, aber keine Theologen. Noch im 18. Jahrhundert überraschte es Ausländer, die Polen bereisten, daß selbst verarmte Adlige sich fließend auf Lateinisch verständigen konnten, doch das war mehr ein Ausdruck guter Erziehung als von Bildung.

Die *Res publica* war ein Entwurf, der sich als wenig entwicklungsfähig erwies. Seine Konturen kann man noch heute an den Architekturdenkmälern der einstigen polnisch-litauischen Union ablesen, der Krakauer Wawelburg mit ihren Königsgräbern, dem „Königstrakt" in Warschau, den Barockkirchen in Wilna und Lemberg oder den Ruinen riesiger Festungsanlagen am Dnjestr – diesem „südöstlichen Limes" gegen die Türken –, auch an den Überresten mancher prunkvoller Magnatensitze in den Weiten Weißrußlands, die bis heute den Stil und den Geschmack einer Kultur ausstrahlen, die nur für kurze Zeit aufblühte und sich dann nicht halten konnte.

Bis heute findet das polnische Selbstbewußtsein einen Halt darin, daß Polen im 15. und 16. Jahrhundert ein Hort religiöser und ethnischer Toleranz war, der weder Scheiterhaufen noch Inquisition kannte, daß der Rektor der Krakauer Universität bereits auf dem Konstanzer Konzil 1413 verkündete, niemand habe das Recht, Heiden mit dem Schwert zu bekehren, und daß der polnische König Zygmunt August während der Religionskriege in Deutschland öffentlich erklärte: „Ich bin nicht der König eures Gewissens."

Trotz der Triumphe der Gegenreformation und des katholischen Barocks im 17. Jahrhundert stützte sich die polnische Kultur auf ein solides Renaissance-Fundament, und das Denken und die Sprache des bedeutenden Dichters und Diplomaten Jan Kochanowski (1530–1584) erscheinen polnischen Lesern bis heute klarer und moderner als die verschwommenen und mit lateinischen Wendungen gespickten Texte der Apologeten des Sarmatismus im 17. Jahrhundert, jener überheblichen und geradezu orientalisch üppigen Ideologie einer besonderen Mission Polens als östlichstes Bollwerk des lateinischen Christentums.

Seit dem 17. Jahrhundert war der polnisch-litauische Staat eine frappierende Konstruktion, das Modell eines Staatswesens, das seine Daseinsberechtigung vor allem darin sah, die Ruhe seiner adligen Bürger zu sichern und ihre widersprüchlichen Interessen auszugleichen. Dieser Staat war eine monarchistische Republik, in der der König dem gewählten Chef einer gigantischen Genossenschaft ähnelte, in der Beschlüsse einstimmig gefaßt werden sollten, damit – wie es hieß – die „dumme Mehrheit die kluge Minderheit nicht niederschreien kann". In diesem Staat sollte kein Platz sein für Despotie und die Entmündigung des Individuums; mit der Institution der „*Konfederacja*" – das heißt einem auch militärischen Zusammenschluß der *Szlachta* zum Schutz ihrer Rechte – galt es als völlig legal, dem König den Gehorsam aufzukündigen, sollte dieser absolutistische Gelüste verspüren. Dies sollte ein Land der „goldenen Freiheit" sein, ein Sarmaten-Paradies auf Erden.

Zweifellos ist an der hämischen Kritik, die im 19. Jahrhundert preußische und russische Historiker an diesem polnischen Renaissance-Entwurf übten, manches zutreffend. Die Insuffizienz der Adelsrepublik im 17. und 18. Jahrhundert war evident und ihr Niedergang nicht nur durch fremde Interventionen verschuldet. Bevor man sich allerdings die Werturteile von Friedrich II. oder der Zarin Katharina über „polnische Unruhestifter", das *liberum veto*, Anarchie und Trägheit in Polen zu eigen macht, sollte man bedenken, daß die *Rzeczpospolita* doch recht vital gewesen sein muß, wenn sie noch im Niedergang die Kraft zu einer inneren Erneuerung fand, die den Widerstand und die Freiheitskämpfe im 19. Jahrhundert ermöglichte. Diese angeblich so anarchische polnisch-litauische Union, in der fast das ganze 18. Jahrhundert hindurch fremde Heere marodierten und deren sächsische Herrscher 60 Jahre lang an eine vernünftige Innenpolitik nicht einmal dachten, kollabierte nicht wie heute die Sowjetunion, sondern mußte zuerst von den Anrainermächten paralysiert und anschließend Stück für Stück zerlegt werden.

Die Katastrophe setzte im 17. Jahrhundert ein. Wie gewöhnlich spielten dabei ökonomische und politische Faktoren mit der europäischen Machtpolitik zusammen. Erstens brach während des Dreißigjährigen Krieges der Getreidehandel mit Westeuropa zusammen. Zweitens verhinderte der Egoismus der kulturell polonisierten ruthenischen *Szlachta*, daß sich die *Res publica* in einen Staat nicht mehr zweier, sondern dreier Staatsvölker – der Polen, Litauer und freien Kosaken – umwandelte. Drittens drohten die ständigen Angriffe Schwedens, Moskaus und der Türken den Staat in Stücke zu reißen. 1648 brach in der Ukraine der Chmielnicki-Aufstand aus, und 1656 ergoß sich über Polen die „schwedische Sintflut". Das war so, als wären in Deutschland die Bauernkriege des 16. und der Dreißigjährige Krieg des 17. Jahrhunderts zusammengefallen.

Am 1. April 1656, nach dem „Wunder von Tschenstochau", der erfolgreichen Verteidigung des Klosters gegen die Schweden, krönte der aus seiner Hauptstadt verdrängte polnische König in Lemberg die Jungfrau Maria zur Königin der Krone Polens. Nun begann Polen, als katholisch zu gelten, obgleich die Katholiken faktisch nicht einmal 50 % der Bevölkerung der Union stellten. Im 17. Jahrhundert konnte die *Res publica* die dauernden Angriffe von drei Seiten noch abwehren, trug sogar effektvolle Siege davon, wie Sobieski vor Wien 1683 gegen die Türken, aber zu aktivem Handeln war sie nicht imstande, was die Hohenzollern dazu nutzten, die polnische Lehnshoheit über das Herzogtum Preußen abzuschütteln.

Das 18. Jahrhundert mußte darüber entscheiden, ob die lose föderative Struktur des polnischen Staates – die der des deutschen Reichs nicht unähnlich war – Bestand haben oder in die Fänge der benachbarten zentralistischen Militärmächte geraten würde. Für die Polen ist dieses Jahrhundert der Aufklärung und der Französischen Revolution bis heute eine nicht verheilte Wunde; und die Debatte darüber, wer oder was die Teilungen Polens und mehr als ein Jahrhundert der Unfreiheit verschuldet hat, gehört zu den Dauerbrennern der polnischen Publizistik, ähnlich wie der „Historikerstreit" um die Gründe für die Niederlage im September 1939 oder die Verantwortung für die Kommunisierung des Landes 1945. Die einen führen den Niedergang der *Res publica* ausschließlich auf die Unfähigkeit zurück, sich selbst zu regieren, auf Durcheinander, Rückständigkeit und Anarchie, die anderen sehen die Ursache des Desasters in der schändlichen Aggressivität der Nachbarn.

Das 18. Jahrhundert ist für Polen auch ein Beispiel für zwei verschiedene Modelle von Beziehungen zum westlichen Nachbarn: beide waren fatal. Zum einen die „Sachsenzeit" – 1697 setzten rund 100 000 Wähler August den Starken auf den polnischen Thron; die Wettiner hinterließen in den sechs Jahrzehnten ihrer Herrschaft zwar einige schöne Paläste, Parks und sogar Manufakturen, sonst jedoch nur die Erinnerung an Kopflosigkeit, ausschweifende Trinkgelage und Wirren im Staat. Zum anderen der „preußische Alptraum" – jahrzehntelang zerrte der „Antimacchiavell" und „Philosophenkönig" Friedrich II. an der *Rzeczpospolita*, zersetzte – zur Finanzierung des Siebenjährigen Krieges – bewußt die polnische Wirtschaft durch das Prägen falscher und den Aufkauf „harter" polnischer Münzen, entführte aus dem neutralen Polen Rekruten, blockierte im Einvernehmen mit Katharina II. die polnischen Reformen und lieferte schließlich die Idee für die Teilungen.

Friedrich und Katharina symbolisieren für viele Polen bis heute das deutsch-russische Zusammenspiel zu Lasten Polens, das 1922 in Rapallo fortgeführt wurde und im Hitler-Stalin-Pakt seinen Höhepunkt fand. Dieser Komplex hatte zur Folge, daß jede Annäherung von Deutschen und Russen beargwöhnt wurde, obwohl weder Katharina eine Russin war, noch Friedrich ganz Deutschland vertrat.

So begründet historische Aversionen und Traumata sein können, sie verstellen den Blick auf die Wirklichkeit. Denn weder waren Preußen oder Rußland im 18. Jahrhundert die Quintessenz aus Verrat und Spießrutenzucht, noch war Polen so, wie die letztendlich von den Teilungsmächten bezahlten Enthusiasten der Teilungen – Voltaire und Diderot oder die Hofgeschichtsschreiber der Hohenzollern und Romanows – es sahen. Trotzdem hielten sich die damals gesäten Stereotypen und Vorurteile sogar über das 19. Jahrhundert hinaus, möglicherweise gemäß der Logik, daß das Opfer an seinem Schicksal selbst schuld ist.

Die Teilungen waren nicht nur eine Tragödie für Polen, sondern hinterließen auch bei den Teilungsmächten eine tiefe Spur – die Verachtung militärischer Schwäche und die Verklärung der Übermacht. In den Polen dagegen lösten sie den „traumatischen Patriotismus" der Romantiker aus, der die Niederlagen durch den Glauben an die polnische Mission kompensierte, für andere Völker zu leiden und sie dadurch zu erlösen – Polen als Christus oder Winkelried der Völker. Der polnische Messianismus stiftete ein demokratisches Solidaritätsgefühl und war somit nicht aggressiv wie das wilhelminische Sendungsbewußtsein oder die russische Vorstellung von Moskau als dem „dritten Rom", dem sich alle slavischen Völker unterwerfen müssen. Doch diesen polnischen Anspruch auf moralische Überlegenheit fanden manche Nachbarn unerträglich, Dostojewski zum Beispiel trieb er zur Raserei.

Polen war nicht der erste und nicht der letzte Staat, der von der Karte ausradiert wurde. Die europäische Einmaligkeit der Teilungen bestand jedoch darin, daß drei Monarchien sich des Territoriums und der Bevölkerung eines alten und anerkannten Staates in der Mitte Europas „bedienten", indem sie zuerst seine Reformen blockierten und dann vor dem Hintergrund der Französischen Revolution seine alleinige Existenz als Bedrohung für sich deklarierten, obwohl dieser Staat weder irgendwelche Gebietsansprüche stellte noch eine militarisierte Festung war. Diese Teilungen schufen einen Präzedenzfall – danach war in dieser Region Europas schon alles möglich: Jeder, der über genügend Kanonen und Bajonette verfügte, konnte das Territorium seines Nachbarn besetzen, auch die Komplizen der Teilungen untereinander. Argumente fanden sich immer.

Die Teilungsmächte schätzten die Polen als Rekruten und diskriminierten sie als ihre neuen Untertanen. In Preußen erhob Friedrich II. vom polnischen Adel höhere Steuern als vom deutschen, in Österreich konnten polnische Adlige zwar Offizierskarrieren machen, gleichzeitig aber führte man in den annektierten Gebieten einen bislang unbekannten Polizeistaat und eine drakonische Zensur ein. Im russischen Teilgebiet wurde anfangs die Fiktion aufrechterhalten, Katharina II. habe sich nur genommen, was Rußland „zustand", daher zwang man die Bauern und den Landadel, zur Orthodoxie überzutreten, und löste die demokratischen Institutionen der alten *Res publica* auf.

In den 123 Jahren der Fremdbestimmung variierte die Lage in den einzelnen Teilgebieten. Zuerst war die preußische Obrigkeit relativ liberal und ließ den Polen eine gewisse Autonomie. Die Steinschen und Hardenbergschen Reformen wirkten sich auch hier positiv aus. Bis 1806 stellten die Polen rund 40 % der Bevölkerung Preußens. Nach dem Wiener Kongreß 1815 verringerte sich dieser Anteil erheblich, und nach der Vereinigung Deutschlands 1871 wurden die Polen zu einer regionalen Minderheit, die man germanisieren wollte. Für die polnische Kultur und Identität waren die Erfahrungen mit der preußischen Teilungsmacht trotz der Modernisierung der Wirtschaft die deprimierendsten. Im preußischen Teilgebiet entstand keine kreative Strömung der polnischen Literatur, keine autonome Denkschule, kein polnisches Bildungsbürgertum.

Gegen Ende des 19. Jahrhunderts konnten Polen in Preußen Grundbesitzer, Handwerker oder Kleinunternehmer werden, nicht aber höhere Offiziere und Beamte oder Wissenschaftler, wenn sie sich nicht völlig germanisieren ließen. Es gab keine polnische Hochschule, und es kann als symbolisch gelten, daß sogar der polnischsprachige Religionsunterricht in den Volksschulen 1901 polizeilich verboten wurde. Ohne den Druck der Behörden hätten die Polen in Preußen wohl das Schicksal der Sorben geteilt, mit einem weiteren Jahrhundert dieser Politik ebenfalls.

Nicht im preußischen, sondern vor allem im österreichischen und russischen Teilgebiet entwickelte sich letztendlich die moderne polnische Identität und Kultur. Die Rolle eines „polnischen Piemont" spielte zunächst das auf dem Wiener Kongreß gebildete „Königreich Polen" (1815–1831) und gegen Ende des 19. Jahrhunderts Galizien, das eine etwas größere Autonomie im Rahmen der österreichisch-ungarischen Monarchie erhielt.

Das Königreich Polen, auch „Kongreßpolen" genannt, war ein abgenagter „Griebs" der alten *Rzeczpospolita*. Die Sieger über Napoleon folgten keiner ethnischen, historischen oder wirtschaftlichen Logik, als sie diesen polnischen Scheinstaat aus der Taufe hoben. Allerdings war er ein Beleg dafür, daß es die „polnische Frage" immer noch gab. Hauptstadt war Warschau, und die Führungseliten stammten überwiegend aus dem ehemaligen Offizierskorps der polnischen Armee, die sich zuvor an der Seite Napoleons das Herzogtum Warschau (1807–1815) erkämpft hatten. Nun sollte sich zeigen, inwieweit sie dem Zaren die Treue hielten. Denn König von Polen wurde der russische Zar.

Es begann ein Katz- und Maus-Spiel mit dem Zaren um dieses merkwürdige Zwitterding. Kongreßpolen hatte eine eigene Verfassung und Verwaltung, einen *Sejm*, eine Armee und eine Hochschule. Es verfügte über gut ausgebildete „Kader", aber zugleich gab es eine Zensur, die russischen Statthalter des Zaren, und „zur Sicherheit" war dort eine russische Armee *„out of area"* stationiert. Sein König befand sich in einer schizophrenen Situation: In Petersburg war er uneingeschränkter Despot, in Warschau sollte er den an eine Verfassung gebundenen Monarchen spielen. Dieser Widerspruch war unlösbar – entweder mußte Rußland eine liberale Verfassung erhalten oder Polen sie verlieren. Und genau darum wurde 15 Jahre lang gerungen.

Zar Alexander galt als Liberaler, aber – wie sagte doch ein Nachfolger von ihm 1989 so zutreffend: „wer zu spät kommt, den bestraft das Leben" – er zögerte dringend erforderliche Reformen in Rußland hinaus. Und in Polen taten seine Statthalter alles, um zu zeigen, wer hier der wahre Herr war und was sie von den verbrieften Rechten hielten – nichts. Die polnischen Eliten standen vor einem Dilemma: Entweder sie gaben sich mit Rücksicht auf die „Logik der Geschichte" restlos auf, oder sie gaben nur äußerlich nach, um wenigstens eine modernere Wirtschaft als in Rußland aufzubauen. Der Nachwuchs sah seine Alternative anders: Entweder suchte er die eigene Identität zu wahren, indem er auf die verfassungsmäßigen Rechte pochte, oder ging aufs Ganze, gründete eine „außerparlamentarische Opposition", das heißt Geheimbünde, und bereitete sich auf eine Kraftprobe mit dem Zaren vor.

Zwei literarische Figuren geben diese Stimmung wider: Konrad Wallenrod aus dem gleichnamigen Poem des jungen Adam Mickiewicz und Kordian aus einem Drama von Juliusz Słowacki. Wallenrod, ein litauischer Edelmann, wird Hochmeister des Deutschen Ordens, um ihn vernichten zu können – nach der Devise „der Verrat ist die Waffe des Sklaven". Schon bald sollten manche Deutschen und Russen das Poem über diesen recht eigenwilligen „Marsch durch die Institutionen" als Beispiel für „polnische Tücke" hinstellen. Kordian ist ein ganz anderer Fall: Dieser spleenige Aristokrat entdeckt nach zwei unerfüllten Romanzen seine Liebe zum Vaterland, setzt sich beim Papst für die polnische Sache ein, wird jedoch zurechtgewiesen und will nun Polen im Alleingang befreien. Unmittelbar vor seinem geplanten Attentat auf den Zaren fällt er jedoch in Ohnmacht – ein Königsmord ist mit der polnischen Tradition unvereinbar.

Die Zerrissenheit der polnischen Gesellschaft und der Konflikt zwischen Legalismus und Despotie mündeten im November 1830 in einen Aufstand, der nach neunmonatigem Krieg scheiterte. Sein Verlauf offenbarte einerseits das nicht unbedeutende Potential des Landes, andererseits die Unentschlossenheit und Schwäche der Führungsschicht, die nicht an den Erfolg dieses „Aufbruchs in die Freiheit" glaubte.

Noch nach über 150 Jahren bewegt dieser Novemberaufstand die polnische Öffentlichkeit. Der Streit geht um die verpaßte

Chance und um das Verhalten der damaligen Eliten, ihre mangelnde Bereitschaft, soziale Reformen einzuleiten, um auch die Bauern für den Aufstand zu gewinnen. Die Spur dieser Debatte in der polnischen Literatur reißt nicht ab: Von Mickiewicz und Słowacki, die die Selbstaufopferung der Verteidiger Warschaus besangen, über Stanisław Wyspiański, in dessen „Novembernacht" (1904) griechische Götter mit dem Schicksal Polens spielen, oder Leon Kruczkowski, dessen Roman „Rebell und Bauer" (1932) zeigt, weshalb die Bauern gegenüber dem „Aufstand der Adligen" in der Reserve blieben, bis hin zu Marian Brandys, der in den siebziger Jahren in „Das Ende der Welt der Leichten Reiter [?]" exzellent darstellte, wie sehr es den nachnapoleonischen Eliten in Polen am „Willen zur Macht" fehlte, wie verbraucht und ungeeignet sie waren zur Führung einer aufstrebenden Gesellschaft.

Und wenn sie geeignet gewesen wären? Oder die jungen Radikalen die Führung des Aufstandes an sich gerissen hätten? Wenn man den anfangs erfolgreichen Vorstoß gegen die Russen nicht gestoppt hätte, „nur zu wollen gewollt" hätte wie Piłsudski 1920 – was dann? Hätte man Europa die Souveränität Polens abtrotzen können? Solche gedanklichen „Nachbesserungen der Geschichte" in den polnischen Debatten mögen Beobachter von außen ein wenig an Sandkastenspiele enttäuschter Militärs erinnern, doch hinter diesem Hadern mit der Realität verbarg sich die ständige Suche nach einer eigenen Form des „Daseins in Europa".

Gegen solche Gedankenspiele läßt sich einwenden, daß sogar ein großer polnischer Sieg nicht viel geändert hätte: Vielleicht hätte er den Aufstand verlängert, doch um sich zu behaupten, hätten der polnische Staat und seine Gesellschaft anders verfaßt sein müssen, so wie das Preußen Friedrichs II. im Siebenjährigen Krieg oder das napoleonische Frankreich. Ein so abrupter „Wechsel des Kodes" ist in der Geschichte jedoch kaum möglich. Selbst einen absoluten Herrscher wie Friedrich II. rettete im Siebenjährigen Krieg nicht nur sein Durchhaltewillen, sondern auch das „Wunder des Hauses Brandenburg", der Tod der Zarin Elisabeth. Polen mußte auf sein Wunder noch warten.

Der Aufstand schlug also fehl. Die Russen marschierten in die Hauptstadt ein und veranstalteten nicht einmal ein solches Gemetzel wie Suworow 1794 nach dem Kościuszko-Aufstand. Feldmarschall Paskewitsch begnügte sich mit der Auflösung aller autonomen polnischen Institutionen und der Verhängung des Kriegszustandes, der bis zum Jahre 1859 andauerte. Da die Polen zuvor den König entthront hatten, waren Zar Nikolaus die Hände nicht mehr gebunden. Statt der Freiheit brachte der Aufstand die „Paskewitsch-Nacht" – Desintegration und Lethargie der Gesellschaft. Der Alkoholkonsum stieg proportional zum Niedergang des Bildungswesens. Wer lebendig, kreativ und weiterhin rebellisch war, ging in den Westen. Die Emigranten und Flüchtlinge wurden auf ihrem Weg durch Deutschland gut aufgenommen – man schrieb „Polenlieder" ihnen zu Ehren und sammelte Spenden. Aber als die Lieder verklungen waren und Wagner seine „Polonia" geschrieben hatte, als man über die Lage in Polen nur noch den Kopf schüttelte und die französischen Zeitungen „L'ordre règne à Varsovie" schrieben, blieben den Polen in der Emigration der Kampf ums Überleben, Streitigkeiten und Ratlosigkeit. Ihre Versuche, eine Rebellion ins Land hineinzutragen, endeten im besten Fall mit der Verbannung der Emissäre nach Sibirien.

Es blieb aber auch ein politisches Zentrum in Paris um den Fürsten Adam Czartoryski, es blieben die romantische Literatur der Emigranten – Mickiewicz, Słowacki, Krasiński –, die Musik von Chopin und die Hoffnung, daß sich irgendwann etwas ändern werde und die Opfer nicht umsonst waren. Dieser romantische Kanon lastete lange auf dem polnischen Denken und Dasein. Dieses ganze Syndrom von Opfertum, Mystik, Leiden und dennoch Hoffnung kommt in der polnischen Tradition in Momenten der Katastrophe und Ausweglosigkeit zum Vorschein und schwindet in Zeiten der Stabilisierung und der Chancen auf eine normale Entwicklung. Dann tritt an die Stelle der pathetischen, erbauenden oder – wie Sienkiewicz sagte – „zur Stärkung des Herzens" geschriebenen Literatur eine andere Quelle der polnischen Romantik – Selbstironie, grotesker Witz und Weltoffenheit.

Die literarische Romantik war bis vor kurzem ein Grundpfeiler des polnischen Selbstverständnisses: „Wir alle stammen von ihm ab", schrieb über Mickiewicz in den siebziger Jahren Adam Michnik. An der Schwelle der *Solidarność* als einer Bewegung der Revolte, aber auch der Reform standen auch die Debatten um die Haltung der polnischen Romantiker. Gingen sie „mit der Hacke auf die Sonne los", oder waren sie „im Wahn vernünftig", wie Mickiewicz es wollte? Als die Entspannungspolitik erste Ermüdungserscheinungen zeigte, stellte man sich in Polen öffentlich die Frage, „sich schlagen oder sich nicht schlagen?" Die Aufstände des 19. Jahrhunderts lieferten dabei einen geeigneten historischen Vorwand, über die Rationalität einer scheinbar aussichtslosen Revolte zu diskutieren. Kościuszko, so argumentierte man, war schließlich kein Selbstmörder, sondern ein exzellenter Mathematiker und Ingenieur, der den Amerikanern West Point befestigte.

Diese „aufständische" Prägung konkurrierte und ergänzte sich über 100 Jahre lang mit dem Konzept der „organischen Arbeit", das heißt der Ausnutzung der kleinsten Risse im Gefüge der Teilungsmächte für die Modernisierung der polnischen Gesellschaft, die Entwicklung des Bildungswesens und den Aufbau der Wirtschaft. Zu einem dramatischen Aufeinanderprall dieser beiden Tendenzen kam es Anfang der sechziger Jahre des 19. Jahrhunderts im russischen Teilgebiet, als der Zar unter dem Einfluß des Krimkrieges seine Polenpolitik etwas mildern mußte und sich die polnische Gesellschaft allmählich aus der Erstarrung der „Paskewitsch-Nacht" löste. Eine neue Generation suchte wieder nach einem Weg zur Unabhängigkeit. Und wieder entstanden Geheimbünde, die Jugend veranstaltete patriotische Umzüge, und die zaristischen Behörden tolerierten zwar einerseits die Wiedereinführung einiger polnischer Institutionen, andererseits ließen sie auf Demonstranten schießen. Somit stand man auch wieder vor derselben Alternative: Sollte man einen neuen Aufstand wagen oder dem Zaren gegenüber loyal bleiben, Kongreßpolen wirtschaftlich stärken und auf bessere Zeiten warten? Ein Anhänger dieses gewissermaßen „preußischen Wegs" war Markgraf Wielopolski, seit 1862 Chef einer vom Zaren eingesetzten Zivilregierung und ein klassischer Realpolitiker, der sich auf ein kompliziertes Spiel mit der russischen Regierung einließ und damit selbst Bismarck beunruhigte.

Der Eiserne Kanzler atmete erst auf, als Wielopolski gegen seine eigene Gesellschaft verlor, deren ein Vierteljahrhundert lang unterdrückte Gefühle er mißachtet hatte. Wielopolski wollte es nicht zum Aufstand kommen lassen, provozierte ihn aber wider Willen selbst, indem er eine Zwangsaushebung Tausender namentlich bekannter Konspirateure anordnete. Diese flohen in die Wälder und schlugen los. Der Januaraufstand von 1863 machte jegliche Aussicht auf eine polnische Autonomie zunichte, vielmehr stärkte er die Interessengemeinschaft zwischen Preußen und Rußland – die Bekämpfung „polnischer Unruhen" wurde zum Vorwand, die Politik auch gegenüber den Polen in Preußen zu verschärfen.

Auch dieser Aufstand endete mit einer Niederlage. Man könnte natürlich fragen, woher dieser „Wiederholungszwang" kommt. Waren die Polen tatsächlich so notorische Störenfriede und Aufwiegler, als die sie die zaristische und preußische Propaganda hinstellte? Weshalb hielt sich das ebenfalls zu Beginn des 19. Jahrhunderts von Rußland annektierte Finnland im Rahmen des Zarenreichs als konstitutionelle Monarchie, während Polen sich dauernd aufbäumte und dabei sogar die wenigen gewährten Freiheiten verlor? Ist das eine Frage des Nationalcharakters, eines selbstmörderischen Wahnsinns? Nichts dergleichen. Natürlich unterscheiden sich Polen und Finnen in ihrem Temperament und ihren Traditionen. Trotzdem sollten noch die Zeiten kommen, in der Breschnew-Ära, in denen polnische Oppositionelle von einer „Finnlandisierung" Polens träumten. Doch der gravierende Unterschied zwischen beiden Ländern besteht in ihrer geostrategischen Lage. Finnland lag am Rande des Zarenreichs, Polen auf seiner strategischen Route nach Westen. Polen war der „Propfen im Flaschenhals". Aus militärischen Gründen waren in Kongreßpolen ständig russische Truppen zusammengezogen, was wiederum die Polen provozierte. Außerdem galten die Polen als Slaven nach der offiziellen russischen Ideologie zwar als „natürliche Untertanen des Zaren", doch nur ein Teil von ihnen lebte in Kongreßpolen, der Rest dagegen in Preußen, Österreich,

Litauen und in den Rußland angegliederten ukrainischen und weißrussischen Gebieten. Und schließlich fand Rußland keinen Schlüssel zu einem Ausgleich mit den Polen, die – wie der britische Historiker Norman Davies schreibt – „Europäer waren, die in Paris und Berlin die Inspiration für ihre Leidenschaften und Moden suchten. Hauptsächlich aufgrund ihrer von der Adelsdemokratie geprägten Tradition waren sie Individualisten, die sich bei der Suche nach Kriterien für Gut und Böse hartnäckig auf das eigene Gewissen beriefen. Sie waren eine lebende Anfechtung aller Mythen und Legenden, auf denen das russische Imperium aufgebaut war. Ähnlich wie die Juden, mit denen gemeinsam sie Rußland einverleibt wurden, waren sie Träger einer pulsierenden demokratischen Kultur und mußten daher auch natürliche Gegner der Autokratie sein."

Auch der Januaraufstand war eher eine Zwangsläufigkeit. Diesmal wählte man einen anderen Weg als 1831: Der Kampf hatte den Charakter eines Partisanenkrieges und stützte sich auf einen gut funktionierenden „Untergrundstaat", mit einer eigenen Regierung, Verwaltung und sogar Steuerbehörde. Auf diese Muster griffen später die Sozialisten während der Revolution von 1905 zurück, sie bewährten sich im Ersten und Zweiten Weltkrieg und auch in der *Solidarność*-Zeit. Der historische Kode funktionierte so gut, daß 1983 die Zensur einen Artikel über Markgraf Wielopolski nicht durchgehen lassen wollte, damit niemand auf die Idee komme, gemeint sei General Jaruzelski. Und die Parallele ist nicht allzu weit hergeholt, auch wenn der Markgraf verlor, während der General immer noch die Fäden in der Hand hielt und die Jugend nicht in die Wälder ging . . .

Nach der Niederschlagung des Januaraufstands beschlossen die zaristischen Behörden, dem Adel die materielle Grundlage zu entziehen, da sie in ihr die Quelle der Erhebungen und der „polnischen Intrigen" an den westlichen Höfen – hauptsächlich dem französischen und englischen – sahen. Außerdem versuchte der Zar, durch eine Bodenreform und die Aufhebung der Fronherrschaft die Macht der Grundbesitzer zu schwächen. Als Strafe für den Aufstand wurden Tausende von Gütern in Kongreßpolen und Litauen konfisziert, Kontributionen erhoben und Zehntausende Familien ins Innere Rußlands vertrieben. Ihre Güter übereignete der Zar verdienten Offizieren, Beamten oder aus Rußland angesiedelten Bauern. Diese Folgen der Niederlage veränderten Polens Sozialstruktur grundlegend, der Adel wurde durch die Repressalien unwiderruflich geschwächt, während die Bauern noch kein ausgeprägtes Nationalbewußtsein entwickelt hatten – und darauf setzte auch die russische Politik.

Kaum waren die Wunden verheilt, machte sich ein Wandel der Denkmuster im russischen Teilgebiet bemerkbar: Nun gaben die „Positivisten" den Ton an, die romantische Kraftakte ablehnten und statt dessen die Parole der „organischen Arbeit" für den zivilisatorischen Fortschritt ausgaben. Ihre Verdienste für die Förderung rationalen Denkens und Handelns waren nicht gering, aber es zeigte sich rasch, daß ihre Rezepte zu kurz griffen und reiner Gefügigkeit gegenüber der Teilungsmacht gefährlich nah kamen. Und wieder wurde in einem Literatenstreit mit der Vergangenheit abgerechnet und über eine der tristen Lage angemessene Haltung nachgedacht. Stefan Żeromski und Bolesław Prus forderten die Intelligenz – vor allem Lehrer und Ärzte – auf, „ins Volk zu gehen", an der Basis zu arbeiten, um so die verhängnisvolle Kluft zwischen den „Niederungen" und den „Spitzen" der polnischen Gesellschaft zu verringern.

Diese hehren Ideen wurden nicht nur aus reinem Idealismus in die Praxis umgesetzt. Denn die massiven Repressionen nach dem Aufstand zogen den sozialen Abstieg vieler Familien des Kleinadels nach sich. Nach dem Verlust ihres Grundbesitzes gingen sie im Bürgertum auf, stießen zur Schicht der besitzlosen Intelligenz oder „deklassierten sich" gar, indem sie Arbeiter wurden. Es ist ein Phänomen der polnischen Gewerkschaftsbewegung und später der ersten Arbeiterparteien, daß zu ihren Gründern viele pauperisierte Adlige gehörten. Damit zahlte diese Schicht sozusagen für die Verfehlungen vieler Generationen in der „Bauernfrage".

Und wieder begann ein Wettlauf mit der Zeit um die Selbstbehauptung der polnischen Gesellschaft in einem ihr feindlich gesonnenen Staatswesen. Wenn schon die Deutschen eine „verspätete Nation" waren, was soll man dann erst vom polnischen Weg in die Moderne sagen, der noch „spezieller" war, da er innerhalb von fremden Staatsorganismen und gegen deren Politik beschritten wurde. Auch die Wirtschaftsbeziehungen zwischen den drei Teilgebieten hatte man aus politischen Gründen – schließlich waren sie Grenzprovinzen dreier Imperien – unterbrochen, so daß zum Beispiel die Rohstoffe für die aufstrebenden Industriezentren im russischen Teil aus dem Innern Rußlands anstatt aus dem nahegelegenen preußischen Schlesien eingeführt werden mußten.

Die Aufstände entsprangen weniger einer Neigung der Polen als vielmehr dem politischen Charakter des russischen Teilgebiets, so wie die Wirksamkeit des ökonomischen Widerstandes der Polen auf den Charakter des preußischen Staates zurückzuführen ist. Dessen Germanisierungspolitik war zwar nicht weniger drastisch als die Russifizierung in Kongreßpolen, doch sie wurde weniger willkürlich und mit größerer juristischer Disziplin betrieben. Zudem konnte eine Handvoll polnischer Abgeordneter im preußischen Landtag wenigstens ihre Klagen vortragen. Die Solidarität der Deutschen mit dem polnischen Freiheitskampf war lange vorbei. Schon während der „Polendebatte" in der Frankfurter Paulskirche 1848 war die Stimmung umgekippt, selbst das Nationalgefühl der deutschen Liberalen wendete sich nun gegen Polen.

Bis heute assoziiert man die preußische Herrschaft in Polen außer mit deren wirtschaftlicher Effizienz vor allem mit Bismarcks „Kulturkampf", mit der Austreibung von Polen und Juden, die keine preußischen Untertanen waren, aus der Provinz Posen (1885/1886) und dem Gesetz über die Zwangsenteignung polnischen Gutsbesitzes (1908). In Erinnerung blieben auch die eisige Juristerei und der Dünkel der Beamten. Einen russischen Beamten konnte man notfalls bestechen, hieß es, ein preußischer hielt sich seelenlos an seine Vorschriften.

Sowohl die Russifizierungspolitik Petersburgs als auch die Germanisierungspolitik Berlins hielten das Gefühl einer permanenten Bedrängnis wach, sie provozierten einerseits Widerstand gegen die Obrigkeit – etwa mit Hilfe des in der Provinz Posen auch von vielen Geistlichen mitorganisierten polnischen Genossenschaftswesens –, andererseits die Flucht in die Mythen der

Vergangenheit. Im Unterschied zu den europäischen Gesellschaften, die sich in einem eigenen Staat entwickeln konnten, waren die Utopien der Polen weniger zukunfts- als vergangenheitsorientiert. Die großen Romanciers wie Józef Ignacy Kraszewski und Henryk Sienkiewicz schufen grandiose Panoramen einstiger polnischer Herrlichkeit und prägten zum Beispiel das bis heute in Polen gängige Bild der Ukraine im 17. Jahrhundert oder des polnischen Ringens mit dem Deutschen Orden im 15. Jahrhundert. Der farbenprächtige Mythos verdeckte die graue Wirklichkeit, und Reminiszenzen an die einstige Macht sollten das schmerzliche Gefühl der Ohnmacht ersticken. Um die Jahrhundertwende sollte dann eine neue Generation von Schriftstellern und Intellektuellen gegen diese „Männerphantasien" ihre Federn spitzen und – wie Stanisław Brzozowski – über das „kindische" und rückwärtsgewandte Polen spotten.

In der verhältnismäßig besten Lage waren die Polen gegen Ende des 19. Jahrhunderts in Galizien. Noch 1846 hatten die österreichischen Behörden, als sie das Anwachsen einer Irredenta unter den Polen spürten, ganz im Geiste der Heiligen Allianz den sogenannten „Bauernrabatz" provoziert – blutige Ausschreitungen der verelendeten Bauern gegen die polnischen Grundbesitzer. Auch hier rächte sich also die Verspätung der alten *Res publica*. Doch nach der Niederlage Österreichs bei Königgrätz 1866 und der Liberalisierung der Habsburger Monarchie erhielt auch Galizien eine begrenzte Autonomie. Nach der mißglückten Autonomie des Großherzogtums Posen (1815–1849) im Rahmen Preußens und des Königreichs Polen (1815–1831) im Rahmen des russischen Imperiums kam nun die österreichische Variante, die für Polen zumindest politisch und kulturell die fruchtbarste war.

Zwar erhielt Galizien in der Habsburger Monarchie nicht denselben Status wie Ungarn, trotzdem wurden Krakau und Lemberg um die Jahrhundertwende zu kulturellen Ersatzhauptstädten Polens, in denen sich an den polnischen Hochschulen ein beinahe normales Geistesleben entfaltete, Grundsatzdebatten über die „polnische Ideologie" geführt wurden und sich die politischen Eliten nicht nur des österreichischen Teilgebiets heranbildeten.

In diesem „polnischen Piemont" gab es keine Umsturzstimmungen mehr, es dominierten die „Krakauer Konservativen", Verfechter eines loyalen Ausgleichs mit der Monarchie, die sich kritisch mit der polnischen Geschichte auseinandersetzten. Kulturell konnte Galizien auf die anderen Teilgebiete ausstrahlen, es war ein Laboratorium für die Zukunft, doch zugleich auch nach wie vor eine arme Provinz mit einer zurückgebliebenen Landwirtschaft, die von Wien als äußerster Rand seines Glacis behandelt wurde. Der galizische „Loyalismus" hatte enorme Vorzüge, aber für Polens Zukunft sollte entscheidend sein, ob es gelingen würde, Verbindungen zwischen den einzelnen Teilgebieten zu knüpfen und die wachsenden Unterschiede in Lebensstandard und -stil zu überbrücken, mit einem Wort, ob die Polen nach dem Jahrhundert der Unfreiheit, in dem sie in drei unterschiedliche Korsetts fremder Staatlichkeit gezwängt waren, doch noch eine Ganzheit darstellten oder nur mehr eine folkloristische Ethnie in der Mitte Europas.

Heute sind wir klüger, denn wir wissen, wie die Geschichte weiterging, damals, in den achtziger und neunziger Jahren war noch alles möglich. Die Enttäuschung über die Unwirksamkeit der Aufstände ebenso wie die unbefriedigenden Ergebnisse der „organischen Arbeit" führten in allen drei Teilgebieten auch zu Reflexen der Resignation und eines „Loyalismus", der gelegentlich an Servilismus und Selbstverleugnung grenzte. Ein Beispiel dafür war, daß 1889 polnische Aristokraten anläßlich der Enthüllung eines Denkmals in Wilna für den einstigen Generalgouverneur in Litauen, M. N. Murawjow, genannt der „Henker", eine Abordnung entsandte. Ein anderes Mal überschlug man sich mit unterwürfigen Grußadressen an den „Gnädigen Herrn", den Zaren. Und nur in Ausnahmefällen war die Sympathie für die zaristischen Beamten echt, wie im Fall des russischen Generals Starynkewitsch, nach dem bis heute in Warschau ein Platz benannt ist. Er war beliebt und hat sich als Administrator tatsächlich um die Stadt verdient gemacht.

Diese Ausnahmen ändern jedoch nichts an der Tatsache, daß die polnischen Städte um die Jahrhundertwende äußerlich immer stärker von den Teilungsmächten geprägt wurden. Posen wurde immer wilhelminischer, in Warschau begannen die russischen Behörden, auf historischen Plätzen für ihre Beamten orthodoxe Kirchen zu errichten, während in Krakau oder Lemberg die Spuren der Wiener Sezession immer deutlicher wurden.

Und wieder zeigte sich für die jungen Leute die Janusköpfigkeit der Kompromißpolitik, wieder fragten sie sich: was weiter? Sich mit diesem Schwebezustand abfinden oder erneut einen Untergrundstaat aufbauen, nur diesmal in den Köpfen der Menschen, durch illegales Selbststudium, zivilen Ungehorsam, bewußtes Durchbrechen der von der fremden Obrigkeit errichteten Schranken? Seit den achtziger Jahren entstanden in allen drei Teilgebieten polnische politische Parteien, die zunächst illegal und später im Rahmen des Möglichen offen agierten. Der Streit darüber, wo die Grenzen des Möglichen verlaufen und inwieweit man sie übertreten solle, wurde bis zum Ausbruch des Ersten Weltkriegs geführt. Und wie in diesem ganzen „gestohlenen Jahrhundert" reduzierte er sich in prinzipiellen Fragen auf das grundlegende Dilemma: Sollte man sich mit der entwürdigenden Realität abfinden oder nicht? Und wenn nicht, was dann: kämpfen oder versuchen, die Grenzen der Freiheit allmählich auszuweiten? Eine kümmerliche Wahl in Zeiten, in denen die mächtigen Nachbarn zum Griff nach der Weltmacht ansetzten, Expeditionskorps nach China und auf den Balkan schickten, Sozialrevolutionäre die klassenlose Gesellschaft ausriefen und verkündeten, für „verspätete Nationen" sei der Zug zur Souveränität bereits abgefahren. Das Jahrhundert der Dampfmaschinen und der Elektrizität ging zu Ende, nun kamen Relativitätstheorie und Psychoanalyse auf. In dieser Zeit, in der die europäischen Zeitungen voll waren von der „Balkanfrage", stellte sich ein 20-Millionen-Volk in der Mitte des Kontinents immer wieder dieselbe Frage: „Wie findet man als Nation und Gesellschaft zu sich selbst"?

II

Auf der polnischen Bühne begann das 20. Jahrhundert mit der „Hochzeit", einem saftigen, bitter-verträumten Theaterstück von Stanisław Wyspiański, das die fundamentalen Risse in der polnischen Gesellschaft und ihre unerfüllten Hoffnungen bloßlegte.

Auf der Hochzeit eines Krakauer Intellektuellen mit einem Bauernmädchen – Symbol für die Versöhnung dieser einander mißtrauisch gesinnten sozialen Schichten – läßt der „Chochoł", ein vom aufgekratzten Hausherrn ebenfalls zum Fest geladener Strohwisch um einen Rosenstrauch, den angeheiterten und ausgelassenen Gästen polnische Geister und Chimären der Vergangenheit erscheinen: Verwitterte Heroen und Mahner, legendäre Propheten und Rebellen rufen zum erneuten Aufstand gegen die Besatzer auf. Ein Junge aus dem Dorf bekommt von ihnen eine Krakauer Mütze mit Pfauenfeder und ein „goldenes Horn" mit dem Auftrag, die Bauern aus den umliegenden Dörfern zusammenzurufen. Er verliert aber sein Wunderhorn, und anstatt zu kämpfen, verfallen die Hochzeitsgäste beim Geigenspiel des Chochoł in einen hypnotischen Tanz. Sie kehren erst wieder zum Leben zurück, als der Bauernjunge ihnen die zum Kampf aufgesetzten Sensen aus den Händen nimmt. In der „Hochzeit" drückt sich ein bitterer Spott über die Unfähigkeit der polnischen Gesellschaft aus, sich zusammenzureißen, und über die vertanen Chancen, ihre „Machtphantasien" zu verwirklichen. Der „Unwille zur Macht" ist ein Verhängnis, an dem – so Wyspiański – die Selbstbefreiung von der fremden Übermacht scheitert.

Die „Hochzeit" ist ein bis heute prägendes Theaterstück, das den Polen keineswegs nur alte Geschichten vor Augen führt. Als Andrzej Wajda sie Mitte der siebziger Jahre verfilmte, verlieh er einer der Figuren, einem patriotischen Wahrsager, ganz bewußt

Züge von Józef Piłsudski. Denn wieder waren die Polen mittendrin in den alten Diskussionen: „Sich schlagen oder sich nicht schlagen", Widerstand leisten oder sich anpassen? Das war nach den Dezemberunruhen 1970 und einige Jahre vor der Gründung der Solidarność. Man fragte sich: Wo ist das Wunderhorn und wie werden wir mit dem einschläfernden „Strohwisch" in uns selbst fertig?

Die „Hochzeit" entstand 1901, im selben Jahr wie die „Buddenbrooks". Man könnte sagen, so war der „Zeitgeist" der Jahrhundertwende, überall sah man Zeichen des Zerfalls, der Ohnmacht und Dekadenz, die Herrscher wie Wilhelm II. gelegentlich mit bombastischen Sprüchen übertönen wollten. Für die Deutschen war damals die Anerkennung als Weltmacht, die Eroberung von Kolonien, das Gleichziehen mit Großbritannien auf den Weltmeeren und mit Rußland und Frankreich auf dem Kontinent Maßstab der eigenen Stärke, für die Polen dagegen – die Antwort auf die Frage, ob man noch einmal die Unabhängigkeit zu erringen suchen oder aber akzeptieren sollte, daß die Sache endgültig gelaufen war und man die Könige und Helden für immer in ihren Grüften auf der Wawel-Burg der Vergessenheit preisgeben sollte, da es für die Polen keine andere Daseinsform in Europa gab, als in drei Provinzen dreier Teilungsmächte zu verbleiben, bei jeder übrigens als Untertanen „zweiter Klasse".

Um die Jahrhundertwende lebten auf dem Territorium der einstigen Rzeczpospolita mehr als 20 Millionen Polen, doch nirgendwo waren sie „unter sich". Vielmehr schrumpfte territorial allem Widerstand zum Trotz ihre ethnische Präsenz ständig, auch wenn sie infolge der Ostflucht sogar bis nach Westfalen gelangten. Unterdessen war es seit Jahrzehnten in Europa still geworden um die „polnische Frage". Zu den Ausnahmen zählte die internationale Resonanz auf einen „offenen Brief" von Henryk Sienkiewicz, dem damals schon bekannten Autor von „Quo vadis?", an Wilhelm II. im Zusammenhang mit der aggressiv antipolnischen Politik Berlins, die die Germanisierung der „deutschen Ostmark" forcierte und dabei weder vor der Zwangsenteignung polnischer Grundbesitzer zurückschreckte noch vor einem Verbot sogar des Religionsunterrichts in polnischer Sprache. Die daraufhin ausbrechenden „Schulstreiks", 1901 in Wreschen und 1906 in ganz Posen und Westpreußen, versuchte die preußische Polizei mit Schlagstöcken gegen die Kinder und Repressalien gegen die Eltern in den Griff zu bekommen, was unter den europäischen – auch deutschen – Intellektuellen eine Welle der Sympathie für die Polen in Preußen auslöste. Sonst aber war in Europa viel mehr von den Serben oder Montenegrinern die Rede als von der dreigeteilten – oder sogar fünfgeteilten, wenn man die Millionen Polen in Litauen und der Ukraine und die polnische Diaspora in Westeuropa und Amerika berücksichtigt – polnischen Nation.

Ende des 19. Jahrhunderts modernisierte sich das politische Leben in den drei Teilgebieten – trotz oder gerade wegen der ständigen Auseinandersetzungen mit der jeweiligen fremden Obrigkeit. Es entstanden politische Gruppierungen und Verbände, deren Wirkung schon bald „grenzübergreifend" war. Auch wenn sie nicht einheitlich waren, sondern vorwiegend auf die Innenpolitik der jeweils „eigenen" Teilungsmacht reagierten, bildeten sie doch kommunizierende Röhren. So setzten die im russischen Teil verfolgten polnischen Politiker ihre Tätigkeit in Galizien fort, und die polnischen Aktivisten in Posen – sehr häufig katholische Geistliche und Kleinunternehmer – griffen die Ideen der „Basisarbeit" auf, die in Warschau oder Krakau offen diskutiert wurden. Und in alle Teilgebiete sickerte allmählich das Ideengut der „großen Emigration" der dreißiger und vierziger Jahre ein. Die von der Obrigkeit endlich zugelassenen Mickiewicz-Denkmäler in Warschau, Krakau und Lemberg waren Wahrzeichen dieser „geistigen Wiedervereinigung". Die politische aber war immer noch mehr als ungewiß.

Vorwiegend im russischen und österreichischen Teil waren seit den achtziger Jahren auch politische Parteien gegründet worden – zunächst von den Sozialisten, dann von den Nationaldemokraten und den Bauern, die nach 1918 zu einer wichtigen politischen Kraft werden sollten mit ihrem legendären Wortführer Wincenty Witos, der noch im Wiener Parlament politische Erfahrungen sammelte, bevor er 1920 polnischer Ministerpräsident wurde. Doch die Achse der polnischen politischen Philosophie bis in die dreißiger Jahre hinein bildete der essentielle Streit zweier Orientierungen – der sozialistischen und der nationalen –, die von Józef Piłsudski und Roman Dmowski verkörpert wurden. Es ging um zwei grundverschiedene Richtungen – zwei ungleichartige Traditionen, zwei unterschiedliche Auffassungen von Strategie und Taktik und zwei entgegengesetzte Modelle der polnischen Geopolitik.

Diese beiden großen Gegenspieler bekämpften sich erbittert, verstanden es aber auch, in entscheidenden Momenten recht harmonisch zusammenzuarbeiten. Zugleich verursachte dieser „Streit um das Polentum", der in der Praxis mit einem „schiefen Kompromiß" endete, jedoch tiefe Risse, die sich als „Sprengkammern" im Gebäude der 1918 wiedererlangten polnischen Staatlichkeit erwiesen. Das kann man den beiden übrigens schwerlich zum Vorwurf machen. Dies war einfach in den Widersprüchen der polnischen Optionen begründet, von denen jede ihre eigene innere Logik und jede ihre Schwachstellen besaß. Und da sich keine vollständig durchsetzen konnte, vermischten sie sich miteinander, ergänzten und blockierten sich gegenseitig.

Józef Piłsudski (1867–1935) wurde als Sohn eines Landadligen in der Nähe von Wilna geboren. Unweit übrigens vom Familiensitz der Dzierżyńskis, deren Sohn Feliks, der spätere Tscheka-Chef, dieselbe Schule wie Piłsudski besuchte. Beide gehörten derselben vom Kult des Januaraufstands und der alten „multikulturellen" Vielvölkerrepublik geprägten Generation an. Nur gingen sie diametral entgegengesetzte Wege.

Als Student war Piłsudski indirekt in den Attentatsversuch auf Zar Alexander III. verwickelt, dessentwegen Lenins ältester Bruder hingerichtet wurde. Mit fünf Jahren sibirischer Verbannung kam der künftige Marschall Polens noch ziemlich glimpflich davon. Er kehrte als reifer Mensch zurück, und dank seiner starken Ausstrahlungskraft wurde er rasch zu einer der zentralen Persönlichkeiten in der Polnischen Sozialistischen Partei *(PPS)*. Er plädierte für die „direkte Tat", die Vorbereitung der Gesellschaft auf den nächsten Aufstand und die Ausbildung neuer Eliten mit Charakter und Entschlußkraft. Er war kein großer Intellektueller, hatte aber beachtliches literarisches Talent, er schrieb blumig und kraftvoll, geprägt von der patriotischen Literatur der polnischen Romantik. Er war einer jener „Menschen des Ostens", die durch Willensstärke, Menschenkenntnis und Phantasie für sich einnahmen. Weniger Staatsmann als Aktivist der Konspiration und Kämpfernatur, besaß er für einen Politiker unangebrachte Fehler, er konnte eigensinnig, unberechenbar, unhöflich, verschlossen und undiszipliniert sein. Und trotzdem spielte er zwischen 1914 und 1921 in Polen eine Rolle, wie kein Berufspolitiker sie hätte spielen können.

Obgleich jahrelang ein führender Politiker der *PPS*, machte er keinen Hehl daraus, daß ihm der Marxismus oder die Ideologie der Diktatur des Proletariats zuwider waren. Sein Sozialismus war der Idee der polnischen Eigenstaatlichkeit untergeordnet und entsprang der Überzeugung, daß da, wo die aristokratischen Aufständischen in ihrem Kampf um Unabhängigkeit scheiterten, die Arbeiter nun erfolgreich sein würden. Er setzte nicht so sehr auf eine Revolution in Rußland als auf die Auflehnung der vom Zarismus unterdrückten Völker: „Zum Glück gehören dem russischen Staat neben dem eigentlichen Rußland auch andere gewaltsam unterjochte und mit Sträflingsketten an das Zarenreich gefesselte Länder an. Die Bevölkerung dieser Länder – Polen, Litauer, Letten, Ruthenen – erstreckt sich über die einst zur *Rzeczpospolita* gehörenden Gebiete", schrieb er 1895. Und weiter: „Gerade von dort geht die Kraft aus, die die Zarenmacht restlos aufreiben wird. Die russische revolutionäre Bewegung dagegen kann in diesem Kampf nur eine Nebenrolle spielen." Diese Auffassung enthielt eine klare Hierarchie der Ziele: Gegner war der Zarismus, Bündnispartner waren die unterjochten Völker.

Umgekehrt definierte diese Hierarchie die Linke der „Sozialdemokratie des Königreiches Polen und Litauen" *(SDKPiL)* mit ihrer führenden Ideologin Rosa Luxemburg an der Spitze. Hauptgegner ist möglicherweise der Zarismus, meinte sie, Ziel ist jedoch nicht die Befreiung einzelner Völker, sondern der gesamten Arbeiterklasse, die „kein Vaterland hat". Daher sollte das polnische Proletariat auch in enger Zusammenarbeit mit dem russischen und deutschen vorgehen und seine nationalen Ambitionen höchstens auf die Kultur beschränken. Dieser utopische

„internationalistische" Sozialismus war später eine schwere Hypothek für die polnischen Kommunisten, die in der Zeit der Revolution von 1917 und im Krieg 1919/1920 kein Gespür für das allgemeine Unabhängigkeitsstreben der polnischen Gesellschaft hatten, sich gegen die Mehrheit des Volkes stellten und von vielen als Agenten einer fremden Macht angesehen wurden. Daß in den dreißiger Jahren dann Stalin sie seinerseits als vermeintliche Agenten der polnischen Abwehr dezimierte, während im eigenen Lande wiederum ihre Partei schon seit 1919 wegen ihres Eintretens für einen Anschluß Polens an Sowjetrußland verboten war, zeigt die Tragik dieser im luftleeren Raum schwebenden Utopisten, denen die europäische Machtpolitik nach 1945 noch eine unerwartete Rolle in Polen zuweisen sollte.

Piłsudski jedoch stieg – wie er es nannte – an der Haltestelle „Unabhängigkeit" aus der roten Straßenbahn aus. Und seine frühere Partei, die *PPS*, stand im dann bereits unabhängigen Polen oftmals in Opposition zu ihm. Nichtsdestoweniger muß etwas von den alten Sentiments geblieben sein, da die *PPS* sogar seinen Putsch im Mai 1926 unterstützte. Piłsudski hatte seine Hausmacht im russischen und im österreichischen Teilgebiet. Im preußischen dagegen bildete sich unter dem Eindruck des „Kulturkampfes" und der nationalen Solidarität der Prototyp des katholischen Polen heraus, eines pragmatisch denkenden Menschen, dem romantische Anwandlungen und Klassenutopien fremd waren und der stärker der Christ- und Nationaldemokratie zuneigte als der Sozialdemokratie. Hier hatte auch Roman Dmowski größeren Einfluß.

Roman Dmowski (1864–1939) war von ganz anderem Zuschnitt und Temperament als Piłsudski. Auch ihn hatte das russische Teilgebiet geprägt, aber nicht der Osten, sondern Zentralpolen, und nicht ein Landadelssitz, sondern eine arme Steinmetzfamilie in Warschau. Er war ein präzise denkender Mensch, eher „Positivist" als „Romantiker". Schon in den neunziger Jahren wurde er zum Spielmacher der nationaldemokratischen Partei, die aus einer sich seit rund zehn Jahren auf alle drei Teilgebiete ausweitenden bürgerlich-nationalen Bewegung hervorgegangen war. Sein Programm sah keinen Aufstand oder gar –

Gott bewahre! – eine Revolution vor, sondern eine Forcierung des inneren Drucks auf die Teilungsmächte und die „Stärkung der nationalen Tugenden", gestützt auf den traditionellen Volksglauben, die Treue zur Kirche und die Erinnerung an die Unabhängigkeit.

Diese Bewegung wurde vor allem von der neuen polnischen Mittelschicht getragen, und ihr Wortführer hielt – ganz unter dem Eindruck Darwins – den Kampf der Nationen ums Dasein für ein Gesetz der sozialen Evolution. Sicherlich war er auch von Hause aus nicht frei von Vorurteilen gegen die Juden, doch Dmowskis Antisemitismus entsprang ähnlichen Quellen wie seine antirussische oder antideutsche Einstellung, nämlich der Überzeugung, daß die Polen endlich beginnen müßten, sich ökonomisch und zivilisatorisch gegen die Dominanz tatkräftigerer Nationen durchzusetzen.

Bis zu den Teilungen hatte sich nur in Zeiten von Kriegen und Unruhen offener Antisemitismus in Polen gezeigt, auch wenn die im Zuge der Gegenreformation erstarkte katholische Kirche immer wieder das Ihre dazu beitrug, Religionshaß zu schüren. Noch an den Aufständen von 1831 und 1863 hatten etliche polnische Juden teilgenommen, die sich mit dem Widerstand gegen die Zarenherrschaft identifizierten, doch mit den heftigen sozialen Erschütterungen in der zweiten Hälfte des 19. Jahrhunderts änderte sich auch das gegenseitige Verhältnis. Petersburg begann, mit gesteuerten Pogromen und polizeilichen Verboten Juden aus dem Osten nach Russisch-Polen zu verdrängen, so daß innerhalb weniger Jahre Hunderttausende sogenannter „Litwaken" in die polnischen Städte strömten, Juden, die meist kein Polnisch sprachen und mehr der russischen als der polnischen Kultur verbunden waren. Dieser Prozeß fiel mit der generellen Verstädterung, dem sozialen Abstieg weiter Teile der Bevölkerung und dem sprunghaften Anwachsen der großen Industriezentren zusammen. Die Einwohnerzahl von Warschau beispielsweise stieg zwischen 1864 und 1914 auf das Vierfache mit einem jüdischen Bevölkerungsanteil von rund 38 %, im selben Zeitraum wuchs Łódź von einer Kleinstadt mit 40 000 Einwohnern zu einem Industriezentrum mit 480 000 Einwohnern an, und der jüdische

Anteil von 19,5 auf 36 %. Dies war nicht allein eine Folge der Industrialisierung, sondern auch einer bewußten Politik des Zaren, dem an einem raschen Wandel der nationalen Struktur in den „Weichselgouvernements" und der Russifizierung der polnischen Bevölkerung lag. Aus Angst vor einer Überfremdung – aufgrund der blockierten Aufstiegswege für das polnische Bürgertum und des harten Verdrängungswettbewerbs in der neuen Mittelschicht – entstand die nationaldemokratische Losung des Wirtschaftskampfes gegen die deutschen Fabrikanten, russischen Beamten und jüdischen Ladenbesitzer. Ein „Rundumschlag" eines *Underdogs*?

1902 erschien Dmowskis Broschüre „Gedanken eines modernen Polen", die zu einem Katechismus des polnischen Nationalismus wurde. Im Vergleich zu den deutschen oder französischen Sozialdarwinisten nichts Neues, für viele Polen aber eine Offenbarung. Dmowski kritisierte darin die polnische Passivität – „ein Grundzug unseres Charakters" – infolge des Niedergangs der Städte und der Trägheit der Bauern. Da jedoch „auf dieser Welt immer weniger Platz für Schwache und Wehrlose" sei, müsse man die nationale und zivilisatorische Herausforderung annehmen und sich nicht selbst bemitleiden. Dmowskis Vorbild war der Widerstand der Polen im preußischen Teilgebiet, denen es ohne romantischen Bombast gelungen war, ihre Sprache, ihren katholischen Glauben und ihre Grundstücke vor „germanischem" Zugriff zu bewahren. Und Dmowski hielt eben Deutschland für einen gefährlicheren Gegner als Rußland.

Dabei war Dmowski kein Fanatiker: „Zugegeben, ich verabscheue es, die Deutschen oder die Moskowiter anzuklagen . . . Auf einem anderen Blatt steht, daß ich die Deutschen nicht mag, daß ich ihre in vieler Hinsicht selbstgefällige Lebensform, ihre Lebens- und Denkweise abscheulich oder lächerlich finde und daß ihre brutale Naivität in mir oftmals Mitleid erregt, aber auf der anderen Seite habe ich enormen Respekt vor ihrer Energie und Disziplin, ihren organisatorischen Fähigkeiten und vor allem vor ihrer Konsequenz, die der Hauptgegenstand eines wahrhaft reifen, männlichen Denkens und bei uns eine Seltenheit ist. Ich verachte die Moskowiter wegen ihres asiatischen Hangs zur

Zerstörung, der Ungeniertheit, mit der sie die Kultivierungsarbeit von Jahrhunderten auf den Fluren niedertrampeln, dieses östlichen Mangels an Verantwortung vor dem eigenen Gewissen, der in jeder Frage ein Doppelgesicht zu zeigen erlaubt. Und doch scheinen selbst sie mir manchmal mehr Mut zu haben, wenn es darum geht, eine bittere Wahrheit einzugestehen und unmittelbare Konsequenzen daraus zu ziehen."

Das war die Sprache des „Zeitgeistes" – von Gobineau oder H. S. Chamberlain bis hin zu den russischen „Slawophilen". Während jedoch in Frankreich, Deutschland, England oder Rußland der Nationalismus mit imperialen Ansprüchen einherging, war er in Polen mit einem Unterlegenheitsgefühl belastet und dem Bewußtsein, die Distanz zu den aggressiven Nachbarn aufholen und für sich selbst einen Platz an der Sonne finden zu müssen – nicht nur auf der Landkarte Europas, sondern auch im Dschungel der „nationalen Egoismen" und der sich gegen Polen verschwörenden „dunklen Mächte".

Wie sahen also Dmowskis Hierarchien aus? Seine Kritiker – Piłsudski eingeschlossen – warfen ihm vor, er gebe der Idee der Nation den Vorrang vor der polnischen Eigenstaatlichkeit, ferner verwerfe er den Gedanken eines bewaffneten Kampfes, und schließlich wende er sich mit seiner Auffassung des „nationalen Egoismus" von der Tradition der alten *Rzeczpospolita* vieler Völker ab. Doch diese Vorwürfe waren zu einfach: Ein weiterer Aufstand wäre sinnlos gewesen, und eine soziale Revolution hätte die ohnehin labile öffentliche Ordnung umgestoßen. Dmowski verabscheute die sozialistische Bewegung als angeblich „unserer zivilisierten Gesellschaft fremd", beherrscht von „Höhlenmenschen", die mit großspurigen Losungen leichtfertig den Leuten den Kopf verdrehten. Die polnischen Arbeiter hielt er vorläufig für verloren für die nationale Idee. Nichtsdestoweniger achtete er Piłsudski als einen Gegner, dem er öffentlich „außergewöhnliche moralische Eigenschaften" bescheinigte. Und er bekämpfte ihn, wo er nur konnte.

Der Streit der beiden Antipoden betraf eigentlich alles: Grundwerte, Ziele und Methoden. Dmowski stemmte sich gegen einen bewaffneten Kampf und setzte auf einen „vernünftigen

Ausgleich" mit Rußland als langfristig angelegte gesamtnationale Strategie, und nicht etwa als momentane Taktik für eines der Teilgebiete. Dieses geopolitische Konzept war in einer schlüssigen Geschichtsphilosophie verankert, deren Faustregel lautete, daß Rußland – da zivilisatorisch weniger potent – für Polen weniger bedrohlich sei als Deutschland. Daher müsse Polen seinen großen Nachbarn im Osten davon überzeugen, daß es ein wichtiger Modernisierungsfaktor für ihn werden könne, sofern Rußland nur von seinen imperialen Ambitionen abließe. Hinter dieser „russischen Option" verbarg sich die Forderung nach einer entschiedenen Hinwendung Polens zum Westen, um der deutschen Herausforderung zu begegnen. Es lohnt nicht, sich mit dem Osten abzugeben, meinte Dmowski, man müsse die Ukrainer, Weißrussen und Litauer in den Gebieten, wo die Polen ein kulturelles Übergewicht haben, polonisieren, und die ganze Energie auf die Modernisierung des Landes lenken.

Es ist kein Zufall, daß Schriftsteller, die wie der Nobelpreisträger Władysław Reymont der Nationaldemokratie nahestanden, von der industriellen Effizienz der Deutschen fasziniert waren und dabei den deutschen Autoritarismus trotz aller Feindseligkeit verstohlen bewunderten. So auch Adolf Nowaczyński in seinem in Polen bis heute oft gespielten, aber in Deutschland leider unbekannten Theaterstück „Der Große Friedrich". Es ist ein effektvolles literarisches Denkmal, das dem Urheber der Teilungen Polens gesetzt wurde – geschrieben mit ohnmächtiger Wut, Bitterkeit und Neid. So müßte man sein, statt als „Volk der Hamlets" von innen zu faulen, wie Nowaczyński in seinem Pamphlet „Ich pfeife auf eure romantische Dreifaltigkeit!" gegen die „Vampire" Mickiewicz, Słowacki und Krasiński wetterte. Schluß mit den Halbheiten der einstigen *Rzeczpospolita* vieler Völker, die Zukunft der Polen spielt sich im Wettlauf mit den Deutschen ab, meinten die Vertreter dieser Denkschule.

In einem anderen Geleise dachte und handelte Piłsudski. Vielleicht weniger „modern" als Dmowski, aber nicht weniger wirkungsvoll. Mit dem Erstarken der Nationaldemokratie besaß die *PPS* nicht mehr das Monopol auf konspirative Tätigkeit und Massenaktionen, doch sie hatte das bessere Ohr für die revolutionäre Gärung und für die Destabilisierung in Rußland. Piłsudski fürchtete sie nicht und bereitete die Jugend auf sie vor, indem er Untergrundzeitschriften und Flugblätter herausgab und eine zu Attentaten und bewaffneten Auseinandersetzungen fähige geheime Kampforganisation schuf. Über das zukünftige Polen sprach und schrieb er recht vage, auf dem Territorium der einstigen *Rzeczpospolita* würden nicht näher bezeichnete, mit Polen verbündete Republiken entstehen. Und im Unterschied zu Dmowski verkündete er keinen Nationaldarwinismus, weder in bezug auf Rußland noch auch Deutschland.

Als 1904 der russisch-japanische Krieg ausbrach, reagierten beide gleich: Sie fuhren auf der Stelle nach Tokio, um – jeder auf seine Weise – die polnische Karte auszuspielen. Nur daß der eine genau das wollte, was der andere zu verhindern suchte. Piłsudski warb bei den Japanern um Unterstützung für einen eventuellen polnischen Aufstand und sogar für die Aufstellung einer Legion aus polnischen Kriegsgefangenen, die in der russischen Armee gedient hatten. Dmowski hingegen wollte einen weiteren polnischen Kraftakt unbedingt verhindern, weil er meinte, Rußland sei zwar im Fernen Osten geschwächt, aber hinreichend stark in Europa, um einen Ausbruch in Polen niederzuschlagen und für weitere Jahrzehnte die polnische nationale Emanzipation zu verhindern.

Diesmal gewann Dmowski das Duell völlig. Er überzeugte die Japaner, daß ein Spiel mit der polnischen Karte für sie nicht lukrativ wäre. Diese hatten ohnehin kaum Bedarf an einem so exotischen Bündnispartner. Zusätzlich pikant an dem ganzen Abenteuer war aber eine zufällige Begegnung der beiden Konkurrenten in Tokio auf der Straße und ihr mehrstündiges Gespräch unter vier Augen im Hotel. Trotz aller Reverenz konnte von einem Einvernehmen keine Rede sein. Jeder horchte auf die eigene Logik der polnischen Politik.

Piłsudski hatte insofern recht, als sich unter dem Eindruck der Niederlagen an der japanischen Front in Polen Streiks und Demonstrationen mehrten. Das war die traditionelle Logik der „kommunizierenden Röhren" des russischen Imperiums. So war es Ende des 18. Jahrhunderts, als die polnischen Reformer den russischen Krieg gegen die Türkei für letzte Rettungsversuche der *Rzeczpospolita* nutzen wollten, so war es auch 1980, als die Sowjetunion sich gerade auf einen Kolonialkrieg in Afghanistan eingelassen hatte und im Westen ihres realsozialistischen Imperiums sogleich ein Aufruhr ausbrach und die *Solidarność* entstand.

Als am 13. November 1904 in Warschau die Kosaken in einen Demonstrationszug hineinschossen, der sich nach dem Kirchgang formiert hatte, schossen *PPS*-Kämpfer zurück. Kurz darauf folgte der „Blutige Sonntag" in Sankt Petersburg. Eine Revolution brach aus, die sich auf polnischem Territorium nach dem Willen der *PPS* in den nächsten Aufstand verwandeln sollte. Wenn es nicht dazu kam, dann, weil sie sehr rasch von den Nationaldemokraten gebremst wurde. Dmowski wollte dem geschwächten Rußland Zugeständnisse abhandeln und fürchtete gleichzeitig Chaos und Anarchie. Als der Zar den Erlaß einer Verfassung und die Einberufung des ersten russischen Parlaments, der Duma, versprach, wandten sich die Nationaldemokraten scharf gegen die Konfrontationsstrategie der Sozialisten. Sie erreichten damit eine polnische Vertretung in der Duma, deren Vorsitzender Dmowski wurde, und einige Zugeständnisse in der Polenpolitik Petersburgs. Diese erwiesen sich jedoch bald als bloße Taktik, für Dmowskis „russische Option" fehlte es weiterhin an einer russischen Einsicht in die Notwendigkeit einer grundsätzlichen Änderung der Haltung gegenüber Polen, eines historischen Ausgleichs.

So ging der „Universalienstreit" zwischen Dmowski und Piłsudski über die polnische Politik weiter; Dmowski haderte erfolglos in der Duma, und Piłsudski, der nach Galizien geflüchtet war, begann, unter den Augen der Österreicher polnische Schützenverbände aufzustellen. Der eine erwartete eine weitere Liberalisierung des Zarenreichs, der andere – den Kriegsausbruch. Diesmal schätzte Piłsudski die Lage besser ein. Und setzte auf die Mittelmächte.

III

Im August 1914 brach endlich der große Krieg aus, den Mickiewicz einst erfleht hatte, allerdings begann er nicht wie ein Befrei-
ungskampf der Völker, sondern wie ein regelrechtes Gemetzel in
bisher ungekannten Materialschlachten. Die Polen dienten als
Kanonenfutter in den Millionenheeren der drei Teilungsmächte,
etwa 2,5 Millionen wurden insgesamt mobilisiert, fast 400 000
fielen – für die fremden Kaiser. Es ist oft gesagt worden, die un-
verantwortlichen Aufstände hätten diesem Volk nur unnützes
Blutvergießen beschert, hier aber, in einem Krieg, der sich an seiner Ostfront vorwiegend auf polnischem Boden abspielte, war
ein ganz anderer Aderlaß im Gange.

Die 140 Schützen, die Piłsudski am 6. August mit Billigung des
österreichischen Oberkommandos in das russische Teilgebiet
Polens einmarschieren ließ, zählten in diesem allgemeinen Völ-
ker-Gemetzel fürwahr nicht viel. Und nicht als polnische „Hi-
wis" der Mittelmächte wollte diese Handvoll Legionäre antreten, sondern als Vorkämpfer für ein unabhängiges Polen. Wie,
wann und womit, sollte sich erst erweisen, der große Poker begann mit einigen wenigen Luschen. Piłsudski inszenierte seinen
symbolischen Aufbruch ganz bewußt. Ihm lag daran, eigenstän-
dig den Krieg gegen Rußland anzufangen, noch bevor die Österreicher die Grenze zu Kongreßpolen überschritten. Er wollte
vollendete Tatsachen schaffen und den „großen Krieg der weißen
Menschen" zu einem polnischen Krieg „umfunktionieren". Romantisch, anmaßend und dennoch – langfristig gesehen, ein kühl
kalkuliertes Unternehmen.

Nun könnte der Eindruck entstanden sein, die Polen wären in
der Zeit der Teilungen zu einer geradezu militärbegeisterten Nation geworden: Ihre Dichter beteten den Krieg herbei und besangen todesmutige oder gar selbstmörderische Heldentaten, ihre
im eigenen Land gescheiterten Befreiungskämpfer gingen in je-

dem Land, in dem es nach einer Revolution roch, auf die Barrikaden – in Ungarn, Deutschland, Frankreich, Italien, Mexiko und anderswo –, und auf ihre Fahnen schrieben sie „Für eure und unsere Freiheit". Und doch war Militarismus den Polen fremd. Zum einen besaßen sie keinen eigenen Staat, der die Gesellschaft ganz in den Dienst seiner Militärmaschinerie hätte stellen können, zum anderen hatten sie seit 1683 keinen selbständigen Sieg auf dem Schlachtfeld erkämpft, geschweige denn einen Krieg gewonnen. Im polnischen Bewußtsein standen die Uniformen eigener Truppen nicht für Eroberungen oder Macht über andere, sondern für den Selbstbehauptungswillen, „solange wir leben". Deshalb war der Kampf um Freiheit und Unabhängigkeit – nach dem Muster der alten freiwilligen Landwehr – tief einprogrammiert, wenn man bedenkt, daß es zwischen 1794 und 1863 in den drei Teilgebieten zu insgesamt sechs Aufständen und zahlreichen Versuchen kam, im Ausland polnische Legionen aufzustellen, die sich – wie es in der Nationalhymne heißt – „von Italien nach Polen" durchschlagen sollten. Im 19. Jahrhundert gehörte der Stolz auf die Leistungen der polnischen Ulanen bei der Erstürmung des mit Kanonen gespickten Somosierra-Bergpasses für Napoleon ebenso zur patriotischen Erziehung wie nach dem Zweiten Weltkrieg die Erstürmung von Monte Cassino für die Briten, aber den meisten militärischen Erfolgen haftete die politische Vergeblichkeit an. Und dennoch fanden es viele selbstverständlich, daß jede Generation ihren Blutzoll für die Unabhängigkeit zu entrichten hat. Nicht aus einem „selbstmörderischen Trieb" heraus, sondern aus dem Kalkül, daß diese Opfer ein Unterpfand im europäischen Spiel der Mächte sein könnten.

Auch im Sommer 1914 ging es Piłsudski um ein politisches Zeichen: Es gibt uns wieder! Der deutsche und der österreichische Generalstab dagegen spekulierte auf einen polnischen Aufruhr gegen die Russen und später – wie schon Friedrich II. – auf polnische Rekruten aus Russisch-Polen. Ein krummes Geschäft, jederzeit widerrufbar durch die Mittelmächte, ein Poker, bei dem jede Seite mit gezinkten Karten spielte. Nicht von ungefähr sangen die Legionäre später, ihr Soldatenstolz sei unterlegt gewesen mit dem Klang der Bettelei, als sie ihr Schicksal auf den

Scheiterhaufen warfen... Und tatsächlich, das ganze Abenteuer hätte nach ein paar Tagen sang- und klanglos vorbei sein können, denn in Kongreßpolen begegnete man Piłsudskis Schützen mit großer Zurückhaltung. Man spürte wohl, daß für einen polnischen Aufstand wenig Spielraum war zwischen den Millionenheeren der Teilungsmächte. So kehrte die Kompanie erfolglos nach Krakau zurück. Und trotzdem war dieses Unternehmen mehr als nur eine groteske Episode des Sommers 1914. Denn für alle Kriegsteilnehmer wurde die „polnische Frage" zu keinem geringen Problem. Wenn schon nicht das eigentliche Ziel für Deutschland im Ersten Weltkrieg, galt Polen doch für viele Strategen in Berlin als Schlüssel zur Hegemonie in Mitteleuropa. Natürlich war nicht an die Restitution eines souveränen polnischen Staates aus allen drei Teilgebieten gedacht, sondern allenfalls an die Gründung gefügiger Pufferstaaten und an die Ostverschiebung der deutschen Grenzen. Der Alldeutsche Verband träumte gar von einer Aussiedlung von 16 Millionen Polen aus „Kongreßpolen" nach Weißrußland, um Raum für deutsche Siedler zu schaffen. So meldete sich der „gesunde Egoismus der Völker" zu Wort.

Wie kam es aber dazu, daß mit dem Kriegsausbruch die „polnische Frage" wieder in den europäischen Kabinetten herumspukte wie ein „Fliegender Holländer", den es – mit den Worten eines englischen Diplomaten aus dem 19. Jahrhundert – zwar nicht gibt, der aber jederzeit auftauchen kann? Welchen Stellenwert hatte dieser nichtexistente Staat, daß die Mächtigen in Europa sich immer wieder wenigstens einen Lückenbüßer für ihn ausdenken mußten? Auf lange Sicht gesehen, hatte sich der „Leim der Komplizenschaft" zwischen den drei Teilungsmächten als zu wenig haltbar erwiesen. Anscheinend brauchte man doch einen „Puffer" zwischen den beiden expansionsfreudigen Gegenspielern Deutschland und Rußland. Oder auch Polen als ein „Bindeglied" Europas, wie Napoleon mit verspäteter Einsicht auf Sankt Helena sagte. Doch daß es dazu taugt, mußte Polen im 20. Jahrhundert erst beweisen. Als Piłsudski also seine Soldaten nach Kongreßpolen schickte, pokerte er nicht nur um die – noch in den Sternen stehende – polnische Eigenstaatlichkeit, für die er quasi als Platzhalter an der Seite der Mittelmächte auftrat, sondern auch um eine europäische Rolle für das künftige Polen.

Zur selben Zeit überreichte der von den Nationaldemokraten dominierte Polenklub in der Duma dem Zaren eine Deklaration, in der es hieß, in dieser tragischen Situation, in der die Polen zum Kampf an gegnerischen Fronten gezwungen würden, sei das wichtigste der Sieg über Deutschland und die „Vereinigung des in drei Teile zerrissenen polnischen Volkes". Wenige Tage später erließ Großfürst Nikolai ein Manifest, in dem er vage die Vereinigung der polnischen Gebiete unter dem Zepter der Romanows in Aussicht stellte. Hatte Dmowski also recht gehabt?

Keineswegs, denn die russischen Truppen standen immer noch an der Weichsel, und die Behörden waren zu keinerlei Zugeständnissen an die Polen bereit. Schlimmer noch, als 1915 die Russen nach 100 Jahren Besatzung von deutschen Truppen aus Kongreßpolen verdrängt wurden, zerstörten sie planmäßig viele polnische Städte gemäß der Taktik der „verbrannten Erde". Und als sie nach einer Offensive Ostgalizien besetzen konnten, demonstrierten sie, daß selbst eine begrenzte polnische Autonomie wie in der Habsburger Monarchie für den Zaren unannehmbar war.

Nachdem in Galizien wiederum offenkundig geworden war, daß Piłsudski keinen Aufstand in Russisch-Polen zustandebringen würde, gründeten alle polnischen politischen Gruppierungen in Lemberg ein „Oberstes Nationalkomitee" *(NKN)*, um den Nukleus eines polnischen Heeres politisch abzustützen, während die Legionen an der österreichischen Front gegen die Russen kämpften. Wieder ging es um eine symbolische Präsenz. Ähnliches geschah auf der anderen Seite der Front. Ende 1914 gründete Dmowski ein „Polnisches Nationalkomitee" *(KNP)*, darüber hinaus entstanden Bürgerkomitees für die über eine Million beim Rückzug der russischen Armee nach Osten evakuierten Polen. Auch die Parodie einer polnischen Legion ließ man aufstellen, ohne polnische Embleme, ohne Eigenständigkeit, mit zarentreuen Offizieren, die oft nicht mal Polnisch sprachen. Je mehr sich die russische Lage an der Front verschlechterte, desto häufiger munkelten die Behörden von einer Autonomie für

Polen. Allmählich schaukelten die Kontrahenten des großen Krieges die „polnische Frage" gegenseitig hoch.

In den 1915 besetzten polnischen Gebieten bildeten die Mittelmächte zwei Generalgouvernements – eines unter deutscher Verwaltung in Warschau, das andere unter österreichischer in Kielce und später Lublin –, die sie lange Zeit nur als kriegswirtschaftlich nützliche Beute betrachteten. Doch mit der Zeit wurde immerhin nach Jahrzehnten wieder Polnisch als Unterrichtssprache in den Schulen zugelassen, und im November wurden sogar die Universität und die Technische Hochschule „repolonisiert". An die Stelle der russischen Behörden und der vom Generalgouverneur wieder aufgelösten Bürgerkomitees traten Mitte 1916 polnische Kommunalvertretungen. Trotzdem beeilten sich weder Österreich noch Deutschland, ihre Karten in der polnischen Frage auf den Tisch zu legen. Nicht einmal eine „austropolnische Lösung", eine Aufwertung der polnischen Gebiete zu einem von drei Teilstaaten der Habsburger Monarchie, kam zustande. Im Gegenzug stoppte Piłsudski die weitere Anwerbung von Legionären für die immer noch an der Front kämpfenden polnischen Brigaden und legte anschließend den Oberbefehl nieder. Er wartete ab.

Dmowski dagegen wartete nicht. Er merkte, daß keine Hoffnung auf eine Initiative der zaristischen Behörden in der polnischen Frage bestand, und fuhr nach Westeuropa. London und Paris betrachteten sie zwar weiterhin als „innere Angelegenheit" ihres russischen Verbündeten, aber es gelang Dmowski, wichtige Kontakte zu französischen und englischen Politikern zu knüpfen. Er gewann an Einfluß auf die polnische Elite in der Emigration und unterstützte ihre diplomatischen und militärischen Initiativen. Auch in Frankreich wurde nämlich eine Legion aus polnischen Kriegsgefangenen und Emigranten gebildet. Und Dmowskis politische Freunde, darunter der bekannte Pianist Ignacy Paderewski, starteten in Amerika eine große Werbekampagne für die polnische Sache. Dabei wartete auch Dmowski auf die Gunst der Stunde.

Berlin und Wien konnten nicht endlos zögern. Polen war für sie ein Bauer auf dem Schachbrett Mitteleuropas, doch er galt als

„vergiftet", so daß die Versuchung, ihn zu ziehen, ebenso groß war wie die Bedenken, dadurch könnte das Endspiel unberechenbar werden. Die deutsche Heeresleitung war prinzipiell bereit, Kongreßpolen an Österreich abzutreten, nicht ohne sich jedoch zuvor – in bester friderizianischer Tradition einer „Arrondierung" der Grenzen – ein Filetstück herausschneiden zu wollen. Andere Kreise dachten „völkisch" und fürchteten eine Stärkung des polnischen Gewichts in der Habsburger Monarchie zu Lasten des deutschen. Schließlich zeigte sich der deutsche Generalstab interessiert an der Aufstellung polnischer Verbände; man rechnete mit rund 1,4 Millionen Rekruten, die den Mittelmächten an der Front gelegen kämen. Zugleich wurden jedoch in den besetzten Gebieten rücksichtslos Fleisch, Getreide und Maschinen requiriert sowie niedrigere Lebensmittelrationen als in Deutschland eingeführt, womit man die polnische Bevölkerung nicht sonderlich für sich einnahm.

Am 5. November 1916 proklamierten Wilhelm II. und Franz Joseph ein mit den Mittelmächten verbündetes „Königreich Polen", allerdings ohne sich zu dessen Grenzen zu äußern. Damit stand die „polnische Frage" wieder auf der europäischen Tagesordnung. Die russische Regierung protestierte zwar gegen diesen Schritt, aber bald darauf stieg auch der Zar in das Pokerspiel ein, indem er von der „Schaffung eines freien, aus allen drei bisher getrennten Teilen bestehenden Polen" sprach. Doch das gegenseitige Überbieten ging weiter, zumal der „polnische Phönix" Rückendeckung aus Amerika bekam; schon im Januar 1917 sprach Präsident Wilson von einem „einigen, unabhängigen und autonomen Polen". Den Deutschen dagegen gelang es nicht, die polnischen politischen Eliten für ihre Pläne zu gewinnen, da ihre Motive reichlich durchsichtig waren und der Aufbau eines polnischen Staatsapparats verzögert wurde. „Ohne polnische Regierung keine polnische Armee", war die Reaktion.

Mittlerweile wurde in Rußland der Zar gestürzt. Im März 1917 verkündete der damals noch keineswegs bolschewistische Arbeiter- und Soldatenrat in Petrograd Polens Recht auf völlige Unabhängigkeit, und drei Tage später gab die Kerenski-Regierung eine ähnliche Erklärung ab. Die Russen wollten Polen etwas schenken, was sie nicht mehr besaßen, und auch das nur zu bestimmten Bedingungen: Polen sollte in einer „freien Militärallianz" mit Rußland verbleiben. Eine „Gemeinschaft Unabhängiger Staaten" also. Die bisher schamhaft versteckten polnischen Einheiten wurden nun offiziell als polnisches Korps anerkannt.

Jetzt waren wiederum die Mittelmächte im Zugzwang. Mit der Proklamation vom 5. November und dem für den polnischen Thron avisierten sächsischen Prinzen waren in Polen kein Staat mehr zu machen. Die deutschen Entscheidungsträger wußten ohnehin nicht, wie weit sie mit ihren Zugeständnissen gehen wollten. Das wurde offenkundig, als sie die „Polnische Wehrmacht" in deutsche Uniformen stecken wollten und sich weder untereinander noch mit dem frisch gekürten polnischen Staatsrat über die Eidesformel für das künftige polnische Heer einigen konnten. Nach mehrmonatigem Tauziehen kam es zum Eklat: Die Mehrheit der Offiziere und Mannschaften lehnte es unter Piłsudskis Einfluß ab, einen Eid auf treue Waffenbrüderschaft mit den Mittelmächten zu leisten, und wurde interniert. Die Rekrutierung zur „Polnischen Wehrmacht" erwies sich als ein Fiasko, zumal die meisten Kampfwilligen sowieso längst nach Piłsudskis illegaler „Polnischer Heeresorganisation" (POW) schielten. Piłsudski wurde verhaftet und in Magdeburg festgesetzt. Die spätere „Freisprechung" des Kommandanten von der Zusammenarbeit mit den Deutschen war somit von langer Hand vorbereitet.

Die Mittelmächte verloren den Wettlauf gegen die Zeit. Sie hatten keine historische Vision, denn ihr „Mitteleuropa"-Projekt – ein Netz von Deutschland abhängiger, willkürlich auf der Karte skizzierter, sich gegenseitig in Schach haltender Kleinstaaten – vermochte kaum einen zu bestechen. Selbst gutwilligen deutschen Beamten im besetzten Polen mangelte es an Phantasie, sich ein partnerschaftliches deutsch-polnisches Verhältnis vorzustellen. Nach einem Jahrhundert der Überlegenheit und noch in wilhelminischer Selbstverliebtheit befangen war das auf Anhieb wohl auch nicht möglich.

Alle nun noch folgenden Konzessionen der deutschen Behörden waren halbherzig und verspätet, die Einsetzung des polnischen Regentschaftsrats im Herbst 1917 ebenso wie die Übergabe der Zuständigkeit für das Gerichts- und Bildungswesen an die polnische Verwaltung. Als im Dezember in Warschau die Regierung gebildet wurde, hatten in Sankt Petersburg gerade die Bolschewiki die Macht übernommen und den Mittelmächten einen sofortigen Frieden angeboten. Mit einem Schlag war eine völlig neue Lage entstanden.

An der Westfront traten die Mittelmächte längst auf der Stelle, aber im Osten schien ihnen ein goldener Apfel in den Schoß gefallen zu sein. Sie konnten den Bolschewiki beliebige Bedingungen stellen und im Falle ihrer Weigerung einen Staat nach dem anderen auf den Scherben des Zarenreichs entstehen und sie sich gegeneinander ausspielen lassen. Und so kam es auch. Als Lenins Unterhändler bei den Friedensgesprächen in Brest-Litowsk nicht den Verlust Estlands, Lettlands, Litauens und der Ukraine anerkennen wollten, unterzeichneten die Mittelmächte sogleich einen Separatfrieden mit der in Kiew neugegründeten Ukrainischen Volksrepublik. Der Schlag war sowohl gegen die Bolschewiki als auch gegen Polen gerichtet, weil man der Ukraine ohne irgendeine Verständigung mit dem polnischen Regentschaftsrat als Gegenleistung für ukrainische Getreidelieferungen das Gebiet um Chełm westlich des Bug zugesprochen hatte. Die Empörung über diesen Vertrag führte in Polen nicht nur zu Streiks und Unruhen, sondern auch zum Bruch mit den Mittelmächten. Der einen Monat später geschlossene Friedensvertrag von Brest-Litowsk war aus polnischer Sicht eine weitere Katastrophe und wurde vom Regenschaftsrat gar als erneute Teilung Polens bezeichnet. Galt die polnische Frage noch vor wenigen Jahren als „innerrussische Angelegenheit", sollte sie nun eine „innerdeutsche" werden. Rußland verzichtete auf alle seine „Rechte" an Polen, und Lenin gab offen zu, mit diesem Frieden das Selbstbestimmungsrecht der Polen verraten zu haben, doch die Festigung der sozialistischen Sowjetrepublik habe eben Vorrang gehabt.

Für die Befürworter einer Zusammenarbeit mit Deutschland und Österreich – unter ihnen der spätere Ministerpräsident der Londoner Exilregierung im Zweiten Weltkrieg, Władysław Sikorski – bedeutete dies das Aus, sie zogen sich aus dem Spiel zurück. Das Polnische Hilfskorps, der Teil der Legionen, der im Sommer 1917 noch den Eid auf die Mittelmächte abgelegt hatte, schlug sich durch die österreichische Front und vereinigte sich mit den polnischen Truppen auf der russischen Seite. Kurz darauf wurden sie von den Deutschen geschlagen und gefangengenommen, doch zum ersten Mal hatten sich polnische Einheiten zusammengefunden, die bislang auf entgegengesetzten Seiten gekämpft hatten.

Der Frieden von Brest entband die Entente-Staaten erst einmal von der Rücksichtnahme auf Rußland. Schon im Januar 1918 hatte Präsident Wilson seine „Vierzehn Punkte" verkündet, in denen auch von einem unabhängigen polnischen Staat mit freiem und gesichertem Zugang zum Meer die Rede war, und im Juni erklärten auch die Ministerpräsidenten Großbritanniens, Frankreichs und Italiens die Errichtung eines „einigen polnischen Staates" zum Kriegsziel. So zahlten sich die Aktivitäten des bereits Mitte 1917 gegründeten Polnischen Nationalkomitees (KNP) mit Sitz in Paris aus, in dem Dmowski und Paderewski den Ton angaben und das bald als offizieller Vertreter der polnischen Nation bei der Entente anerkannt wurde. Nur der Staat fehlte noch. Als das Deutsche Reich die Alliierten im Oktober um einen Waffenstillstand bat, kündigte der Regentschaftsrat in Warschau die Gründung eines unabhängigen polnischen Staates an. Aber ein Rat von Berlins Gnaden besaß keine Autorität.

Polen erschien auf der europäischen Bühne schrittweise, nicht ohne eigene Anstrengungen, aber auch nicht direkt – wie über 100 Jahre früher Dąbrowskis Legionen in Italien sangen – „mit dem Säbel fremder Macht entrissen". Die Rücknahme der Teilungen war keineswegs eine historische Zwangsläufigkeit, das „Wunder der Wiedergeburt" ergab sich aus einer für Polen günstigen europäischen Konstellation: dem gleichzeitigen Debakel aller drei Teilungsmächte. Die Aufnahme der Polen, vertreten durch Dmowskis Nationalkomitee, als Bündnispartner in den Kreis der Entente bedeutete einen Durchbruch. Doch den Ausschlag gaben wohl nicht die politischen Aktivitäten der Kriegsjahre, sondern der trotzige Selbstbehauptungswille, mit dem

Generationen von Polen immer wieder gegen die Logik der europäischen „Realpolitik" anrannten.

Die Zukunft Polens hing vorerst jedoch weniger von der Diplomatie in Paris ab, sie mußte im Lande selbst konkrete Gestalt annehmen. Ende 1918 war schließlich ein Bürgerkrieg zwischen den verschiedenen Machtzentren denkbar. Noch gab es keine klare Vorstellung von den Konturen dieses polnischen Staates. Seine Grenzen waren ebenso ungewiß wie die Fähigkeit, die drei Teilgebiete politisch, wirtschaftlich und sozial ohne dramatische Spannungen zu vereinigen und eine glaubwürdige politische Führung zu etablieren.

Am 7. November 1918 entstand in Lublin eine sozialistische Regierung unter Ignacy Daszyński. Gleichzeitig bildeten sich in vielen Städten Arbeiter- und Soldatenräte nach russischem Muster. Polen näherte sich der Unabhängigkeit, doch ihm drohten Chaos und Revolution. Verhindern konnte dies nur eine Autorität – und die besaß Piłsudski. Der verschreckte Regentschaftsrat forderte seine Freilassung, und am 10. November kehrte der populärste polnische Politiker aus Magdeburg zurück, um einen Tag später den Oberbefehl über die polnische Armee zu übernehmen. Die Harmonisierung des Chaos begann: Der Regentschaftsrat löste sich auf, und Piłsudski ernannte Daszyński zum Ministerpräsidenten, der allerdings auf Druck der Rechten nur vier Tage später von dem gemäßigteren Jędrzej Moraczewski abgelöst wurde. Der 11. November aber wird auch heute wieder als Datum der Wiedererlangung der polnischen Unabhängigkeit gefeiert.

Allerdings, was für eine Unabhängigkeit? Das Land war nach dem mehrfachen Durchzug der Front wirtschaftlich ruiniert: Die Industrie stand zu 60 % still, die Fabriken hatten keine Maschinen, denn die waren erst von den Russen, dann von den Deutschen abtransportiert worden. Im russischen Teilgebiet verlor die Eisenbahn 80 % des rollenden Materials, 60 % der Bahnhöfe und 50 % der Brücken waren zerstört. In Galizien waren die Hektarerträge um über die Hälfte gesunken, der Viehbestand ebenfalls. Nur die Provinz Posen war intakt. Doch erstens gehörte sie noch nicht zu Polen, und zweitens wäre selbst mit ihr kaum ein Drittel der Produktion von 1913 erreicht worden. Die

Menschen lebten immer noch in einem Zustand politischer Ungewißheit und wirtschaftlicher Armut. Und doch bildeten diese drei über mehrere Generationen russifizierten oder germanisierten Teilgebiete, die in „inkompatible" wirtschaftliche und politische Organismen eingebaut worden waren, bald eine Einheit. Keine Selbstverständlichkeit, wenn man bedenkt, daß zwischen Posen und dem – heute weißrussischen oder ukrainischen – Ostpolen ein größerer Entwicklungsunterschied bestand als heute zwischen der Bundesrepublik und Polen.

Schon im Januar 1919 fanden Wahlen zum *Sejm* statt, aus denen die Mitte-Rechts-Parteien als stärkster Block hervorgingen. Piłsudski, der immer noch als Sozialist galt, wurde jedoch auf dem Posten des Staatschefs bestätigt, auch die linken Reformen der Regierung Moraczewski nicht beanstandet, da sie dem revolutionären Impetus jener Zeit einiges von seiner destruktiven Kraft genommen hatten. Eilends wurden nun staatliche Institutionen geschaffen, all das unter den Bedingungen fortdauernder Kämpfe um die nach wie vor nicht festgelegten Grenzen.

Der blutige Zerfall Jugoslawiens und die unübersichtlichen ethnischen Konflikte in der Konkursmasse der Sowjetunion werfen auch auf die polnischen Grenzkriege vor siebzig Jahren, die nicht selten als Symptom „polnischen Größenwahns" hingestellt wurden, ein anderes Licht. Die „Entflechtung" von Vielvölkerstaaten verläuft selten harmonisch, zumal nach einem verheerenden Weltkrieg. So führte Polen in den ersten drei bis vier Jahren seines Bestehens sechs Grenzkriege, wenn es sich auch mit Ausnahme des sowjetisch-polnischen eigentlich mehr um Aufstände und Scharmützel handelte.

Bezeichnenderweise brachen die ersten Grenzkämpfe nicht mit Rußland oder Deutschland aus, sondern mit den Ukrainern und Litauern. Der Zerfall Rußlands und Österreich-Ungarns warf nämlich erneut die Frage auf, auf die 250 Jahre zuvor die Adelsrepublik keine Antwort gefunden hatte: Welchen Charakter sollte der polnische Staat haben, und welche Beziehungen sollte er zu den Völkern im Osten unterhalten, die einst Bestandteil der Vielvölkerrepublik gewesen waren, zu Litauern, Juden und Ukrainern? Im Verlauf des 19. Jahrhunderts erwachte auch ihr Nationalbewußtsein, so daß in Ostgalizien nun die Ukrainer mit den Polen konkurrierten. Die Polen stellten dort rund 40 % der Bevölkerung, nur eben vor allem die privilegierte Schicht der Grundbesitzer und Beamten. Sie wohnten in den Städten, die Ukrainer dagegen meistens auf dem Lande. Die „Gemengelage" im Osten war geradezu eine Umkehrung der Situation in Preußisch-Polen, wo gerade die Polen die unteren Schichten stellten.

Der Krieg um die Ostgrenze begann schon im November 1918, als ukrainische Einheiten Lemberg besetzten, das die Hauptstadt eines unabhängigen westukrainischen Staates werden sollte. Lemberg aber war für die Polen eine symbolische Stadt: Sitz der polnischen Selbstverwaltung in Galizien und in den vorangegangenen 50 Jahren eine der kulturellen Hauptstädte Polens. Die umliegenden Dörfer dagegen waren ukrainisch, während es weiter östlich, in Wolhynien und Podolien, wieder große polnische Enklaven gab. Die Einwohner Lembergs griffen spontan zu den Waffen. Die Kämpfe um die „immer treue" Stadt führten in allen drei Teilgebieten zu einem Ausbruch patriotischer Gefühle und zu dem Wunsch, den Lembergern zu Hilfe zu eilen. Nach zwei Wochen gelangte ein Entsatz in die Stadt. Trotzdem sollte der unerwartete Krieg mit den Ukrainern um Ostgalizien noch viele Monate dauern. Militärisch endete er mit einem polnischen Sieg, doch zugleich war er der Beginn einer blutigen Entflechtung beider Völker, die eigentlich erst in den vierziger Jahren durch die Westverschiebung Polens nach Jalta abgeschlossen wurde.

Während um Lemberg noch gekämpft wurde, brach in Posen ein Aufstand gegen die Deutschen aus. Auf einer Kundgebung zu Ehren des nach Polen heimkehrenden nächsten Ministerpräsidenten Ignacy Paderewski rissen deutsche Soldaten polnische und alliierte Fahnen herunter. Es kam zu einer Schießerei. Soeben aus der deutschen Armee demobilisierte polnische Soldaten schlossen sich spontan zu Einheiten zusammen. Es fehlte zwar an Offizieren, doch nicht an Organisationstalent, und nach zehn Tagen beherrschten die Aufständischen die Stadt und jene Teile der Provinz Posen, in denen überwiegend Polen lebten. Mit der

Zeit erhielten sie Unterstützung aus den beiden übrigen Teilgebieten, wurden gleichzeitig aber selbst gebeten, am Entsatz von Lemberg teilzunehmen, so daß sich der Aufstand nicht auf Schlesien und Pommern ausdehnte, wo die Zusammensetzung der Bevölkerung zudem weniger eindeutig war. Daß damit die bis dahin gern übersehenen Nachbarn plötzlich bis auf 160 Kilometer an Berlin heranrückten, empörte und mobilisierte die deutsche Öffentlichkeit. Doch auf Druck der Entente wurde die Waffenstillstandslinie vom Februar 1919 später als Teil der deutsch-polnischen Grenze bestätigt. Die Ironie der Geschichte wollte es, daß der einzige erfolgreiche polnische Aufstand ausgerechnet in dem Teilgebiet stattfand, das als unfähig zu romantischen Höhenflügen galt, im „prussifizierten" Posen.

Grenzauseinandersetzungen gab es auch mit den Tschechen um Teschen und den Litauern um Wilna. Keine Grenze war ja unumstritten. In Teschen überschritten die Tschechen die 1918 vereinbarte Demarkationslinie und besetzten das überwiegend von Polen bewohnte Kohle-Revier. Auch dieser Konflikt sollte später noch ein Nachspiel haben. Wilna wiederum war zwar die alte Hauptstadt des Großherzogtums Litauen, doch konnte dieses Herzogtum schon in der Zeit seiner Größe ethnisch und sprachlich nicht als rein „litauisch" gelten. Es umfaßte mehr als das ganze heutige Weißrußland, und Amtssprache war anfangs ruthenisch und später polnisch. Anfang des 20. Jahrhunderts war Wilna zu zwei Dritteln von Polen und knapp einem Drittel von Juden bewohnt, die Litauer bildeten eine verschwindende Minderheit. Ähnlich wie Lemberg wurde auch Wilna ein Zankapfel zwischen den Völkern der alten *Rzeczpospolita*. Im jungen litauischen Nationalbewußtsein war kein Platz für die Idee einer polnisch-litauischen Union, da man sie als verkappten „polnischen Kulturimperialismus" beargwöhnte und die in Wilna lebenden Polen vielmehr für „relituanisierungsbedürftig" hielt. Dieser polnisch-litauische Zwist kam den Deutschen wie den Bolschewiki sehr gelegen, die beide in diesem Streit bereitwillig Litauen gegen den aufstrebenden polnischen Staat unterstützten.

Ein Krieg um Städte ist gewöhnlich ein Krieg um die Geschichte und um Territorien – so auch damals in den umstrittenen

Gebieten, wo jede Seite eine Politik vollendeter Tatsachen zu betreiben suchte. Während die polnischen Grenzen im Westen bei den Pariser Friedensverhandlungen von der Entente festgelegt wurden und die drei polnischen Aufstände in Oberschlesien (1920–1921) nicht viel mehr als regionale Unmutsäußerungen gegen das von der Interalliierten Kommission angeordnete Abstimmungsverfahren waren, gab es für die Grenzziehung im Osten keine Mittler-Instanz, an die Polen sich hätte wenden können. Die Westmächte hielten sich bedeckt, weil sie eine Rückkehr der rechtmäßigen Macht in Rußland noch immer nicht ausschlossen. Daher respektierten sie die Einsetzung polnischer Zivilbehörden nur bis zur – später so genannten – „Curzon-Linie"; weniger weil sie schon damals eine „ethnische Grenze" dargestellt hätte, als vielmehr, weil sie sich ungefähr mit der russischen Grenze nach der dritten polnischen Teilung von 1795 deckte – künftige russische Interessen sollten gewahrt bleiben. Andererseits hätten die Westmächte Polen gerne in einer gemeinsamen Front mit den „weißen" Generälen gesehen und waren über Piłsudskis Zurückhaltung enttäuscht. Die Friedenskommission in Paris hörte sich die historischen und wirtschaftlichen Argumente der Polen zwar an, betrachtete Grenzfragen und Einflußzonen aber eher aus dem Blickwinkel der geostrategischen Interessen der Siegermächte.

Die Situation war grotesk: Das besiegte Deutschland wurde allein durch seine weiträumige militärische Präsenz zu einem Spielmacher. Die nach Westen zurückströmenden deutschen Truppen konnten ihre Waffen, sofern sie sie nicht mitnahmen, jeweils der einen oder anderen Seite in den sich mehrenden Konflikten überlassen. In Osteuropa war ein militärischer und politischer Wettlauf im Gange. Die Bolschewiki erklärten zwar einerseits die polnischen Teilungen für ungültig, andererseits dachten sie nicht daran, dann auch an den Grenzen der *Rzeczpospolita* von 1772 Halt zu machen, was die polnische Seite im übrigen gar nicht forderte. Ihr ging es weniger um eine Landnahme als um die Frage, ob der gerade entstehende Staat einen multinationalen oder ethnisch homogeneren Charakter haben sollte.

Piłsudski wollte eine eigenständige polnische Politik betreiben und sich nicht allein für die Interessen des Westens einspannen lassen, und schon gar nicht für die der „weißen" Generäle, zumal diese Polens Unabhängigkeit nicht anerkannten. Trotz der Kämpfe mit den Ukrainern und des Konflikts mit den Litauern hing er weiterhin der „jagiellonischen Idee" einer ostmitteleuropäischen Föderation von der Ostsee bis zum Schwarzen Meer an. Im russischen Bürgerkrieg zog er es vor, neutral zu bleiben. Lenins Friedensphraseologie traute er nicht, weil ihr nicht nur der Terror der Revolution in Rußland selbst, sondern auch das ständige Vorrücken der Roten Armee nach Westen widersprach. Im Herbst 1919 standen sich polnische und russische Truppen entlang einer Linie gegenüber, die ungefähr der Grenze der *Rzeczpospolita* nach der zweiten Teilung von 1793 entsprach und auf die sich ein Jahr später beide Seiten letztlich wieder verständigten. Zuvor jedoch kam es zu einer Konfrontation, bei der es nicht nur um Sein oder Nichtsein des polnischen Staates ging, sondern nach Meinung des damaligen britischen Botschafters in Berlin, Lord d'Abernon, um das Schicksal „der westlichen Zivilisation".

Im Herbst und Winter 1919 bereiteten sich beide Seiten auf eine Entscheidung vor. Piłsudski versuchte vergeblich, seine Konföderationspläne mit den Ukrainern und Weißrussen umzusetzen, und führte gleichzeitig mit Lenins Unterhändlern Friedensgespräche. Polen forderte für die auf dem Territorium der einstigen *Rzeczpospolita* lebenden Völker das Recht auf freie Wahl ihrer staatlichen Zugehörigkeit und die Teilnahme ihrer Vertreter an den Friedensverhandlungen. Die Bolschewiki, die mittlerweile mit den „Weißen" fertiggeworden waren, zogen die Verhandlungen in die Länge, starteten im Westen eine Kampagne gegen die „polnischen imperialistischen Banditen" und konzentrierten entlang der Demarkationslinie starke Truppenverbände, die den polnischen zahlenmäßig überlegen und zu einer Westoffensive fähig waren. Piłsudski beschloß, die Initiative zu ergreifen und im Bündnis mit Petljuras Ukrainischer Volksrepublik, die dafür einer polnischen Ostgrenze am Zbrucz zustimmen mußte, die Bolschewiki aus Kiew zu verdrängen.

Der Marsch auf Kiew sollte den Grundstein zu einem mit Polen föderierten ukrainischen Staat legen, leitete jedoch einen

Krieg ein, der wie ein antikes Drama verlief. Nach ersten polnischen Erfolgen durchbrach Budjonnys Reiterarmee die Front, und anschließend begann Tuchatschewski eine Offensive – „Über die Leiche Polens nach Westeuropa", hieß die Parole. Im Westen hatte Polen die öffentliche Meinung nicht auf seiner Seite, englische, deutsche und tschechische Arbeiter blockierten zum Zeichen der Solidarität mit der russischen Revolution Waffentransporte, und die Alliierten drängten auf einen Waffenstillstand entlang der Curzon-Linie. Doch der Krieg ging weiter. Ziel der sowjetischen Offensive war inzwischen die Gründung eines „Sowjet-Polen", dessen „Regierung" im Troß der Roten Armee mit nach Westen vorrückte. Die polnische Unabhängigkeit drohte eine Episode zu werden.

Das „Wunder an der Weichsel" im August 1920, der effektvolle Sieg in der Schlacht um Warschau und die polnische Gegenoffensive brachten eine erneute dramatische Wende. Im Frühherbst war die polnisch-sowjetische Front wieder dort angelangt, wo sie vor dem „Marsch auf Kiew" verlief. Beide Seiten hatten genug von diesem „Scharmützel" – wie Piłsudski sagte –, und keine zögerte mehr die Friedensverhandlungen hinaus. Lenin konnte nicht mehr mit einem Übergreifen der Revolution auf Westeuropa rechnen, Polen hatte sich als zu schwach erwiesen, um ein Föderationsmodell durchzusetzen. Die eigentlichen Verlierer des im März 1921 geschlossenen Friedens von Riga waren die mit Polen verbündeten Ukrainer. Piłsudski war sich dessen sehr wohl bewußt: Als die Petljura-Soldaten ihre Waffen in demselben Lager niederlegten, in dem einst die Deutschen die polnischen Legionen interniert hatten, bat der polnische Staatschef sie öffentlich um Verzeihung.

Das polnische Nachgeben in der ukrainischen Frage war der einzige Punkt bei den Verhandlungen in Riga, auf dem die Sowjets hartnäckig bestanden: Kein Selbstbestimmungsrecht für die Ostukraine, sie sollte eine Sowjetrepublik bleiben. Auf polnischer Seite wurden die Friedensverhandlungen bereits von Vertretern der Nationaldemokratie geführt, die Piłsudskis Marsch auf Kiew vehement kritisiert hatte und keinerlei Verpflichtungen gegenüber anderen Völkern Osteuropas einzugehen wünschte.

Es kam sogar zu der paradoxen Situation, daß die sowjetische Seite Polen die weißrussische Hauptstadt Minsk offerierte und die polnischen Unterhändler dieses Angebot mißtrauisch als Versuch ansahen, nichtpolnische Ethnien in den polnischen Staat „hineinzuschmuggeln". Sie wollten weniger – dafür aber die in Polen lebenden Ukrainer und Weißrussen gründlich polonisieren.

Nachdem die übrigen polnischen Grenzen schon seit dem Versailler Frieden vom Juni 1919 im wesentlichen feststanden, war mit dem Vertrag von Riga im März 1921 nun endlich Polens Ostgrenze gezogen. Allerdings wollten sich seine beiden großen Nachbarn weiterhin nicht mit dem Verlust ihrer früheren polnischen Provinzen abfinden. Weder Dmowski, der in Paris die nationalpolnische Option vertreten hatte, noch Piłsudski, der im Osten seinen jagiellonischen Träumen nachgejagt war, vermochten ihre Vorstellungen restlos durchzusetzen. Das Polen, das beide aus der Taufe hoben, war ein Amalgam von „Halbheiten": Es war weder „ethnisch polnisch" noch „von Meer zu Meer" föderiert. In der neuen *Rzeczpospolita* lebten 1921 rund 19 Millionen Polen, 4 Millionen Ukrainer, 2 Millionen Juden, je eine Million Deutsche und Weißrussen sowie kleinere Gruppen von Russen, Litauern und Tschechen. Andererseits waren 2 Millionen Polen in der Sowjetunion und 1,5 Millionen in Deutschland verblieben. Kein Wunder also, daß über die innere Stabilität des polnischen Staates nicht zuletzt die Minderheitenpolitik seiner Behörden entscheiden sollte, aber auch die Steuerung der nationalen Minderheiten durch die benachbarten Staaten. Polens Minderheitenpolitik in der Zwischenkriegszeit schwankte zwischen Toleranz und Repression, ebenso wie auch die Einstellung der Minderheiten zum polnischen Staat von solidarischer Loyalität bis hin zum offenen Verrat reichte. Und so konnten Berlin und Moskau 20 Jahre später gerade die nationalen Minderheiten zum Vorwand für eine „Nachbesserung der Geschichte" und die neuerliche Zerschlagung des polnischen Staates nehmen.

IV

1921, nach Beendigung der Grenzkriege und der Verabschiedung einer Verfassung, war der Traum von der Unabhängigkeit Wirklichkeit geworden, doch die brüchige Normalität verlor bald an Glanz. Der Schriftsteller Stefan Żeromski, dem im nun freien Polen die Rolle eines „*Praeceptor Poloniae*" samt einer Wohnung im Warschauer Königsschloß zustand, beschrieb diese Desillusionierung schon 1924 in seinem Roman „Vorfrühling". Mit dem freien Polen war keineswegs auch schon die Zeit der „gläsernen Häuser" – Symbol für eine erneuerte und gerechte Gesellschaft – angebrochen. Die Not der einfachen Menschen war niederdrückend, die sozialen Spannungen und die Arroganz der Erfolgreichen lähmend. Der Roman endet mit einem Marsch der Unzufriedenen auf das Belvedere, den Sitz des Staatsoberhauptes, dem sich die Hauptfigur – ein „romantischer Positivist" – anschließt und nun enttäuscht die neuen Regierenden fragt: „Habt Ihr den Mut eines Lenin?" Gemeint ist natürlich nicht ein bolschewistischer Umsturz, Żeromski vermißte vielmehr radikale soziale Reformen, einen Aufbruch in die Moderne. Jetzt läßt er seinen Romanhelden verbittert sagen: „Polen braucht dringendst eine große Idee! Meinetwegen eine Bodenreform, die Schaffung neuer Industrien, irgendeine große Tat, die die Menschen wie die Luft zum Atmen in sich aufnähmen. Hier herrscht Mief. Die Existenz dieses großen Staates, dieses goldenen Vaterlandes, dieses heiligen Wortes, für das die Märtyrer starben, die Existenz Polens – für eine Idee! Eure Idee ist das alte Motto der Stümper, die Polen verlottern ließen: ‚Es wird schon irgendwie werden!'"

Mit der äußeren Stabilisierung des Staates traten die Risse in der zusammengeflickten polnischen Gesellschaft offen zutage. Fünf Währungen waren im Umlauf – die alle von einer gigantischen Inflation aufgefressen wurden. In der Armee bedienten sich die Offiziere vier verschiedener Fachsprachen, in den Gerichten galten die drei Zivilgesetzbücher der nicht mehr existierenden Teilungsmächte nebeneinander her, und die Bahngleise im Osten hatten eine andere Spurbreite als im Westen. 18 Parteien lagen sich in den Haaren und warfen einander den Verrat nationaler Interessen vor. Es gab weder eine polnische Verwaltung noch ein Schulwesen. Knapp ein Drittel der polnischen Bevölkerung im ehemaligen Russisch-Polen waren Analphabeten. Den nationalen Minderheiten widerstrebte der neue Staat. Die wenig zuverlässigen Verbündeten standen ihm mißtrauisch-distanziert gegenüber. Die Integration dieses Wirrwarrs hätte selbst einen eingespielten Staatsapparat überfordert. Die „Freude über den wiedergewonnenen Müllhaufen" – wie der Schriftsteller Julius Kaden-Bandrowski spöttelte – erleichterte den raschen Aufbau staatlicher Institutionen, konnte aber nicht alle trennenden Konflikte auffangen.

Im Unterschied zur Kriegszeit dominierte in der Politik nun eher eine Gesinnungs- als eine Verantwortungsethik. Die Parteien ähnelten eher lockeren „Seilschaften", die sich um einzelne prominente Politiker herum gruppierten, und Programme spielten eine geringere Rolle als Emotionen und Überzeugungen. Die starke Zersplitterung der Parteien im *Sejm* wurde den Koalitionsregierungen oft zum Verhängnis, und die Wortorgien der Volksvertreter verdeckten kaum ihren Mangel an elementarer politischer Erfahrung. Zugleich aber strömten exzellente Fachleute, Professoren, Künstler und Schriftsteller aus der Emigration nach Polen zurück und übernahmen sofort verantwortungsvolle Posten. Die neue politische Klasse war ein sonderbares Gemisch: Neben aristokratischen Großgrundbesitzern, die noch das Flair des alten feudalen Polen umgab, saßen selbstbewußt-widerborstige Bauern, deren berühmtester Vertreter, Wincenty Witos, mehrfach Ministerpräsident wurde; neben angesehenen Professoren wie den späteren Präsidenten Gabriel Narutowicz und Ignacy Mościcki alte Hasen, die sich schon in den Parlamenten der Teilungsmächte einen Ruf erworben hatten, und *homines novi*, die direkt von der Front in die Politik gingen.

Nicht nur in Polen gab es in jener Zeit schwache Regierungen und verstörte Gesellschaften, aber nur in Polen war überhaupt

noch nicht entschieden, ob die soeben wiedererlangte Staatlichkeit nicht an ihren inneren Widersprüchen und Ungleichzeitigkeiten und der äußeren Gefährdung zerbersten würde. Konflikt-
stoff gab es genug. Jetzt, da der Schreck der bolschewistischen
Invasion nachließ, machten sich die Rechten breit. Die *Endecja* –
wie die Nationaldemokratische Partei allgemein genannt wurde
– drängte an die Macht. Sie war stark, aber nicht stark genug, um
zu regieren – der von ihr angeführte Block der Rechtsparteien er-
rang bei den Wahlen im November 1922 38 % der Mandate,
mußte aber dennoch eine Mitte-Links-Regierung hinnehmen.
Um so wütender attackierte sie Piłsudski und den ihm naheste-
henden Professor Gabriel Narutowicz, der mit den Stimmen der
Linken, der Bauern und der nationalen Minderheiten zum Präsidenten gewählt wurde. Bei der anschließenden brutalen Presse-
kampagne gegen Narutowicz offenbarte sich drastisch die fehlende demokratische Erfahrung der Polen, der Mangel an
politischer Kultur und eingespielten Normen. Nur eine Woche
nach seiner Wahl wurde Narutowicz von einem nationalistischen Fanatiker erschossen.

Die Analogie zum Attentat auf Rathenau drängt sich geradezu
auf, doch sie täuscht. Während Deutschland am Syndrom der
„verhinderten Großmacht" litt, herrschte in Polen Katzenjam-
mer wegen der praktischen Schwierigkeiten des Neuanfangs.
Viele Deutsche empfanden es als unerträglich, daß die im Osten
verlorenen Gebiete ausgerechnet an einen bisher von oben herab
behandelten „*Nobody*" gegangen waren, und diese Kränkung
führte zu einer Bündelung jener Kräfte, die die ihnen verhaßte
Weimarer Republik bekämpften. Die polnische Gesellschaft, so
zerfasert sie war, war sich jedoch gerade darin einig, daß die
Zweite Republik ungeachtet ihrer noch formlosen Gestalt um jeden Preis geschützt werden mußte. Deswegen wirkte das Entsetzen über Narutowicz' Ermordung sehr schnell dämpfend. Die
zunächst in vielen Kirchen für den zum Tode verurteilten At-
tentäter gelesenen Messen wurden wegen der Empörung des
überwiegenden Teils der Öffentlichkeit vom Episkopat verboten.

An der Regierungskonstellation änderte der Anschlag vorerst

wenig, Nachfolger von Narutowicz wurde der ehemalige Sozialist Stanisław Wojciechowski. Doch bald gelang es der *Endecja*, sich mit der größten Bauernpartei auf eine gemäßigte Agrarreform zu verständigen und dann auch zusammen mit dieser Partei die Regierung Witos zu bilden, woraufhin Piłsudski verärgert seine militärischen Ämter aufgab und sich Ende Mai 1923 ins Privatleben zurückzog. Die *Endecja* triumphierte. Zu früh – zwei Jahre später war er wieder da.

Auch Witos hatte kein schlüssiges Konzept für die Eindämmung der Inflation, eine grundlegende Wirtschaftsreform hätte gleicherweise die wohlhabenderen Schichten treffen müssen, was sich die Mitte-Rechts-Koalition wiederum nicht leisten konnte. Im Herbst 1923 brachen Streiks aus, und in mehreren Städten kam es sogar zu heftigen Zusammenstößen zwischen Arbeitern und Armee, die viele Todesopfer forderten. Eine weitere Zuspitzung der Lage wurde allerdings durch die im Lande herrschende Überzeugung verhindert, einen Bürgerkrieg in Polen würden Rußland oder Deutschland – zumal nach ihrem Vertrag von Rapallo – für sich zu nutzen wissen. Das Krisenmanagement funktionierte: Die Sozialisten bliesen den angekündigten Generalstreik ab, und gleich danach trat die Mitte-Rechts-Regierung wegen ihrer verfehlten Wirtschaftspolitik zurück.

In dieser explosiven Situation bewiesen die unerfahrenen Führungseliten politisches Augenmaß bei ihrer Gratwanderung – mit einer „polnischen Lösung". Mit der Regierungsbildung wurde der Wirtschaftsfachmann Władysław Grabski betraut, der es zwei Jahre lang verstand, zwischen den wechselnden Konstellationen im *Sejm* zu lavieren und ein „stabiles Regierungsprovisorium" aufrechtzuerhalten. Sein Erfolg beruhte auf einer Währungsreform, die statt der hoffnungslos entwerteten polnischen Mark den *Złoty* einführte – eine solide, mit Gold und Devisen gedeckte Währung. Mit diesem Grabski sollte man 60 Jahre später Leszek Balcerowicz vergleichen, der 1990 die Hyperinflation drosselte und den Polen das Gefühl gab, wenigstens in monetärer Hinsicht „nach Europa zurückzukehren". Im Unterschied zu Balcerowicz erhielt Grabski jedoch auf sechs Monate befristete Sondervollmachten vom *Sejm* und regierte mit Dekreten. Natürlich machte seine Reform aus Polen kein wohlhabendes Land, aber die Produktion stieg rasch, und man spürte, daß es aufwärts gehen konnte. Der stabile *Złoty* wurde fast zum Fetisch, was seine guten, aber auch seine schlechten Seiten hatte, denn bei jeder Kursschwankung gerieten die Menschen in Panik. Und das wurde Grabski schließlich zum Verhängnis: Eine zweite, wenn auch ungleich niedrigere Inflation zwang ihn Ende 1925 zum Rücktritt. Doch neben dem Sieg über die Bolschewiki 1920 bildete Grabskis Währungsreform einen der Hauptpfeiler des polnischen Selbstwertgefühls, eine Art „*Złoty*-Nationalismus" also. Und noch viele Jahre nach dem Zweiten Weltkrieg erzählten die Eltern ihren Kindern, daß vor dem Krieg der *Złoty* so stark war wie der Schweizer Franken. . .

Trotz der Währungsreform befand sich die Volkswirtschaft in einer prekären Lage, so daß John Maynard Keynes gar von Polen als einer „ökonomischen Unmöglichkeit" sprach. Wenn heute schon die Angleichung der früheren DDR an die Alt-Bundesrepublik Probleme bereitet, läßt sich denken, welche Hürden bei der Integration Polens zu überwinden waren, nicht nur wegen der verheerenden Folgen des Krieges, sondern auch wegen der nicht existenten wirtschaftlichen Bindungen zwischen den einzelnen Regionen. Das Land glich – wie Piłsudski spöttelte – einem „Laugenkringel", kulturell schlug sein Herz eher an den Rändern, und die Mitte war ein schwarzes Loch. Wirtschaftlich dagegen behinderte der hoffnungslos rückständige Osten den ohnehin schwach industrialisierten Westen. Zudem führten Unterschiede in der Mentalität zwischen den Menschen aus den drei früheren Teilgebieten zu Spannungen: Die Posener zum Beispiel galten als gründlich, tüchtig und knauserig, die Kongreßpolen als unpraktische Schwärmer. Insofern sah man es in den Westgebieten nicht gern, daß fast die gesamte Beamtenschaft und die politische Elite aus den Ostgebieten stammte. Trotzdem kam der psychologische Einigungsprozeß weitaus schneller voran als der ökonomische.

Als zusätzliche Belastung für den Aufbau einer effizienten Wirtschaft erwies sich der schwelende Konflikt mit Deutschland, dem Hauptabnehmer polnischer Kohle und Agrarprodukte. 1925 begann ein neunjähriger „Zollkrieg", der polnischen Waren den Zugang zum deutschen Markt versperrte. Die deutsche Seite spekulierte langfristig darauf, daß der polnische „Saisonstaat" diese Blockade wirtschaftlich nicht durchstehen könne, und die „Frankfurter Zeitung" schrieb unverblümt, woraus auch Außenminister Stresemann oder General von Seeckt keinen Hehl machten: Wenn dieser Zeitpunkt erreicht sei, werde man im Einvernehmen mit Rußland dem Sterbenden den Rest geben. Im Grunde genommen hielt diese Unversöhnlichkeit die ganze Zwischenkriegszeit an, und ihre ungehemmte Aggressivität ist heute nur noch schwer nachvollziehbar. Besonders augenfällig war sie in den politischen Karikaturen, auf denen man in Deutschland die Polen vorzugsweise als Hyänen, Schweine oder Läuse darstellte, während die Polen ihrerseits sogleich wieder den deutschen „Kreuzritter" aus der historischen Mottenkiste hervorzauberten.

Auf längere Sicht wirkte der „Zollkrieg" jedoch eher integrativ, wirtschaftlich begann sich Polen entlang der neuen „Kohle-Magistrale" von Schlesien zur Ostsee zu organisieren. Mit dem Bau eines Hochseehafens in dem Fischerdorf Gdingen nahm die polnische Gesellschaft den Fehdehandschuh auf. Das war die frische Meeresbrise, die sich Żeromski gewünscht hatte, die alten polnischen Selbstbilder – Rebellen, Ulanen, Gutsherren und barfüßige Landarbeiter – bekamen in Seeleuten und Fliegern neue Konkurrenten. Der Zugang zum Meer – also der „polnische Korridor" – war nicht nur ein Symbol für die Rücknahme der Teilungen, sondern auch für den zivilisatorischen Aufbruch und die Öffnung der polnischen Gesellschaft. Es ist symptomatisch, daß gerade der englische Schriftsteller und Hochseekapitän Joseph Conrad, ein gebürtiger Pole, durch seine herbe Lebensphilosophie einen großen Teil der in der Zwischenkriegszeit aufgewachsenen Intelligenz geprägt hat. Seine Ethik der Bewährung vor sich selbst auch noch im Scheitern war wie geschaffen für die Zeiten, die kommen sollten.

Die innenpolitische Krise nach dem Rücktritt der Regierung Grabski fiel zusammen mit der wachsenden Gefahr einer internationalen Isolierung Polens. Nachdem es Stresemann 1925 in

Locarno gelungen war, sich mit Frankreich zu verständigen, die Frage der deutschen Ostgrenze aber weiterhin offenzuhalten, verlor für Frankreich das seit 1921 bestehende Bündnis mit Polen an Bedeutung. Zudem konnte Deutschland 1926 sein in Rapallo begründetes gutes Verhältnis zur Sowjetunion mit einem Freundschaftsvertrag weiter ausbauen. Polen drohte wieder in die alte Klemme zu geraten.

Und wieder schienen die untereinander zerstrittenen Parteien bereit zu einem Kompromiß. Eine „große Koalition" wurde gebildet, der Vertreter aller größeren Parteien angehörten, von den Nationaldemokraten bis zur *PPS* und den Piłsudski-Anhängern. Sie war jedoch handlungsunfähig, weil Linke und Rechte nicht imstande waren, sich auf ein Wirtschaftsprogramm zu einigen, so daß die *PPS* bald wieder austrat. Als daraufhin die dritte Mitte-Rechts-Regierung unter Witos entstand, zog Piłsudski, der dieser „dreisten Parteienherrschaft über Polen" bisher von seinem Landhaus aus zugesehen hatte, am 12. Mai 1926 an der Spitze von 15 ihm ergebenen Regimentern nach Warschau. Er meinte wohl, eine Demonstration der Stärke würde reichen, den Präsidenten zum Rücktritt zu veranlassen. Sie reichte nicht. Trotz der enormen Popularität des „Kommandanten" und der Unterstützung der Linken – von der *PPS* bis zu den Kommunisten – verteidigten sich die Regierungstruppen erbittert.

Der „Mai-Putsch" wird gern als Beleg für die angebliche Demokratie-Unfähigkeit der Polen herangezogen und Piłsudski nicht selten in eine Reihe mit den totalitären Führern gestellt, von denen es damals in Europa nur so wimmelte – Mussolini, Antonescu, Horthy, Franco und schließlich Hitler und Stalin. Auch Vergleiche zwischen Wałęsa und Piłsudski sind ein publizistischer *Evergreen*. Doch beides ist ein bißchen zu einfach. Obwohl Wałęsa ebenfalls für ein „Wunder an der Weichsel" steht und sich gern vor einer Piłsudski-Statuette photographieren ließ, besteht zwischen ihnen ein gravierender Unterschied: Der eine „bändigte" einen ausufernden Parteien-Pluralismus, der andere schuf ihn – und das mit legalen Mitteln. Piłsudski wiederum hielt sich zwar für einen Militär, wollte aber keine Militarisierung der Gesellschaft, er gängelte zwar die Parteien, gründete aber keine

Schwarz-, Rot-, Blau- oder Braunhemd-Bewegung, unter ihm waren die demokratischen Institutionen zur Bedeutungslosigkeit verurteilt, aber jederzeit „revitalisierbar".

Am Vorabend des Putsches hatte die neue Mitte-Rechts-Regierung die Mehrheit im Parlament hinter sich, aber das Parlament nicht mehr die Mehrheit der Bevölkerung. Wegen der anhaltenden hohen Arbeitslosenzahl war die Stimmung zugunsten der Linken gekippt, und Witos hatte man seine Tatenlosigkeit und die Schüsse auf die Arbeiter von 1923 nicht vergessen. Darüber hinaus wurde die „Sejmokratie" von Daszyńskis *PPS* ebenso kritisiert wie von den Bauernparteien und der *Endecja*. Mit dieser Parlaments-Verdrossenheit stand Polen damals in Europa nicht allein.

Piłsudskis „Marsch auf das Belvedere" hatte insgesamt 379 Todesopfer gefordert. Trotzdem wollten beide Seiten auch diesmal einen Bürgerkrieg vermeiden. Präsident Wojciechowski trat mit den Worten zurück: „Es ist mir lieber, Piłsudski übernimmt die Macht, und sei es für zehn Jahre, als daß die Sowjets Polen für hundert Jahre an sich reißen." Woraufhin derselbe *Sejm*, an dem Piłsudski kein gutes Haar gelassen hatte, ihn nun zum Präsidenten wählte. Piłsudski betrachtete dies als „Legalisierung meiner Handlungen und historischen Leistungen", nahm die Wahl jedoch nicht an, sondern schlug statt dessen Professor Mościcki vor, der selber keine politischen Ambitionen hatte. Piłsudski hielt sich nach seinem Sieg eher im Hintergrund, sprach bedrückt von den tragischen Opfern, ritt nicht mehr auf seinen politischen Gegnern herum und löste auch den *Sejm* nicht auf, sondern begnügte sich damit, die Gesetze nach eigenem Gusto zurechtzubiegen. Die Linke ging bald zu ihm auf Distanz, befehdete sich jedoch weiter mit der Rechten, die sich zu einem „Großpolnischen Lager" zusammenschloß, so daß Piłsudski freie Hand hatte für seine „*Sanacja*". Was er unter dieser „moralischen Gesundung" genau verstand, ist schwer zu sagen, er sprach vom bestehenden „Unrecht", das er kraft seiner Autorität beheben wollte. Mit dem Ticket der „*Sanacja*" fuhren die Regierenden in Polen noch nach Piłsudskis Tod 1935 weiter.

Ob sein Staatsstreich 1926 ein Wendepunkt in der polnischen

Zwischenkriegsgeschichte war oder nur eine häßliche Episode, ist unter den Historikern bis heute strittig. Es folgte eine Zeit autoritärer Regierungen, einer Diktatur, die „sanft" zu den Fügsamen, aber rüde gegen die Widerborstigen war. Sie tolerierte eine Opposition, doch der *Sejm* war eher belanglos geworden, und die Presse wurde zwar *ex post* zensiert, blieb aber unabhängig. Der Diktator hatte keine organisierte Hausmacht, doch in allen politischen Lagern seine Anhänger – ebenso wie erbitterte Gegner. Die politische Bühne betraten nun „Piłsudskis Leute", Menschen, die aus unterschiedlichsten Gründen dem einstigen „Kommandanten" und nun „Marschall" ergeben oder auch nur seiner Legende verfallen waren. Vor den Wahlen zum *Sejm* 1928 gründeten sie den recht amorphen „Parteilosen Block der Zusammenarbeit mit der Regierung" *(BBWR)*, ein bunt zusammengewürfeltes Aufgebot von konservativen und linken Intellektuellen, abgeworbenen Mitgliedern der *PPS* oder der Bauernparteien, Großgrundbesitzern und sogar Priestern. Sie beriefen sich auf die „Staatsidee" – unter der jeder etwas anderes verstand – und neigten zu Cliquenbildung und Salonpolitik, weshalb ihnen die oppositionelle *Endecja* sogleich vorwarf, „von Juden und Freimaurern" unterwandert zu sein. Im Regierungslager gab es zwar schillernde, aber keine starken Persönlichkeiten, so daß niemand dem in den dreißiger Jahren schnell vergreisenden Marschall die Position streitig machen konnte und wollte. Und nach Piłsudskis Tod 1935 zeigten sie sich nicht imstande, das ungelenke Staatsschiff mit sicherer Hand zwischen der deutschen Scylla und der sowjetrussischen Charybdis hindurchzulotsen. Doch höchstwahrscheinlich gab es für Polen bei der damaligen geopolitischen Konstellation auch gar keinen schiffbaren Kurs.

Auf jeden Fall haben die neun Jahre der Herrschaft des Marschalls und die vier seiner Paladine dem polnischen Staatsbewußtsein einen Stempel aufgedrückt. Spuren des „Piłsudski-Modells", einer halbherzigen Diktatur, deren Ziel es war, den Primat des Staates über die Nation und die Gesellschaft durchzudrücken, lassen sich noch im Kriegszustand der Regierung von General Jaruzelski wiederfinden. Letztendlich steht Piłsudski mit seiner Auffassung von der Politik und vom Staat bei genauerer Betrachtung einem de Gaulle – der ihn kannte und schätzte – näher als den diversen obskuren Rattenfängern des totalitären Zeitalters.

In die Regierungszeit Piłsudskis und seiner Nachfolger fallen die günstige Wirtschaftskonjunktur in den Jahren 1926 bis 1929 ebenso wie die „große Krise" der Jahre 1929 bis 1933, der Abschluß eines Nichtangriffspaktes sowohl mit Deutschland als auch mit der UdSSR und schließlich die Annäherung zwischen Hitler und Stalin.

Wie so oft war der Putsch eher förderlich für das Vertrauen der internationalen Finanzwelt in die wirtschaftliche Stabilität des Staates, so daß nun ausländische – nicht zuletzt deutsche – Firmen verstärkt in Polen investierten und die polnischen Banken boomten. Der Staat unterstützte die Bildung von Preiskartellen und die Zentralisierung ganzer Produktionszweige, wodurch auch die wirtschaftliche Vereinheitlichung des Staates beschleunigt wurde. Sogar die Landwirtschaft hatte eine gute Konjunktur, wenn auch nicht allzu lang. Die Weltwirtschaftskrise nach dem New Yorker „schwarzen Dienstag" 1929 wirkte sich wenige Monate später auch in Polen dramatisch aus und zehrte an der Popularität des „Wundertäters" von 1920.

Nach den Wahlen von 1928 war eine fatale Lage im Parlament entstanden. Der Regierungsblock stellte die stärkste Fraktion, hatte aber keine Mehrheit. Ein langwieriger Zwist zwischen Piłsudski – der mal Regierungschef, mal Verteidigungsminister, mal „nur" eine Art Oberaufseher mit Richtlinienkompetenz war – und dem *Sejm* begann. Drückte er sich anfangs noch in bloßen Verbalinjurien aus, ließ Piłsudski später besonders rabiate Abgeordnete von der Polizei aus dem Plenarsaal hinauswerfen und vertagte monatelang den *Sejm*. Dieser wiederum stürzte Piłsudskis Kabinette und verabschiedete seinen Haushalt nicht. Schließlich löste die Regierung den *Sejm* auf. Vor den Neuwahlen 1930 zeigte Piłsudski der Opposition die Krallen und ließ 19 seiner bekanntesten Widersacher in Festungshaft nehmen und schikanieren, woraufhin ihm eine Welle des Protests entgegenschlug. Die Wahlen gewann er zwar, aber viele namhafte Intellektuelle wandten sich nun von ihm ab, und er selbst igelte sich im Warschauer Belvedere immer mehr ein.

Sein Regierungsstil nahm immer unverhüllter diktatorische Züge an. Den nach wenigen Wochen wieder auf freien Fuß gesetzten Oppositionspolitikern wurde in Brest der Prozeß gemacht. Die meisten Angeklagten wurden freigesprochen, die übrigen zu Haftstrafen zwischen anderthalb und drei Jahren verurteilt, vor deren Antritt allerdings einige – wie Witos – emigrierten. Die politische Atmosphäre im Lande wurde stickig. Im Jahre 1934, nach der Ermordung von Innenminister Pieracki durch ukrainische Terroristen, ließ das Regime ein Internierungslager in Bereza Kartuska einrichten, in dem bis zum Kriegsausbruch 17 Menschen ums Leben kamen. So beschämend dieses Abgleiten von einer „moralischen Diktatur" in die Gewaltherrschaft war, mit seinen beiden großen Nachbarn konnte sich Polen in dieser Hinsicht nicht messen. Doch der Mechanismus der weiteren Einschränkung der Demokratie war in Gang gesetzt worden. Im Frühjahr 1935, wenige Wochen vor seinem Tod, unterzeichnete Piłsudski eine neue Verfassung, die das Parlament zum Parlatorium degradierte, denn die gesamte Exekutive war fortan nur noch dem Präsidenten und dieser allein „vor Gott und der Geschichte" verantwortlich. Deswegen wurden die im selben Jahr anberaumten Wahlen von der Opposition boykottiert. Gerade bei 46 % lag – offiziell – die Wahlbeteiligung, ein weiterer Rückschlag für Piłsudskis Gefolgschaft, die nun ohne ihren „Kommandanten" regieren mußte.

In den dreißiger Jahren begann sich die politische Opposition im Land neu zu formieren. Die Rechte ging unter der Führung der *Endecja* in die Offensive und forderte „Polen den Polen". Während die Älteren – wie Dmowski – jedoch eine parlamentarische Demokratie mit starker Exekutive wollten, strebten viele der Jüngeren eher einen hierarchischen Staat nach dem Muster des faschistischen Italien an. Ihr militantes „National-Radikales Lager" *(ONR)* provozierte antisemitische Krawalle, rief zum Boykott jüdischer Geschäfte und zur Einführung eines „*Numerus clausus*" für jüdische Studenten und „Ghettobänken" in den Hörsälen auf, was nicht nur unter der linken jungen Intelligenz heftigen Widerspruch auslöste. Die Öffentlichkeit polarisierte sich immer stärker. Die *PPS* brach mit den Zentrumsparteien und driftete nach links, doch zu einem Bündnis mit den Kommunisten war sie nicht bereit. Diese waren nach wie vor nicht hoffähig, drängten sich aber auch nicht allzusehr in die politischen Salons, sondern sahen ihre Chancen im Osten. Allerdings hatte auch Polen seine „Edelkommunisten", linksgerichtete Dichter, denen prominente „Obristen" auch schon mal eine Flasche Rotwein in den „Knast" schickten, bevor sie sie nach einigen Wochen wieder freiließen.

Die innere Struktur des Staates ähnelte mehr der französischen als etwa der deutschen. Die ursprüngliche „Föderalisierung", die Autonomie einzelner Regionen wie Oberschlesien oder Posen, wurde mit der Stärkung des „Zentrums" in Warschau bewußt geschwächt. Damit wollte man den Staat vor zentrifugalen Tendenzen an den Rändern schützen. Vor allem die ukrainische Minderheit im alten Ostgalizien verhielt sich zum polnischen Staat genauso ablehnend wie früher die Polen zu den Teilungsmächten. Einige politische Gruppierungen kämpften weiterhin für die Gründung eines eigenen Staates, wobei manche auch vor Terror nicht zurückschreckten. Somit hatte der polnische Staat von Anfang an sein „Nordirland-" oder „Baskenproblem". Auf die Ermordung polnischer Regierungsvertreter, Beamten und Lehrer durch ukrainische Extremisten antwortete die Regierung mit massiven „Pazifikationen", die der Völkerbundsrat sogar für berechtigt hielt, die aber nichtsdestoweniger böses Blut schufen. Im Prinzip sollten die Ukrainer in Polen nicht schlechter gestellt sein als zu Zeiten der Habsburger, doch die Wirklichkeit sah anders aus: Weder die versprochene ukrainische Universität in Lemberg wurde gegründet noch Schulen mit ukrainischer Unterrichtssprache in ausreichender Zahl beibehalten. Der Polonisierungsdruck und kleinliche Diskriminierungen im Alltag führten zur Radikalisierung der ukrainischen Minderheit. Die Spirale schraubte sich hoch bis zum fatalen Schlußpunkt im Zweiten Weltkrieg.

Voller Widersprüche war das polnisch-jüdische Verhältnis in der Zwischenkriegszeit. Während zahlreiche Kleinstädte im

Osten immer noch den Charakter der klassischen Stetl hatten, lebten in den Großstädten viele bis auf ihre Religionszugehörigkeit völlig assimilierte Juden, die sich – wie es der Lemberger Dichter Marian Hemar ausdrückte – als „Amateur-Polen" empfanden. Zugleich hatte sich im 19. Jahrhundert bei weiten Teilen der jüdischen Bevölkerung ein eigenes Nationalbewußtsein entwickelt, Polen war eines der größten Zentren autonomer jiddischer Kultur, und Wilna galt gar als „Jerusalem des Nordens". Die polnisch-jüdischen Gegensätze und den von religiös motivierten Vorurteilen, nationalen Spannungen und wirtschaftlicher Konkurrenz geprägten Antisemitismus vieler Polen nutzten vor allem die Nationaldemokraten als politisches Instrument gegen die „Sanacja". Dagegen sagte Piłsudski über sich, „ich bin weder Antisemit noch Philosemit, ich mag sie eben ganz einfach und fühle mich wohl in ihrer Gesellschaft, wie zu Hause".

Eine „problematische" Minderheit waren die Deutschen, deren Einstellung zum polnischen Staat völlig uneinheitlich war. Unter den deutschen und polnischen Arbeitern in Oberschlesien etwa gab es traditionell weniger nationale Konflikte als in Pommern oder Posen, wo nach 1918 die Zahl der Deutschen rasch abnahm, nicht zuletzt weil Hunderttausende preußischer Beamter, Offiziere, Polizisten, Lehrer und Richter in Polen keine Beschäftigungsmöglichkeiten mehr für sich sahen. Erst 1923 versuchten die deutschen Konsulate, diese Ausreisewelle zu bremsen, weil durch sie auch die deutschen Argumente für eine Grenzrevision an Gewicht verloren. In Schlesien gab es zwar trotz der blutigen Begleitumstände des Plebiszits insgesamt geringere Spannungen, dafür aber eine größere Zahl von „Hiesigen" mit einer Mischidentität, um die zwischen dem Deutschen Reich und Polen ein „Kampf um die Seelen" entbrannte. Und jede Seite empörte sich wegen der angeblichen oder tatsächlichen Drangsalierung ihrer Minderheit im Nachbarstaat. So übertrieben polnische Verdächtigungen der Deutschen in Polen waren, so unbestritten ist, daß die völkische Politik des Dritten Reichs einen Teil der „Volksdeutschen" in permanente Loyalitätskonflikte stürzte.

Auch in den dreißiger Jahren wurde die innenpolitische Schwäche des Landes wieder von den ersten Anzeichen wirtschaftlicher Erfolge teilweise abgefangen. So wie Grabski in den zwanziger Jahren wurde Eugeniusz Kwiatkowski in den dreißigern zum Symbol für wirtschaftlichen Erfolg. Kwiatkowski war im Land bekannt als Erbauer von Gdingen und Gründer der polnischen Handelsmarine. 1935 wurde er Finanzminister. Es war ein Jahr der wirtschaftlichen Wende, der Aufschwung wurde im polnischen Alltag spürbar. Er beruhte auf einem staatlichen Interventionismus, den Kwiatkowski in die Praxis umsetzte, noch bevor John Maynard Keynes seine Theorie bis zu Ende gedacht hatte. Die Opposition warf ihm „Etatismus" vor, weil der Staat große Anteile an den Schlüsselindustrien erwarb. Mit Kwiatkowski begann eine weitsichtige Wirtschaftspolitik, die kurz vor Kriegsbeginn spürbare Erfolge zeitigte.

Zwischen 1935 und 1939 stieg die Industrieproduktion um 53%. Der Anteil des ausländischen Kapitals – hauptsächlich französisches (300 Millionen *Złoty*), deutsches (140 Millionen) und amerikanisches (50 Millionen) – sank zugunsten des staatlichen um 8% und wurde zur Reinvestition der Gewinne in Polen gezwungen. Heute würde man das wohl „Wirtschaftsnationalismus" nennen, doch damals war das Streben nach Autarkie in Europa recht verbreitet. Seinen Vierjahres-Investitionsplan verwirklichte Kwiatkowski vorzeitig, den Sechsjahres-Rüstungsplan dagegen kaum zu einem Drittel. Zu wenig, um bei der Verteidigung des Landes im September 1939 die meist nur in Prototypen vorhandene moderne Ausrüstung einsetzen zu können.

Allerdings bestand Polen nach wie vor aus zwei wirtschaftlich unterschiedlich entwickelten Ländern: das sich rasch modernisierende „Polen A" im Westen, das 52% der Bevölkerung und 92% der Industrie umfaßte, und das rückständige „Polen B" in den „östlichen Randgebieten". Während in Posen ein Tageslohn 5 *Złoty* erreichte, lag er in Ostpolen bei 1,5 *Złoty*. Eine besondere Leistung Kwiatkowskis war der Aufbau eines „Zentralen Industriegebiets" *(COP)* zwischen Weichsel und San, wo rund 100 moderne Betriebe entstanden, Talsperren gebaut und Ferngasleitungen gelegt wurden. Als dann Ende 1939 deutsche Ingenieure von der „Treuhandstelle Ost" die „Staatlichen Flugzeugwerke" in Rzeszów übernahmen, wollten sie kaum glauben, daß diese Fabrik von den Polen und nicht von den Engländern gebaut worden war.

Die gesamte Last der Modernisierung trug das polnische Dorf. Die Preise für landwirtschaftliche Produkte waren niedrig, und die Parzellierung des Großgrundbesitzes kam nur sehr langsam voran. Da weit über die Hälfte der Bevölkerung auf dem Land lebte, litt sie an permanentem „Hunger nach Boden" und häufig bedrückender Armut, so daß immer wieder Bauernstreiks ausbrachen, die gewaltsam niedergeschlagen wurden. Und ebenso wie vom „harten *Złoty*" erzählte man später, daß vor dem Krieg auf dem Lande ein Streichholz in vier Teile gespalten werden mußte und die Katen im Osten Lehmböden hatten. Das Bedürfnis nach sozialem Aufstieg sollte viele dieser Menschen nach dem Krieg in die Arme der regierenden Kommunisten treiben.

Die polnische Vorkriegsgesellschaft war jung und vital, und dank Kwiatkowskis Programm entstand in Ansätzen eine Konsumgesellschaft. 1939 lagen die Reallöhne 43 % höher als zehn Jahre zuvor, und sogar die Arbeitslosigkeit fiel von 11 % 1936 auf 5 % 1938. In diesem letzten normalen Jahr war Polen zwar nach wie vor ein armes Land, doch wenig erinnerte mehr an das, was landläufig unter „polnischer Wirtschaft" verstanden wird. Wenn es nicht wiederum zerschlagen und im Krieg planmäßig zerstört worden wäre, wiche es heute möglicherweise kaum vom Standard Italiens oder Spaniens ab.

Es ist schwer zu sagen, wie sich Polen innenpolitisch weiterentwickelt hätte. In der internationalen Publizistik liest man nicht selten, Polen sei nach Piłsudskis Tod auf den „Faschismus" zugesteuert. Das ist zu einfach, nicht nur im Hinblick auf die verhältnismäßig geringe Repressivität des Regimes, sondern auch auf den inneren Zustand des Staates. Zwar gab es hin und wieder Versuche auf seiten des Regierungslagers, eine Massenpartei zu gründen, doch sie schlugen fehl. Das Lager der Nationalen Einigung *(OZN)* von Oberst Adam Koc war aber mit seinen 50000 Mitgliedern ein kümmerlicher Ersatz. Es hatte nur eine verschwommene solidaristische Staatsideologie anzubieten, die zwar für den „kulturellen Selbstverteidigungsinstinkt der Polen"

Verständnis zeigte, aber Gewaltakte gegen Minderheiten verurteilte und zum staatsbürgerlichen Zusammenleben verschiedener Nationalitäten ermahnte. Die Wahlen zum *Sejm* 1938 waren eine Farce, doch die Opposition, die sie boykottiert hatte, war außerhalb des Parlaments weiterhin aktiv und einflußreich. Und das, was man martialisch „Regierung der Obristen" nennt, hatte mit einer Junta nichts gemein, zumal die meisten dieser „Obristen" keine Berufsoffiziere waren. Die totalitären Versuchungen zerschlugen sich in Polen am „Widerstand der Materie", der Abneigung der polnischen Gesellschaft gegen Uniformierung und radikale Lösungen.

Die Armee spielte insofern eine wichtige Rolle, als sie die langersehnte Eigenstaatlichkeit verkörperte und als „Schule der Nation" großes Vertrauen genoß. Diese Sentiments für die „wie gemalten Kinder" in Uniform, wie es in einem alten polnischen Lied über die Ulanen heißt, werden wohl erst dann schwinden, wenn alle Skepsis gegenüber dem polnischen „Bestehen in Europa" zerstreut ist. 1939 entsprang dieser Respekt für die Armee einfach dem Gefühl der Bedrohung und nicht etwa der Vorliebe für Uniformen oder autoritären Sehnsüchten. Diesen möglicherweise wenig eleganten Staat war die überwältigende Mehrheit der polnische Gesellschaft bereit zu verteidigen, so wie er war und egal gegen wen. Denn bei allen seinen Mängeln gab es in ihm mehr Freiheiten und Bürgerrechte als bei den beiden Nachbarn, die 1939 beschlossen, ihn wieder einmal von der Landkarte auszuradieren.

Doch die eigentliche „Schule der Nation" war weniger die Armee als gerade das Bildungswesen, das in den zwei Jahrzehnten zwischen den Weltkriegen eine ganze Generation von Polen heranzog, die nicht nur die Existenz des eigenen Staates, sondern auch die solide Arbeit für ihr Land für die natürlichste Sache der Welt hielten. Deshalb empfanden auch viele den geradezu beschwörenden Hurrapatriotismus des Regierungslagers als reichlich überflüssig.

Diese beiden Jahrzehnte änderten auch den Stil der polnischen Kultur. Sie wurde „normaler", unpathetischer, die Schriftsteller hörten auf, das Gewissen der Nation zu sein, und begannen, den

Alltag zu genießen und mit der Wirklichkeit zu spielen. Wilna und Lemberg strahlten immer noch den Charme des Ostens aus, doch der Schwerpunkt des geistigen Lebens verlagerte sich zusehends nach Warschau. Hier entstand endlich eine Kulturmetropole, in der man ausgelassen und lebenslustig daranging, die Verspätungen des 19. Jahrhunderts aufzuholen. Im Laufe von 20 Jahren wurde ein solides Fundament für die Wissenschaft gelegt, und die Öffentlichkeit wurde von immer neuen Namen junger Literaten, Musiker und Maler überrascht. Die Warschauer Hochschulen, Theater und Zeitungsredaktionen bildeten auch den Humus für die „ *Warszawka* ", die Warschauer „Szene" der Dichter und Aristokraten, Edelkommunisten und geistreichen Regime-Obristen, die sich im Kaffeehaus „ *Ziemiańska* " trafen, um über Politik und Kunst zu witzeln.

Im Ausland fand die polnische Kultur jener Zeit bei weitem nicht so viel Resonanz wie nach dem Zweiten Weltkrieg. Abgesehen von dem Nobelpreis, den Władysław Reymont 1924 für „Die Bauern" erhielt, und von Kazimierz Wierzyńskis Dichter-Medaille bei der IX. Olympiade 1932, abgesehen auch von dem Erfolg von Maria Dąbrowskas „Nächte und Tage" oder Sergiusz Piaseckis Abenteuerroman „Der Geliebte der großen Bärin" über die Schmuggler und Banditen im „Wilden Osten" Europas, drang die polnische Kultur nicht in den Westen durch. Jan Kiepura und Pola Negri – das ist nicht viel. Aber damals entstanden die Werke, die in den fünfziger und sechziger Jahren von Europa entdeckt werden sollten: „Die Zimtläden" des polnischen Kafka Bruno Schulz oder die furios absurden Stücke und Erzählungen von Stanisław Ignacy Witkiewicz.

Polens „Dasein" in Europa – unsicher und hochfahrend, aber zugleich vital und selbstironisch – suchte seine Ausdrucksformen, die nach '56 der „polnischen Filmschule", Mrożeks Gesellschaftssatiren oder Kołakowskis paradoxen Parabeln einen unverkennbaren „ *Touch* " gaben. In der Zwischenkriegszeit änderte sich der Tonfall der polnischen Kultur, sie war zwar neugierig auf die Welt, aber zugleich sich selbst genug. Der deutsche Expressionismus berührte sie wenig, die Wucht des russischen Proletkults war nur etwas für *Connaisseurs*, und der französische Personalismus war eher ein Leckerbissen für linke Intellektuelle als für brave Katholiken. Wie im Vorgefühl, daß man auf Zeit lebte, haftete man an seinem Polentum.

Am unmißverständlichsten hat diese geistige „Falle" Witold Gombrowicz rückblickend beschrieben: „Frei atmen durften wir, um mit einem Feind zu ringen, der uns härter zusetzt als die bisherigen Unterdrücker – mit uns selbst. Nach den Auseinandersetzungen mit Rußland und Deutschland erwartete uns der Kampf mit Polen. So ist es nicht verwunderlich, daß die Unabhängigkeit sich als schwerer und demütigender als die Unfreiheit erwies. Solange uns der Aufstand gegen die fremde Gewalt ganz in Anspruch nahm, schienen die Fragen: Wer sind wir? Was sollen wir mit uns anfangen? zu schlafen – die Unabhängigkeit weckte das Rätsel, das in uns schlummerte. Mit dem Gewinn der Freiheit wurde uns das Dasein zum Problem. Um wirklich zum Sein zu gelangen, mußten wir erst uns verändern. Aber so ein Umbau ging über unsere Kräfte, unsere Freiheit war nur Schein, schon die Struktur der Nation war voller Verlogenheit und Gewalt, die uns bei unseren Vorhaben hemmten. Und aus Schwäche hüteten wir uns vor jeder Bewegung – hätte ja alles auseinanderfallen können. Das damalige Polen trugen wir wie den Panzer des Don Quijote auf der Brust: seine Haltbarkeit prüften wir auf alle Fälle lieber nicht."

Vom September 1939 an hatte diese Generation keine Wahl mehr und testete die Haltbarkeit dieses „Panzers des Don Quijote" am eigenen Leibe. Sie konnte sich allerdings nicht vorstellen, welchen Preis sie würde zahlen müssen, nur um in der Welt von Jalta zu landen. Manche jedoch ahnten es schon, wie der Klassiker des polnischen Absurden, Stanisław Ignacy Witkiewicz, dessen Romane „Unersättlichkeit" und „Abschied vom Herbst" eine groteske Vision der polnischen Apokalypse waren. Sein Freitod am 17. September 1939, dem Tag des Einmarsches der Sowjets in Polen, setzte einen symbolischen Schlußakkord unter die zwanzigjährige „Rekonvaleszenz" des freien Polen.

V

Der Schock des 1. September 1939 wirkte jahrzehntelang und wirkt womöglich weiterhin nach, auch wenn die Jugend heute weniger von der damaligen Niederlage als von den Erfahrungen und Mythen der achtziger Jahre geprägt wurde, dem Bewußtsein, „die Kommune abgeschüttelt" zu haben. Dennoch haben das zynische Komplott der beiden mächtigen Nachbarn Polens und die Passivität seiner Verbündeten auch die Nachkriegsgenerationen stigmatisiert. Einerseits setzt man auf Europa, andererseits mißtraut man ihm. Die „September-Neurose" ist noch nicht ausgestanden.

In der ganzen Zwischenkriegszeit ging der europäische Kontertanz darum, ob die „windschiefe" Friedensordnung festgeschrieben oder „nachgebessert" würde. Zufrieden waren mit ihr eigentlich nur die *Newcomer*", wenn auch nicht unbedingt in allen Details, wie die zahlreichen Grenzstreitigkeiten unter ihnen zeigten. Gegen sie waren – mit wechselnder Intensität – die Verlierer; und die Sieger wußten nicht so recht, wie sie sie stützen sollten. Polen und die Tschechoslowakei als Hauptnutznießer der Nachkriegsordnung befanden sich beide in der prekären Lage, daß sie Schwierigkeiten hatten, unter ihren unmittelbaren Nachbarn Verbündete zu finden. Die Hauptverlierer des Ersten Weltkriegs, Deutschland und Rußland, verband zuweilen eine „Interessengemeinschaft", trennte aber der ideologische Gegensatz. Und die Siegermächte, Frankreich und England, waren weder imstande noch willens, die Rolle einer europäischen Schutzmacht auszufüllen.

Deutschland hat die polnische Grenze nie endgültig anerkannt, die Sowjetunion tat es zwar, hielt sich dann aber nicht daran. Von Polens Anrainerstaaten unterhielt nur Rumänien fast freundschaftliche Beziehungen zu Warschau, aber Rumänien war schwach und lag außerhalb des für Polen existentiellen

„Windkanals" Paris-Berlin-Warschau-Moskau. Der Konflikt mit Litauen um Wilna schwelte weiter, und die Aufnahme diplomatischer Beziehungen wurde erst 1938 durch ein polnisches Ultimatum erzwungen. Die Unfähigkeit Warschaus und Prags, zu einem Ausgleich zu gelangen, erwies sich als verhängnisvoll für die beiden einander schmollenden Nachbarn.

Dieser Dissens entsprang weniger der „Karambolage" in Teschen 1919 als einem Konkurrenzdenken. Die Prager Politiker wollten nicht in den Strudel der „polnischen Querelen" mit Berlin und Moskau hineingerissen werden, setzten auf ein gutes Verhältnis zu beiden und waren darauf bedacht, Polen nicht in ihre „Kleine Entente" mit Rumänien und Jugoslawien hineinzulassen. Warschau dagegen baute gute Beziehungen zu Ungarn auf, das mit Prag zerstritten war. Die tschechische Politik war rational, aber ihr übervorsichtiges Taktieren schützte die Tschechen ebensowenig vor München und dem deutschen Einmarsch wie die Polen ihr „romantischer" Trotz nicht vor dem September 1939. Eine tragische „Schicksalsgemeinschaft" also, die von beiden nicht erkannt und von Polen durch die moralisch und politisch verwerfliche Forderung nach Abtretung des polnisch besiedelten Olsa-Gebiets zusätzlich gestört wurde. Diese polnisch-tschechische Unverträglichkeit fand nach dem Zweiten Weltkrieg eine Fortsetzung, als die Tschechen das Polen zugesprochene Glatzer Gebiet besetzen wollten und sich ihre Führung später, während der Solidarność-Zeit, munter darauf vorbereitete, den Polen ihre Beteiligung am sowjetischen Einmarsch 1968 heimzuzahlen.

Man kann der polnischen Außenpolitik der Zwischenkriegszeit einiges vorwerfen – konzeptionslos war sie nicht. Ihre Grundregel lautete: gestützt auf ein Bündnis mit Frankreich und Rumänien eine Äquidistanz zu den beiden unberechenbaren Nachbarn – Deutschland und Rußland – zu wahren. Als Idealfall galt eine Allianz „von Meer zu Meer", des Baltikums, Polens, der „Kleinen Entente" mit Frankreich als Schutzmacht, doch das war angesichts der zahlreichen Interessengegensätze irreal. Nicht deshalb waren die mitteleuropäischen Völker dem russischen Imperium oder der Habsburger Monarchie entlaufen, um jetzt ihre Souveränität zu teilen und dazu noch Polen als womöglich dominierenden Partner aufgehalst zu bekommen. Wenn es heute schon mit der engen Kooperation dieser Staaten hapert, was konnte man erst damals erwarten?

Die polnische Diplomatie hielt nach dem Ersten Weltkrieg Frankreich für ihren wichtigsten Verbündeten, Frankreich aber war wählerisch: Es sah Polen zwar als Bindeglied seines „*Cordon sanitaire*" an, sowohl gegenüber Deutschland als auch gegenüber der Sowjetunion, hatte aber nichts dagegen, sich auf Kosten seiner ostmitteleuropäischen Verbündeten mal mit Deutschland – wie in Locarno 1925 oder noch schlimmer in München 1938 – zu arrangieren, mal nach Rußland als möglichem Partner im Osten zu schielen. So war der *Cordon* mehr eine Funktion der französischen Politik als eine ostmitteleuropäische Sicherheitsstruktur. Aus der Pariser, aber auch aus Londoner Perspektive war die Gemengelage im Osten unüberschaubar; zu vieles war im Fluß – Grenzen, Besitzstände, nationale Identitäten. Man sah in Polen daher bestenfalls ein Instrument der eigenen, ziemlich unbeständigen Politik. Doch Werkzeug wollte Polen nicht sein.

Ende der zwanziger Jahre kam es zu einer Verschiebung in den europäischen Konstellationen. Nach Locarno war das polnisch-französische Verhältnis abgekühlt, dafür verbesserte sich Anfang der dreißiger Jahre das polnisch-sowjetische, da die nun wieder isolierte UdSSR Polen gegen die immer lauter werdenden deutschen Revisionsforderungen verbal unterstützte. Mit dem schwindenden Vertrauen in die Verläßlichkeit des französischen Verbündeten versuchte Piłsudski, die Beziehungen zu Berlin und Moskau zu regeln. Im Juli 1932 wurde ein Nichtangriffsvertrag mit der UdSSR unterzeichnet, mit Deutschland aber, wo die innenpolitische Krise auf ihren Höhepunkt zusteuerte, war dies vorerst unmöglich. Und als Hitler nach der Machtübernahme öffentlich die Rückgabe des „Korridors" verlangte, ließ Piłsudski sogar in Paris die Möglichkeit einer Präventivaktion unter der Ägide des Völkerbunds ausloten. Daraufhin leitete Hitler seine „Friedensoffensive" gegenüber Polen ein, und 1934 schlossen Polen und Deutschland ein auf zehn Jahre befristetes Gewaltverzichtsabkommen. Aber schützt Papier vor einer Aggression?

Nazideutschland erinnerte in jenen Jahren an eine aufgezogene Feder, deren Spannung sich früher oder später nach außen entladen mußte. Es waren noch nicht die Zeiten einer „europäischen Gemeinschaft", sondern der Eroberung von „Lebensraum". 1938/1939 hätte sich Polen dem „Ostlandritt" der „Herrenmenschen" sogar anschließen können. Im Januar 1939 schlug Hitler dem polnischen Außenminister Józef Beck nochmals einen „Deal" vor: Für die Rückgliederung Danzigs an das Deutsche Reich und Zugeständnisse im „Korridor" wollte Deutschland Polen helfen, anderswo Häfen zu erobern. „Das Schwarze Meer ist auch ein Meer", meinte Hitler. Beck lehnte ab, und damit geriet Polen zwischen Hammer und Amboß.

Zwei Jahrzehnte lang hatte Deutschland an Versailles gerüttelt. Der Weimarer Republik war es gelungen, diplomatisch und wirtschaftlich mit den Siegermächten gleichzuziehen, das Dritte Reich, inzwischen wieder aufgerüstet, machte sich mit der Remilitarisierung des Rheinlands, dem Anschluß Österreichs und der Zerschlagung der Tschechoslowakei daran, ein *Imperium Germanicum* zu errichten. Und Polen war ihm dabei im Weg. Bleibt die Frage nach der Rolle der Westmächte bei diesem Poker und der von Stalin.

Einer der späteren Chefs der polnischen Exilregierung in London, Stanisław Cat Mackiewicz, schrieb nach dem Krieg voller Groll, aus Furcht, Hitler könne zuerst den Westen angreifen, habe England Warschau in seiner ablehnenden Haltung bestärkt, damit Polen die volle Wucht der deutschen Aggression auffinge. Über Englands Motive kann man streiten, Tatsache ist, daß es Ende März 1939, als sich die Lage nach dem deutschen Einmarsch in Prag gefährlich zuspitzte, Polen eine Sicherheitsgarantie gab, die Hitler zum Vorwand nahm, den Nichtangriffsvertrag mit Polen zu kündigen. Die englischen Garantien erwiesen sich später ebenso wie das Bündnis mit Frankreich als Nebelkerze. Kein Wunder, daß viele in Polen bis heute zwiespältige Gefühle gegen die Verbündeten von damals hegen. Einerseits vergißt man ihnen nicht, daß sie Polen im September nicht beistanden, andererseits rechnet man es ihnen hoch an, daß sie sich nach der polnischen Katastrophe nicht aus der Verantwortung stahlen.

Auf den Bruch des Nichtangriffspakts antwortete Außenminister Józef Beck Anfang Mai im *Sejm*: „Polen läßt sich nicht von der Ostsee zurückdrängen." Und dann kamen die Worte, die auch heute noch vielen Polen den Hals zuschnüren und die im Westen zuweilen als pathetischer Anachronismus verspottet werden: „Der Friede ist ein wertvolles und begehrtes Gut. Unsere in den Kriegen ausgeblutete Generation hat Frieden sicher verdient. Aber der Friede hat, wie fast alles auf dieser Welt, seinen Preis – einen hohen, aber meßbaren. Wir in Polen kennen nicht den Begriff des Friedens um jeden Preis. Es gibt nur eines im Leben von Menschen, Nationen und Staaten, das unschätzbar ist – die Ehre."

Keine Probleme mit der Ehre hatte Stalin. Er konnte 1939 wählen, mit welcher Seite er zusammenging. Sein Preis war in beiden Fällen ein Teil von Polen, nur stimmten England und Frankreich diesem Preis bei ihren Verhandlungen mit ihm damals nicht zu, Deutschland dagegen sofort. Im Sommer schlug sich Stalin endgültig auf Hitlers Seite und entschied damit über Krieg und Frieden. Am 23. August unterzeichneten Ribbentrop und Molotow in Moskau einen Nichtangriffsvertrag, der – wie aus dem „geheimen Zusatzprotokoll" hervorgeht – die vierte Teilung Polens besiegelte. Offen war nur noch, ob Polen wie zuvor die Tschechoslowakei sich selbst überlassen bleiben oder tatsächlich Verbündete finden würde. Zwei Tage später bekräftigten England und Frankreich ihre Allianz mit Polen – ein Erfolg der polnischen Diplomatie, wenn auch ein trauriger. Mehr hätte weder Beck noch ein anderer erreichen können. Doch Bündnisse sind so viel wert wie der Wille, sie einzuhalten.

Der polnischen Außenpolitik wird manchmal vorgeworfen, sie hätte durch ihre Ungeschicklichkeit das deutsch-sowjetische Zusammenspiel nicht verhindert. Aber welche Alternativen hatte sie? Als „Hiwi" Deutschlands gegen die Sowjetunion und später womöglich auch gegen den Westen zu kämpfen oder auf Stalins Bedingungen einzugehen und ihm einen Freibrief zum Einmarsch nach Polen zu geben. In beiden Fällen hätte Polen nicht als selbständiger Staat überlebt. So bestand wenigstens die Aussicht, daß der Krieg gegen Polen nicht nach einem einzigen Feldzug beendet sein würde.

Rein militärisch gesehen, hatte Polen keinerlei Chancen. Das Dritte Reich war nicht nur imstande, mehr Soldaten zu mobilisieren, sondern hatte auch fünf- bis sechsmal mehr Flugzeuge und Panzer zur Verfügung. Polen konnte dem nur den allgemeinen Willen der Soldaten wie der Zivilbevölkerung entgegensetzen, ihre Unabhängigkeit zu verteidigen. Polens geostrategische Lage war ebenfalls hoffnungslos: Nach Hitlers Besetzung der Tschechoslowakei von drei Seiten von Deutschland umgeben, hätte es sich zwar an den „inneren Linien" verteidigen können, damit aber gerade jene Gebiete kampflos aufgegeben, die das „Großdeutsche Reich" Polen streitig machte. So entschied man sich für eine Verteidigung entlang den – beinahe unbefestigten – Grenzen, in der Erwartung, eine Offensive der Westmächte würde die polnische Front entlasten.

Hitler verstand den Krieg gegen Polen von Anfang an nicht als Fortsetzung der Politik mit anderen Mitteln, für ihn stand die „Vernichtung Polens im Vordergrund", wie er am 22. August der Generalität sagte: „Ziel ist Beseitigung der lebendigen Kräfte... Ich werde propagandistischen Anlaß zur Auslösung des Krieges geben, gleichgültig, ob glaubhaft... Bei Beginn und Führung des Krieges kommt es nicht auf das Recht an, sondern auf den Sieg. Brutales Vorgehen... Der Stärkere hat das Recht. Größte Härte." Den Vorwand lieferte er sich denn auch tatsächlich selbst, indem er am 31. August einen polnischen Angriff auf den Gleiwitzer Sender fingieren ließ. Der Krieg begann in Danzig mit dem Beschuß eines polnischen Stützpunkts auf der Westerplatte durch die „Schleswig-Holstein", woraufhin die deutsche Armee in breiter Front in Polen einmarschierte. Die polnische Grenzverteidigung wurde in drei Tagen durchbrochen, anschließend drangen Panzerkeile ins Landesinnere vor, unterstützt von der völlig überlegenen Luftwaffe.

Der „Polenfeldzug" scheint bis heute von manchen Deutschen eher als Kavaliersdelikt empfunden zu werden, man liest nicht selten leicht verlegene Berichte über amüsante Geplänkel, bei denen sich die polnische Kavallerie mit deutschen Panzern messen wollte und moderne deutsche Stukas den polnischen Aufmarsch über den Haufen warfen. Ein geradezu „schmerzloser" Krieg, trotz der 10 000 in Polen gefallenen deutschen Soldaten, wobei zu seiner nachträglichen Rechtfertigung die Gewaltakte von Polen gegen die Volksdeutschen in den ersten Kriegstagen herangezogen werden. In dieser Optik führt dann eine gerade Linie vom Bromberger „Blutsonntag" nach Auschwitz, wie in den Büchern einiger deutscher Historiker zu lesen war. Ein später Sieg Goebbels', dessen Legenden über den Hergang und das Ausmaß der Ereignisse am 3. September und danach so nachhaltig wirken, daß deutsche wie polnische Zeitgeschichtler mit ihren Forschungen bis heute vergeblich gegen sie anrennen. Das Bild der unschuldigen deutschen Opfer soll den wahren Charakter des „Polenfeldzugs" verdecken, der gegenüber den Polen von Beginn an ein „totaler Krieg" war. Denn abgesehen von den massiven Luftangriffen auf „zivile Ziele", wurde dieser Krieg vom ersten Tag an nicht nur gegen den polnischen Staat geführt, sondern auch gegen seine Bevölkerung, die Intelligenz und die politischen Eliten, die nach vorbereiteten Listen verhaftet und öffentlich exekutiert wurden. Auch die Wehrmacht verhielt sich nicht immer so ritterlich, wie sie sich darstellte, es gab Fälle, in denen sie ganze Einheiten gefangengenommener polnischer Soldaten erschoß.

„Der polnische Herbst" – so auch der Titel eines dokumentarischen Romans von Jan Józef Szczepański – ist für die meisten Polen dagegen nach wie vor ein Trauma. Vor allem einzelne Episoden sind im kollektiven Gedächtnis haften geblieben: die sechstägige Verteidigung der Westerplatte durch kaum 200 Soldaten, die verbissenen Rückzugsgefechte versprengter Truppenteile, das Chaos auf den von Flüchtlingen verstopften Straßen, die aus der Luft beschossen wurden, und die spontane Verteidigung Warschaus durch seine Einwohner, als mit der Hilfe Frankreichs oder Englands nicht mehr zu rechnen war und die Sowjetunion bereits Polens Ostgebiete besetzte. Wie ein vergifteter Stachel wirkt auch die Vorstellung, wie die polnische militärische und politische Führung sich in der Nacht nach dem Einmarsch der Roten Armee nach Rumänien absetzte. Die „polnische Apokalypse" beruhte weniger auf der Niederlage selbst, Schicksalsschläge war man schließlich gewöhnt, als darauf, daß die polnische Gesellschaft, die sich gerade in der Normalität eingerichtet hatte, diesmal innerlich nicht auf eine solche Katastrophe vorbereitet war. Zumal sie aus zwei Sequenzen bestand: der deutschen und der sowjetischen Besatzung. Und beide Besatzungsmächte arbeiteten bei der Zerschlagung des polnischen Staates und der Vernichtung der polnischen Intelligenz einträchtig Hand in Hand, so daß Versuche, die eine durch die andere zu entlasten, als geradezu aberwitzig erscheinen.

Die Frage liegt nahe, ob eine Offensive der Alliierten im Westen – zu der sie spätestens am 15. Mobilmachungstag vertraglich verpflichtet waren – dieses Zusammenspiel von Hitler und Stalin noch hätte abwenden können oder ob umgekehrt die Sowjetunion sofort in Polen militärisch eingegriffen hätte. Stalins Zögern auf ein dahingehendes deutsches Drängen läßt vermuten, daß er wohl abgewartet hätte. England und Frankreich erklärten zwar Deutschland am 3. September den Krieg, doch schon am 12. September vereinbarten Daladier und Chamberlain, sich mit militärischen Aktionen gegen Deutschland vorerst zurückzuhalten, wovon sie ihren polnischen Verbündeten nicht einmal informierten. Fünf Tage später, als die sowjetischen Truppen auf Lemberg und Wilna zumarschierten, hatte Polen den Feldzug eigentlich schon verloren, dennoch hätte der polnische Widerstand noch länger dauern können. 25 polnische Divisionen kämpften weiter, während sie sich in Richtung auf den „rumänischen Brückenkopf" zurückzogen, noch hielt sich auch die Regierung in Polen auf. Doch zu einer sofortigen Übernahme der Hauptlast des Krieges gegen Hitler waren Frankreich und England weder willens noch fähig. So ließen sie Polen allein, nach dem Motto der französischen Kommunisten: „*Mourir pour Dantzig? – Non!*"

Obwohl die polnische Regierung der Sowjetunion nicht den Krieg erklärt und der Oberbefehlshaber der polnischen Armee diese angewiesen hatte, Kämpfe mit der Roten Armee zu vermeiden, kam es zu einigen heftigen Gefechten. Die Sowjets verhielten sich unterschiedlich: Mal gaben sie sich als Verbündete aus, um keinen Widerstand zu provozieren, mal wüteten sie wie in einem eroberten Land, plünderten, vergewaltigten und mordeten

Soldaten wie Zivilisten. Mit der Besetzung Ostpolens brach Stalin den Friedensvertrag von Riga und den Nichtangriffspakt von 1932. Weitere Vertragsbrüche ließen nicht lange auf sich warten.

Gegen die sowjetische Annexion legten die englische und die französische Regierung Protest ein, weil sie Molotows Argumentation, die Polnische Republik habe aufgehört zu existieren, nicht folgten, doch das war auch so gut wie alles. Im Westen begann der „Sitzkrieg". Nichts geschah, bis Hitler im Frühjahr 1940 wieder zuschlug. Erst die französische Niederlage warf auf die polnische ein anderes Licht. Die Westmächte hatten die Zeit, die sie sich nahmen, gründlich verschlafen.

Trotz der Internierung der polnischen Staatsführung in Rumänien konnte die Kontinuität der polnischen Staatsgewalt gewahrt bleiben – dank eines Artikels der „Piłsudski-Verfassung" aus dem Jahre 1935, der dem Präsidenten die Ernennung seines Nachfolgers erlaubte, was Ignacy Mościcki nun tat, indem er sein Amt *lege artis* auf Senatsmarschall Władysław Raczkiewicz übertrug. Bereits Ende September 1939 berief dieser in Paris eine Exilregierung unter General Sikorski, die von Großbritannien, Frankreich und den USA anerkannt wurde. Sie hatte jedoch einen schweren Stand. Zwar trafen nun aus Rumänien und Ungarn über Italien Zehntausende polnischer „Touristen" in Frankreich ein, aus denen man wiederum eine polnische Armee aufstellte, noch aber war ungewiß, ob die zaudernden Bündnispartner sich nicht mit Deutschland arrangieren würden. Nach Stalins Angriff auf Finnland im November 1939 stimmte die polnische Regierung einer Beteiligung polnischer Einheiten an einem alliierten Interventionskorps zu. Als jedoch Hitler im April in Dänemark und Norwegen einfiel, wurden die Polen nach Narvik geschickt, und als Frankreich an der Reihe war, schnellstens wieder dorthin zurückgerufen. Die Geschichte der Napoleonzeit, als die polnischen Truppen bis nach Spanien und San Domingo geschickt wurden, begann sich zu wiederholen.

Mit dem französischen Desaster im Mai 1940 brach die Hauptstütze der polnischen Hoffnungen in sich zusammen, und die mühevoll aufgebauten polnischen Streitkräfte wurden in den Rückzugskämpfen der Franzosen aufgerieben. Nun hing wirklich alles an einem Haar – der letzte Rückhalt in Europa für die polnische Exilregierung und die Reste der polnischen Truppen war jetzt England. Rund 30 000 Flieger, Matrosen und Infanteristen waren die ganze Mitgift, die Premierminister Sikorski Winston Churchill mitbringen konnte. Doch in der „Schlacht um England" 1940 und ein Jahr später bei Tobruk kamen sie sehr gelegen. Wie im Ersten Weltkrieg ging es auch diesmal um die Präsenz als kriegsführender Alliierter. In London knüpfte Sikorski engere Kontakte zum Präsidenten der tschechischen Exilregierung, Eduard Beneš, und sie beide kamen sogar auf die in der Zwischenkriegszeit verworfene Idee einer Föderation beider Staaten zurück. Doch den Schlüssel zur künftigen Friedensregelung besaß weder der eine noch der andere.

Hitler und Stalin hatten ihre Einflußzonen schon vor Kriegsbeginn abgesteckt, endgültig teilten sie ihre Beute am 28. September 1939 in einem „Grenz- und Freundschaftsvertrag", der eine solidarische Verteidigung der gemeinsamen Grenzen vorsah. Deutschland eignete sich 48,6 % des polnischen Staatsgebietes an mit rund 20 Millionen Einwohnern, davon 85 % Polen, die UdSSR dagegen 50 % des Territoriums mit 14,3 Millionen Einwohnern, davon 45 % Polen. Den Rest, das Gebiet Wilna, überließen die Sowjets Litauen. Damit war die vierte polnische Teilung perfekt, und die Grenzziehung war mit der der dritten von 1795 fast identisch. Wohl nicht zufällig, denn sowohl Hitler als auch Stalin betrieben eine „Großraumpolitik", von ihren Vorgängern Friedrich II. und Katharina II. unterschied sie allerdings die ganze Skrupellosigkeit totalitärer Herrschaft. Heute ist die damalige deutsch-sowjetische Demarkationslinie die polnische Ostgrenze. Damit sie auch eine ethnische Grenze wurde – als die sie Lord Curzon schon 1919 bezeichnet hatte –, mußten Millionen Menschen verschleppt, ermordet, vertrieben und ausgesiedelt werden, von Ost nach West und von West nach Ost.

Im Oktober 1939 ließ Hitler nicht nur das einstige preußische Teilgebiet Polens an das Deutsche Reich anschließen, sondern auch die westlichen Regionen des ehemaligen „Kongreßpolen". Aus dem Rest wurde ein Generalgouvernement (GG) gebildet.

In den „eingegliederten Ostgebieten" begannen sofort massenhafte Vertreibungen der polnischen Bevölkerung, angefangen mit der Intelligenz, den Grundbesitzern und den Unternehmern. Die Deportationstermine gab man erst im letzten Augenblick bekannt, und mitgenommen werden durfte nur Handgepäck. Ein Teil der schätzungsweise 700 000 Ausgesiedelten wurde zur Zwangsarbeit nach Deutschland geschickt, die übrigen ins Generalgouvernement, wobei nicht selten der gesamte Transport auf offenem Feld abgesetzt wurde. Im März 1941 führte man in den eingegliederten Gebieten vier Volkslisten ein, aufgrund derer Tausende junger Polen als Deutsche oder „Eindeutschungsfähige" in die Wehrmacht eingezogen wurden. Wer nicht durch die Volksliste „begünstigt" wurde, galt als „rassisch minderwertig" und wurde zunehmend entrechtet.

Im Generalgouvernement begann das deutsche Regiment mit öffentlichen Hinrichtungen, der Schließung der polnischen Hochschulen und Gymnasien sowie der Verschickung von 183 Krakauer Professoren nach Sachsenhausen. Das gesamte Eigentum des polnischen Staates sowie alle Unternehmen kamen unter die Verwaltung der Treuhandstelle. Von den polnischen Institutionen durften lediglich das Polnische Rote Kreuz *(PCK)*, die Allgemeine Sparkasse *(PKO)* und der Zentrale Fürsorgerat *(RGO)* weiterbestehen. Im April 1940 ließ Himmler das Konzentrationslager Auschwitz errichten, und kurz darauf traf der erste Transport mit Polen ein, die man der Konspiration verdächtigte oder einfach bei Straßenrazzien eingefangen hatte. Ebenfalls 1940 begann die Umsiedlung der jüdischen Bevölkerung in Ghettos, und im November wurde das Warschauer Ghetto mit rund einer halben Million auf engstem Raum zusammengepferchter Einwohner abgeriegelt. Generalgouverneur Hans Frank erklärte freimütig, es lohne sich nicht, sich über die Tatsache, daß man 1,2 Millionen Juden zum Hungertod verurteilte, länger auszulassen. Die Polen durften sich zwar weiter frei bewegen, doch bei jeder Übertretung der Verordnungen drohten KZ oder Todesstrafe.

Die Nazis begründeten ihre drakonische Politik gegenüber den Polen mit der rassischen Überlegenheit der Deutschen, die

Sowjets mit Klassenkampf-Argumenten: die Polen seien bourgeoise Ausbeuter, also antisowjetisch. Ostpolen wurde nach fiktiven Wahlen an die Ukrainische beziehungsweise Weißrussische Sowjetrepublik angeschlossen, und der Kampf gegen das Polentum begann auch hier mit Verhaftungswellen und Deportationen der Intelligenz und der Grundbesitzer. Schon im Herbst 1939 waren 230 000 polnische Kriegsgefangene dem *NKWD* überstellt worden, 1940 begann die planmäßige Zerstörung geschlossener polnischer Siedlungsgebiete: Im Februar 1940 wurden 220 000 Menschen nach dem Osten deportiert, im April 320 000 und unmittelbar vor dem deutschen Überfall auf die Sowjetunion 1941 weitere 300 000. Die überwältigende Mehrheit verschwand in den Lagern des *Gulag* von Workuta bis Kolyma und Magadan, wohin sie wochenlang ohne Lebensmittel und in ungeheizten Zügen unterwegs waren. Andere setzte man ohne irgendwelche Werkzeuge in den Steppen Kasachstans aus und wies sie an, Eisenbahnlinien oder Brücken zu bauen. Diesen vergessenen oder totgeschwiegenen Opfern Stalins haben im Exil Gustaw Herling-Grudziński mit „Welt ohne Erbarmen" (1953) und in Polen Jerzy Krzysztoń mit „Ein Kamel in der Steppe" (1978) ein literarisches Denkmal gesetzt.

Beide Teilungsmächte stimmten ihre „Polenpolitik" eng miteinander ab. Im März 1940 – ein bezeichnendes Datum – fand in Zakopane die erste Konferenz von Gestapo und *NKWD* zur gemeinsamen Bekämpfung der polnischen Widerstandsbewegung statt. In dieser Hinsicht war der *NKWD* jedoch effizienter als die Gestapo, da er bei der Anwerbung von Spitzeln geschickt bestehende nationale und soziale Konflikte zu nutzen wußte. Im Vergleich zum GG wurde auch der Schein einer polnischen kulturellen Autonomie gewahrt. Die Jan-Kazimierz-Universität in Lemberg nahm mit polnischen Professoren ihre Arbeit wieder auf, wurde dann aber ebenso wie die Schulen allmählich stalinisiert. Einige Zeitschriften wurden freigegeben, in denen zum Teil auch namhafte linke Schriftsteller Loblieder auf Stalin sangen und den polnischen Staat verhöhnten. Doch auch sie entgingen Repressionen, Verhaftungen und Todesurteilen nicht. 50 Jahre später entbrannte in Polen ein Streit darüber, welche Kollaboration der Schriftsteller verwerflicher war, die mit den Sowjets oder die mit den Nazis.

Natürlich veränderte der deutsche Griff nach weiterem „Lebensraum" im Osten, der Überfall auf die Sowjetunion im Juni 1941, auch die polnischen Zukunftsaussichten. Manche schwärmten, nun könne sich die Geschichte des Ersten Weltkriegs mit dem Kollaps der beiden Teilungsmächte wiederholen; die Kommunisten hofften, im Falle eines sowjetischen Sieges in Polen an die Macht zu kommen, und die Exilregierung setzte weiterhin auf die westlichen Alliierten. Die Anti-Hitler-Koalition verzeichnete einen Neuzugang, nur daß dieser soeben noch Hitlers Partner und Nutznießer des „Teufelspakts" gewesen war.

Vor den Polen lag ein schwerer Weg. Anfang Juli 1941 nahm Sikorski in London Gespräche mit dem sowjetischen Botschafter Majski auf. Und wieder begann ein Poker um Polens Zukunft oder eigentlich um seine Grenzen. Anfangs bestand Sikorski auf einer Bestätigung des Vorkriegsstatus durch die Sowjets, doch angesichts ihres Widerstands und unter dem Druck der Engländer stimmte er einer Formel zu, mit der nur die Teilungsverträge von 1939 für nichtig erklärt wurden. Dies schien ausreichend zu sein, doch gegen Stalins Taktik reichte es nicht aus. Wieder einmal hing für Polen alles vom Frontverlauf und den Interessen der Alliierten ab, die sich mit den polnischen nicht unbedingt deckten. Polen wollte seine Entität zurückgewinnen, die Alliierten wollten die UdSSR in der Koalition halten – auch um den Preis einer Neueinteilung der Einflußzonen in Europa. Wieder war Polen nur ein Bauer in diesem Schachspiel. „Es gibt keinerlei Grenzgarantien", antwortete Außenminister Eden auf eine Anfrage im britischen Parlament, und in der englischen Presse überlegte man 1941 laut, daß nur Deutschland oder Rußland in Zukunft die Führungsrolle in Osteuropa zufallen könne, nicht etwa den Vereinigten Staaten oder England. Es wäre ein fataler Fehler, die Politik von Versailles zu wiederholen, ein „beachtenswerteres" Modell sei dagegen auf dem Wiener Kongreß 1815 entworfen worden. Sollten etwa alle polnischen Anstrengungen der letzten Jahrzehnte und der verlustreiche Widerstand gegen Hitler nur dahin führen, wogegen man sich immer wieder aufgelehnt hatte? Nur weil es in London, Paris, Berlin, Washington oder Moskau so vorbestimmt wurde?

Der deutsch-sowjetische Krieg bedeutete für die polnische Bevölkerung im Osten zunächst eine weitere Verfolgungswelle, denn vor seinem Rückzug brachte der *NKWD* Tausende von Häftlingen in Lemberg, Wilna und anderen Städten um. Durch die Aufnahme diplomatischer Beziehungen zwischen der polnischen Exilregierung und Stalin sollte sich das Schicksal der Polen in der UdSSR jedoch verbessern. Die Grenzfrage blieb offen, dafür aber wurde die Aufstellung einer polnischen Armee in der UdSSR gestattet. Tausende strömten aus den Gefängnissen und Lagern in die Gebiete, in denen sich die polnische Armee formierte. Nicht alle Polen ließ man frei, viele wurden bewußt in die Irre geführt. Trotzdem kamen Hunderttausende – bis auf die 15 000 Offiziere, die 1939 in drei Lagern interniert gewesen waren und im April 1940 vom *NKWD* ermordet wurden. Alle Fragen nach ihnen beantwortete Stalin ausweichend.

Mit dem gerade aus der Lubjanka entlassenen Oberbefehlshaber dieser Armee, General Władysław Anders, spielten die sowjetischen Stellen unentwegt Katz und Maus – um alles, Mannstärke, Ausrüstung, Bewaffnung und Verpflegung. Stalin drängte auf schnellstmögliche Verlagerung einzelner Einheiten an verschiedene Frontabschnitte, der polnischen Führung dagegen lag an einem geschlossenen Einsatz der Armee, wollte sie doch ihre Stellung als gleichberechtigter Alliierter wahren. Als die Spannungen zunahmen, schlug Churchill die Verlagerung eines Teils der Anders-Armee in den Iran vor als Ersatz für die ihm nicht ganz geheueren dort stationierten sowjetischen Einheiten. Gleichzeitig stimmte Stalin der Aufnahme von Ukrainern, Weißrussen und Juden polnischer Staatsangehörigkeit in die Anders-Armee nicht zu. Der Konflikt gärte weiter. Schließlich strich Stalin kurzerhand die Lebensmittelkontingente für die polnische Armee auf ein Drittel zusammen und ließ Anders mit den restlichen 44 000 Soldaten und 12 000 Zivilisten in den Iran ziehen.

Somit hatte Stalin zwei Fliegen mit einer Klappe geschlagen: Im eigenen Herrschaftsbereich war er den polnischen „Spielverderber" losgeworden, und im Westen konnte er ihn auch noch als unsicheren Kantonisten anschwärzen. Er hatte nämlich seine eigenen Vorstellungen von der nächsten Flurbereinigung in Ostmitteleuropa, die er Eden im Dezember 1941, als die Deutschen noch vor Moskau standen, auch bereits mitgeteilt hatte: Eine „geeignete Grundlage für die künftige russisch-polnische Grenze" bilde die Curzon-Linie, und Ostpreußen solle an Polen „abgetreten" werden.

Stalingrad markierte auch im polnisch-sowjetischen Verhältnis einen Wendepunkt. Für den Westen war Stalin nun der wichtigste Partner, und Polen, das immer noch auf seine Rechte pochte, stand ihm zunehmend im Wege. Es wurde einsamer um die Exilregierung. Auch die Gespräche zwischen Sikorski und Beneš über eine mögliche mitteleuropäische Föderation waren unter dem Einfluß des Kreml an einem toten Punkt angelangt. Die polnischen Argumente, angesichts der Dominanz der Sowjetunion müsse ein Gegengewicht in Ostmitteleuropa geschaffen werden, trafen nicht auf Verständnis, man unterstellte den Polen vielmehr „imperiale" Allüren. Selbst die amerikanische Regierung begann, ihre Wünsche mit der Wirklichkeit zu verwechseln. So wollte Präsident Roosevelt Sikorski davon überzeugen, daß „Rußland zu einer Entwicklung in Richtung Demokratie verurteilt ist". Aus heutiger Sicht könnte man sagen, daß er letztendlich recht hatte, damals klang es wie ein Hohn.

Anfang 1943 waren die polnisch-sowjetischen Beziehungen fast am Gefrierpunkt angelangt, die sowjetische Presse machte wieder Stimmung gegen die polnische Exilregierung, die nicht die „wahre polnische Öffentlichkeit" vertrete. Das war ein Signal, daß Stalin seine eigene „Exilregierung" für Polen zu gründen gedachte. Etwa zur gleichen Zeit schrieb die „Times", nach Kriegsende werde die Grenze zwischen der englischen und der sowjetischen Einflußzone in Europa entlang der Oder verlaufen. Das polnische Spiel schien verloren. Jetzt fehlte nur noch das große Finale.

Im April 1943 meldete der deutsche Rundfunk die Entdeckung von Massengräbern tausender polnischer Offiziere in Katyń und beschuldigte die Sowjets dieses Verbrechens, die dies sofort als üble Verleumdung zurückwiesen und ihrerseits den Deutschen die Schuld an dem Massaker gaben. Die polnische Exilregierung geriet in eine furchtbare Lage. Stillschweigend über Katyń hinweggehen konnte sie nicht, und Stalin blind Rückendeckung geben wollte sie nicht. Also bat sie das Internationale Rote Kreuz, die Leichenfunde zu untersuchen, sprach aber gleichzeitig in einem Kommuniqué dem Dritten Reich das Recht ab, propagandistischen Nutzen aus diesem Verbrechen zu ziehen, indem sie nochmals an den deutschen Völkermord an der polnischen und jüdischen Bevölkerung erinnerte.

Ähnlich wie schon im Mai 1939 ging es nur noch um Wahrheit und Ehre, denn politisch konnte die polnische Regierung nur noch verlieren – und das tat sie auch. Wenige Tage später brach Stalin die Beziehungen zur Sikorski-Regierung ab, Churchill bemängelte die allzu große Eile des polnischen Premiers, die „die Toten auch nicht wieder lebendig macht", ersuchte aber den sowjetischen Diktator, seine Entscheidung noch einmal zu überdenken. So bat also Polens Hauptverbündeter, der seinetwegen in den Krieg gezogen war, den Urheber des Katyń-Verbrechens und Mitverantwortlichen am Zweiten Weltkrieg, er möge seinem Opfer doch nicht zürnen. Stalin tat ihm den Gefallen nicht, sondern legte Churchill nahe, die polnische Regierung „auszubessern", denn Sikorski habe schließlich sowieso keine Chance, nach dem Krieg die Regierung in Polen zu übernehmen.

Und die hatte er tatsächlich nicht. Nicht wegen der militärischen Kräfteverhältnisse und der geplanten Aufteilung Europas in Einflußzonen, durch die Polen unter Stalins Fittiche gelangen sollte, sondern weil General Sikorski am 4. Juli 1943 bei einem nie geklärten Flugzeugabsturz in Gibraltar ums Leben kam.

VI

1943 glaubte die Londoner Exilregierung außer ihrer Recht-
mäßigkeit noch einen wichtigen Trumpf gegenüber den Alliierten in der Hand zu haben: den Untergrundstaat in den von
den Deutschen besetzten Gebieten, der unmittelbar nach der
September-Niederlage entstanden war und seit 1941 das gesamte
Vorkriegspolen umfaßte. Die Delegierten der Londoner Exilregierung galten im Lande allgemein als die einzige legale
staatliche Autorität, deren Beschlüssen sich die Mehrheit der
politischen und militärischen Untergrundorganisationen unter-
ordnete. Trotz des deutschen Terrors – schon wegen der Teilnahme am verbotenen Schulunterricht konnte man nach Auschwitz geschickt werden – gab es ein gut organisiertes geheimes
Schul- und Hochschulsystem, eine Untergrundpresse, eine Gerichtsbarkeit, einen Nachrichtendienst, eine ausgeklügelte In-
frastruktur zur Unterstützung der Illegalen und Verfolgten und
vor allem die Heimatarmee *(AK)*, zu der sich 1942 der nicht-
kommunistische militärische Widerstand zusammenschloß. Die
AK wurde mitgetragen von der *Crème* der Vorkriegsjugend, deren Ethos des Widerstands Aleksander Kamiński in seinem Anfang 1944 im Untergrund erschienenen – und in den achtziger
Jahren erneut von der *Solidarność*-Jugend verschlungenen –
Buch „Steine auf die Schanze" wiedergab. Der Titel knüpft an
Słowackis „Testament" an, in dem er die Nachgeborenen be-
schwört, niemals die Hoffnung aufzugeben, „dem Volk das
Licht der Erkenntnis voranzutragen" und – wenn nötig – dafür
zu fallen, „wie Steine, die von Gott geschleudert auf die Schanze". Der Glaube an sich selbst und an eine höhere Gerechtigkeit
ließ die *AK*-Jugend die „ganze sie umgebende Wirklichkeit als
etwas sehr Irreales und Vorübergehendes ansehen", schrieb
Kamiński, und der „Literaturpapst" Kazimierz Wyka nannte
dieses polnische Dasein zwischen Massenerschießungen, Gesta-

po-Folter, Geiselnahmen, Straßenrazzien und Zwangsarbeit „Leben als ob". Ungebrochenes Pathos, heitere Nachdenklichkeit und bitterer Witz zeichnete diese Generation aus, der die jungen Dichter Krzysztof Kamil Baczyński oder Tadeusz Gajcy ihre Stimme gaben, bevor auch sie im Warschauer Aufstand auf der „Schanze" fielen.

Von dieser polnischen Wirklichkeit durch eine Mauer getrennt lag eine zweite, völlig unbeschreibliche Welt – die Ghettos, in denen die Juden gegen Hunger, Kälte, Seuchen und die Grausamkeit der deutschen Besatzer einen hoffnungslosen Kampf um das alltägliche Überleben führten. Bis 1942, als mit der „Endlösung" die Juden planmäßig aus den Ghettos in die Gaskammern von Treblinka, Auschwitz, Bełżec und Majdanek deportiert wurden. Das „jüdische Dasein" jener Zeit symbolisieren die Schicksale von Janusz Korczak, der seine Waisenkinder in den Tod begleitete, und von Adam Czerniaków, dem Vorsitzenden der Jüdischen Gemeinde in Warschau, der Selbstmord beging, um den Transport dieser Kinder nach Treblinka nicht eigenhändig bereitstellen zu müssen.

Gemessen daran, schien die polnische „Unwirklichkeit" geradezu „normal". Marek Edelman, einer der wenigen Überlebenden des Warschauer Ghetto-Aufstands, erzählte später, wie sehr sich seine Jüdische Kampforganisation (ŻOB) nach den Bedingungen des polnischen Widerstands gesehnt habe. Als sich in der Karwoche 1943 eine Handvoll jüdischer Widerstandskämpfer gegen SS-Einheiten zur Wehr setzte, ging es nur um eines – um die freie Wahl, würdevoll zu sterben. Die Aufständischen hißten neben der jüdischen auch die polnische Fahne, ein Symbol, das von nicht wenigen Polen verstanden wurde, doch einzelne Versuche, einen Mauerdurchbruch zu sprengen und die Kämpfenden noch mit Waffen zu unterstützen, scheiterten.

Es stecken viele bittere Wahrheiten im gängigen Bild von der Passivität der Polen angesichts des *Holocaust*, aber völlig falsche Vorstellungen über die realen Möglichkeiten zur Hilfeleistung während der Besatzungszeit. Der Historiker Szymon Datner, Mitglied der Widerstandsorganisation im Ghetto von Białystok, sagte dazu: „Die meisten Polen haben sich den Juden gegenüber passiv verhalten. Diese Haltung erklärt sich aus dem herrschenden Terror und der Tatsache, daß die Polen ebenso gezielt und massiv getötet wurden. Die Passivität halte ich für berechtigt in einer Situation, in der jede Tat Heldenmut erfordert. Ich verurteile die Gleichgültigkeit, die auch zu beobachten war. Schließlich gab es noch zwei aktive Gruppen. Zum einen waren es jene, die Juden denunzierten, beraubten und mordeten; zum anderen die, die Juden versteckten und unterstützten. Die zweite Gruppe war größer und für die polnische Bevölkerung wie für den polnischen Widerstand repräsentativer. Der ersten war mehr Erfolg beschieden. Wir vergessen häufig, daß man, um einen einzigen Juden zu retten, mehrere Menschen und eine lange Zeitspanne, meistens einige Jahre, benötigte. Um einen Juden zu verraten, genügte ein Mensch und ein kurzer Augenblick. Zudem blieben viele Rettungsversuche erfolglos, das heißt, der Jude wie der Pole kamen um – und wurden in die positive Statistik nicht aufgenommen." Die ganze Komplexität des polnisch-jüdischen Verhältnisses, die „Schuld der Gleichgültigkeit" während des *Holocaust*, die bittere „Rivalität des Leidens", aber auch die schmerzende Lücke nach der durch den Genozid zerstörten „inneren Nachbarschaft" kam in Polen immer wieder in heftigen Debatten zur Sprache, ausgelöst in den fünfziger Jahren unter anderem von Jerzy Andrzejewskis „Warschauer Karwoche" und in den achtzigern von Czesław Miłosz' Gedichte und Essays.

Das Jahr 1943 war auch der Höhepunkt der „Flurbereinigung" in den besetzten Gebieten. Bevor die „Realpolitik" der Alliierten Polens Grenzen endgültig neu zog, waren im Schatten des großen Krieges viele lokale, blutige und wie alle anderen widerwärtige Fehden im Gange, die vom Besatzer geschickt geschürt, aber von tief verwurzelter nationaler, religiöser und sozialer Zwietracht genährt wurden. Im ehemaligen Ostpolen begann der letzte Akt der blutigen Entflechtung von Ukrainern und Polen, zweier so miteinander verschwisterter Völker, daß nicht selten von zwei Brüdern der eine überzeugter Pole – wie General Stanisław Szeptycki – und der andere überzeugter Ukrainer – wie der Lemberger Metropolit Andrzej Szeptycki – war. Ein derart eng verwobenes Völkergemisch läßt sich nur entzerren, wenn man der historischen Tradition, dem Gewissen und der Identität unzähliger Menschen Gewalt antut.

Obwohl der Konflikt seit langem gärte, empfanden die meisten Ukrainer den sowjetischen Einmarsch nach Ostpolen nicht unbedingt als Erfüllung ihrer nationalen Aspirationen. Nach dem Einzug der Deutschen 1941 setzten einige Gruppen auf die Gründung eines ukrainischen Satellitenstaates an der Seite des Dritten Reichs, doch die Deutschen gliederten Ostgalizien an das Generalgouvernement an. Dafür aber rüsteten sie ukrainische „Hilfswillige" aus, die Anfang 1943 mit der Parole „Polen hinter den San" die gewaltsame „Entpolonisierung" dieses Gebiets fortsetzten. Von der alten polnisch-sowjetischen Grenze schob sich ein Steppenbrand nach Westen, ein polnisches Dorf nach dem anderen wurden von ukrainischen Einheiten umzingelt, seine Bewohner in der Kirche eingeschlossen und die Kirche angezündet – nach dem altbekannten Muster von Chmielnickis Kosakenkriegen im 17. Jahrhundert. Wieviel nagender Groll gegen die „polnischen Herren", wieviel Verrohung durch den Krieg und wieviel deutsche und sowjetische Provokation hier im Spiel waren, ist nicht mehr feststellbar. Die Gemetzel der Ukrainer mobilisierten die *AK* in Wolhynien und Podolien zur Selbstverteidigung und Rache. Später suchten beide Seiten einander beim Herausstreichen der erlittenen Greuel und der Heroisierung der eigenen Untaten zu übertreffen, so daß lange Zeit ein polnisch-ukrainischer Dialog unmöglich erschien. „Der Haß fraß sich in die Herzen und vergiftete der Brüder Blut", wie Henryk Sienkiewicz einst in seinem großen Epos „Mit Feuer und Schwert" geklagt hatte.

Man könnte einwenden, daß auch in den Jahren 1918 bis 1921 die Stärke darüber entschied, ob Lemberg polnisch oder ukrainisch werden und wem Wilna zufallen würde, doch damals hatte noch niemand die Vertreibung von Millionen Menschen aus ihrer Heimat und ihre Verfrachtung über Hunderte von Kilometern in Wohnungen, aus denen gerade Millionen anderer vertrieben worden waren, vorausgesehen. Seit Stalin und Hitler diese Methode an den Polen ausprobiert hatten, verbreitete sie sich wie eine Seuche.

Mit dem sowjetischen Vormarsch 1943 betraten auch die polnischen Kommunisten die Bühne. Wer sie in der polnischen Geschichte waren – Retter oder Verräter –, darüber wird heute gestritten. Im Vorkriegspolen galten sie als Agenten Stalins und landeten in den Gefängnissen, Stalin dagegen waren sie so suspekt, daß er 1938 die Kommunistische Partei Polens *(KPP)* durch die Komintern auflösen und ihre Spitzenfunktionäre liquidieren ließ. Nach dem sowjetischen Einmarsch 1939 schien ihre Stunde gekommen zu sein, doch nicht sie wurden die Hausherren in den sowjetisch besetzten Gebieten. Während seines Pokers mit Sikorski hielt Stalin „seine Polen" im Hintergrund, doch sofort nach dem Abbruch der Beziehungen hob er den „Verband polnischer Patrioten" *(ZPP)* aus der Taufe, der alsbald eigene Truppen unter Oberst Zygmunt Berling aufstellte. Und im besetzten Polen tauchte ein gewisser Bolesław Bierut auf, der den Auftrag hatte, die 1942 gegründete Polnische Arbeiterpartei *(PPR)* im Sinne Moskaus zu kontrollieren, und – laut einem 1953 in den Westen geflohenen hohen polnischen Geheimdienstoffizier – auch *AK*-Leute an die Gestapo ausgeliefert haben soll. Schon kurze Zeit später mußten sich die polnischen Kommunisten entscheiden, was sie werden wollten: Stalins blindes Werkzeug oder das „Kissen zwischen dem sowjetischen Schlagstock und dem polnischen Hinterteil", wie einige später hinter vorgehaltener Hand zu sagen pflegten. In den nächsten Jahrzehnten sollten sie ausgiebig Gelegenheit haben, diese Rollen auszuprobieren.

Der Tod von General Sikorski kam den Alliierten womöglich nicht ganz ungelegen. Mit ihm fiel ein Politiker weg, der die Kontinuität des polnischen Widerstands vom ersten Kriegstag an symbolisierte, wenn auch nur als Verbündeter „zweiter Klasse". Sein Nachfolger Stanisław Mikołajczyk, ein kaum bekannter Bauernpolitiker, der von den westlichen Verbündeten gönnerhaft und von Stalin verächtlich behandelt wurde, hatte einen ungleich schwereren Stand, und das in einem Moment, in dem die Alliierten zu siegen begannen. Damit die Sowjetunion nicht etwa einen Separatfrieden mit dem Dritten Reich schloß – immerhin trug sie die Hauptlast der Kämpfe –, setzten sich die Westmächte über die Interessen Polens hinweg und stimmten einer sowjetischen Hegemonie in Ostmitteleuropa nach dem Krieg zu. Polen sollte der Preis sein, mit dem man den sowjetischen Diktator bei Laune hielt. Nur seine genaue Höhe stand noch nicht fest. Und darüber verhandelte man hinter dem Rücken der immer stärker isolierten polnischen Exilregierung. Mikołajczyk wußte nicht, daß im November 1943 in Teheran die „Großen Drei" den Polen eine „Heimstätte" zwischen der Curzon-Linie und der Oder zudachten und auch bereits einen „Bevölkerungsaustausch" ins Auge faßten. Später versuchten Churchill und Stalin mit der Genauigkeit von Apothekern, den britischen und sowjetischen Einfluß in einzelnen Staaten abzuwägen: In Bulgarien 75 % für die Sowjets und 25 % für die Briten oder doch lieber 90:10? Und so der Reihe nach – Griechenland, Jugoslawien, Rumänien, Ungarn . . . Und Polen? Polen an sich war nicht so wichtig, gab Harry Hopkins, Roosevelts persönlicher Berater, unumwunden zu, es war für den Westen nur „ein Testfall für unsere Fähigkeit, unsere Probleme mit der Sowjetunion zu lösen". Nur wie?

Stalin ging methodisch vor. Anfang 1944 überschritten die sowjetischen Truppen die alte polnisch-sowjetische Grenze, und in Warschau wurde ein von den Kommunisten dominierter Landesnationalrat *(KRN)* unter Bieruts Vorsitz installiert. Etwa zur gleichen Zeit schlug Mikołajczyk Churchill vor, in die strategischen Pläne der Alliierten eine *AK*-Aktion unter dem Kryptonym „Sturm" aufzunehmen, deren Ziel die Befreiung des polnischen Staatsgebietes unmittelbar vor dem Einzug der Russen war. Die Alliierten reagierten ausweichend, doch die britische Zensur strich daraufhin jegliche Erwähnung der Zugehörigkeit von Wilna und Lemberg zu Polen in der Presse. Die Grenzen des Möglichen gewannen Konturen.

Für einen Moment konnten sich die Polen im Westen noch einmal in Erinnerung rufen. Im April 1944 eroberte das von Nordafrika nach Italien verlegte Zweite Korps von General Anders Monte Cassino, womit es den Alliierten den Weg nach Rom frei machte. Geblieben ist davon ein Friedhof mit fast 1000 Gefallenen und ein wehmütiges Lied vom roten Mohn, über den die Soldaten stürmten, bevor sie fielen. Einige Monate später sollte

Churchill General Anders sagen, er könne seine Armee einpacken, sie werde nicht mehr gebraucht.

Das ganze Jahr 1944 hindurch kämpften die Londoner Exilregierung und die Heimatarmee für eine verlorene Sache. Die Taktik war einfach: Wo sich die Deutschen zurückzogen, besetzten polnische Einheiten die Dörfer und Städte, wie schon 1918. Nur daß damals alle Teilungsmächte gleichzeitig zusammenbrachen, während diesmal eine von ihnen als Sieger einmarschierte. Und ausgerechnet zu ihr unterhielt die legale Regierung keine diplomatischen Beziehungen. Das Drama wiederholte sich mit fast monotoner Regelmäßigkeit, zuerst in kleineren Orten, dann in Wilna und Lemberg: Die *AK* besetzte die Stadt, daraufhin rückte die sowjetische Armee ein, die sowjetischen Offiziere bedankten sich für die „tatkräftige Unterstützung", die *AK*-Offiziere wurden zum Bankett gebeten und die Soldaten zur Umrüstung auf sowjetische Waffen. Danach verschwanden die Offiziere in Sibirien, und die Soldaten durften wählen: Entweder sie traten in die Berling-Armee ein oder landeten ebenfalls im *Gulag*. Nicht immer machten sich die Sowjets so viel Umstände, häufig endete die Begegnung der Ex-Alliierten mit einem Gemetzel und der Verhaftung ganzer Einheiten der *AK*, die dann oft schlechter als deutsche Kriegsgefangene behandelt wurden. In diesem Klima überschritt die sowjetische Armee am Tag des Attentats auf Hitler die Curzon-Linie. „Seine" Hälfte Polens hatte Stalin jetzt wieder, nun ging es um den Rest.

Am 22. Juli wurde in Chełm, der ersten von der Roten Armee westlich der Curzon-Linie eroberten Stadt, vom „Verband polnischer Patrioten", der *PPR* mit ihrem Generalsekretär Władysław Gomułka und „fortschrittlichen" Vertretern anderer Parteien ein prosowjetisches „Polnisches Komitee der Nationalen Befreiung" *(PKWN)* ausgerufen, das sogleich ein „Manifest" herausgab, in dem nichts von Unabhängigkeit stand, dafür aber einiges über soziale Gerechtigkeit, eine Bodenreform, die Rache an den Deutschen, „polnische Grenzpfähle an der Oder" und die Illegalität der Londoner „Usurpatoren". Die Situation war paradox: Das inzwischen nach Lublin umgezogene *PKWN* hatte nicht die Unterstützung der Bevölkerung, war aber im Lande.

Die Londoner Exilregierung hatte sie, war aber weit weg. Die Engländer protestierten schwach und baten Stalin, sich doch einmal mit Mikołajczyk zu treffen.

Inzwischen drängte die Rote Armee weiter nach Westen und näherte sich rasch den Toren Warschaus. Der sowjetische Rundfunk rief die Warschauer zum Kampf gegen den deutschen Okkupanten auf, und die Stadt, voller Tatendrang, brach tatsächlich am 1. August in einen Aufstand aus, nur nicht in den, den Stalin wollte.

Die Londoner Exilregierung legte ihre letzte Karte auf den Tisch – die Selbstbefreiung der Hauptstadt. Der Warschauer Aufstand sollte ihr Trumpf in den Verhandlungen zwischen Mikołajczyk und Stalin sein, die am 3. August tatsächlich begannen. Es war eine sehr gewagte Entscheidung, denn die leichten Waffen der *AK* reichten nur für wenige Tage. Kam der Aufstand zu früh, mußte er scheitern, kam er zu spät, hätte er keine Bedeutung mehr für die anrückenden Russen gehabt, wäre er überhaupt nicht ausgebrochen, hätte Stalin das Argument gehabt, die Untergrundarmee stehe nur Gewehr bei Fuß und wolle nicht gegen die Deutschen kämpfen, oder gar, es gebe sie überhaupt nicht. Obwohl die „Londoner" das Schicksal der *AK* in Wilna und Lemberg kannten, mußten sie demonstrieren, wer tatsächlich die polnische Gesellschaft hinter sich hatte. Statt weniger Tage dauerte der Aufstand zwei Monate, kostete weit über 200 000 Menschenleben und endete mit der von Hitler angeordneten systematischen Zerstörung der polnischen Hauptstadt.

Die Trumpfkarte der legalen polnischen Regierung in der Partie mit Stalin erwies sich jedoch als Lusche, denn sie hatte die falsche Farbe ausgespielt. Die westliche Presse überging den Aufstand, und der Bitte der Exilregierung, eine polnische Fallschirmjägerbrigade – die später bei Arnheim sinnlos verheizt wurde – von England nach Warschau zu schicken, wurde nicht entsprochen. Da es für Stalin der „falsche" Aufstand war, tat er alles, um eine wirksame Hilfe der westlichen Alliierten aus der Luft zu unterbinden, ließ die sowjetischen Panzerverbände vor Warschau Halt machen und wartete ab, ob die Deutschen diesmal die schmutzige Arbeit für ihn erledigen würden. Bei den Gesprächen in Moskau dagegen verlangte er von Mikołajczyk die Anerkennung der Curzon-Linie und verwies den „Londoner" Premier im übrigen an die bereits von ihm als polnische Regierung anerkannten „Lubliner". Zu einem „runden Tisch" der beiden kam es zwar, aber die Gegensätze zwischen ihnen hinsichtlich der Ostgrenze, der Unabhängigkeit Polens von der Sowjetunion und der polnischen Verfassung waren unüberbrückbar. Daher wollte Mikołajczyk sich auch nicht auf Bieruts Vorschlag einlassen, eine Regierung der nationalen Einheit mit ihm selbst als Premier und letzterem als Präsidenten zu bilden.

Ebenso wie die polnischen Teilungen, die beiden Aufstände im 19. Jahrhundert und der September 1939 ist auch der Warschauer Aufstand bis heute ein Angelpunkt in den polnischen historischen Debatten. Es geht in ihnen nicht etwa darum, längst verlorene Schlachten nachträglich zu gewinnen, sondern um die Frage, ob es einen „Wiederholungszwang" in der polnischen Geschichte gibt und wie man aus dem „Schraubstock" der polnischen Geographie ausbrechen könnte. Der Streit um den Warschauer Aufstand begann schon im Sommer 1944, doch wenn man ihn von allen konjunkturellen Argumenten befreit, bleibt die Kernfrage übrig: Mit welchen Mitteln konnte Polen sich eigentlich gegen rücksichtslose Fremdbestimmung wehren und ein Schachern nicht nur um sein Territorium, sondern auch um seine Regierungsform noch abwenden? Manche werfen der Exilregierung vor, sie habe zu leichtfertig das Schicksal der Hauptstadt, seiner Bevölkerung und der gesamten *AK* aufs Spiel gesetzt. Ihre Verteidiger entgegnen darauf, dieser Aufstand habe – rational gesehen – weit größere Chancen gehabt als der von 1831 oder 1863, zudem seien die Polen 1944 eine Staatsnation gewesen, die über eine eigene Armee und Verbündete verfügte, auch wenn sie zu einer Selbstbefreiung von den Besatzern weder 1939 noch 1944 fähig war. Und letztendlich solle man die Schuld nicht beim Opfer suchen, sondern bei den Tätern – vor allem Hitler, aber auch Stalin, dem die Westmächte kleinlaut freie Hand in Polen ließen.

In der polnischen Literatur hat dieser Aufstand eine tiefe Spur hinterlassen – von Portäts der *AK*-Jugend in Miłosz' „Das Gesicht der Zeit" bis zu der radikal pietätlosen Schilderung des Alltags in Miron Białoszewskis „Erinnerungen aus dem Warschauer Aufstand". Einerseits schöpften die Nachgeborenen Mut aus dem Bewußtsein, daß der Aufstand den Sowjets die Grenzen ihrer Verfügungsgewalt über Polen gezeigt hatte; andererseits bedeutete die völlige Zerstörung Warschaus nach dem endgültigen Verlust der alten Kulturhauptstädte Wilna und Lemberg auch eine enorme Verstümmelung der kulturellen Substanz, und die Tausende in Warschau gefallenen jungen Menschen sollten in den kommenden Jahrzehnten bitter fehlen. Deshalb lassen sich Sinn und Unsinn dieses Aufstands auch schwer ermessen.

Bleibt noch zu überlegen, ob es für Polen damals einen „finnischen Weg" hätte geben können; schließlich fand Finnland trotz Territorialverlusten nach zwei Kriegen gegen die UdSSR noch zu einem Arrangement mit Stalin. Dagegen spricht zum einen, daß die Gefügigkeit von Beneš die Tschechoslowakei auch nicht vor einer Stalinisierung bewahrt hat, die sogar noch rigoroser ausfiel als in Polen; und zum anderen stand Polen – im Unterschied zu Finnland – den alten imperialen Ambitionen Rußlands im Wege und war für die Rote Armee Durchmarschgebiet auf ihrem Weg nach Berlin. So war das „Lubliner Polen" auch ein „Garnisonsstaat", wie selbst Edward Ochab, 1956 Erster Sekretär der regierenden *PZPR*, später zugab. Die Rote Armee beherrschte das Land, und der *NKWD* bekämpfte die „Banden", verhaftete die Vertreter der *AK* und des Untergrundstaates und hatte auch in der Führung der *PPR* und der Staatssicherheit das Sagen. Die Frage nach dem Grad der Souveränität der polnischen Kommunisten erübrigt sich, wenn man heute von ihnen erfährt, welche Angst sie vor dem sowjetischen Diktator hatten, wie blind sie ihm vertrauten und wie allgegenwärtig seine „Berater" waren, die häufig die kommunalen Behörden einsetzten und für ihre Schützlinge entschieden.

Doch darf man nicht übersehen, welche moralische Krise die Warschauer Niederlage der *AK* auslöste, daher war die Zahl der „Überläufer" zu diesem „Garnisonsstaat" nicht eben gering. Nicht unbedingt aus Opportunismus oder Zynismus, sondern aus dem Gefühl heraus, wenn sich schon Vorkriegspolen nicht behaupten und keine „gläsernen Häuser" zu bauen vermochte, dann hieß das wohl, daß der „Weltgeist" auf seiten Stalins war. Dieser „Hegelsche Biß" – wie Miłosz sagte – trieb nicht wenige Intellektuelle in die Arme der Kommunisten. Der bis zum letzten Moment andauernde deutsche Terror und die Demoralisierung durch die Niederlage des Jahres 1944 hatten zur Folge, daß viele die Ankunft der Roten Armee ungeduldig erwarteten. Sie kam als „befreiender Besatzer", mit dem Schein der Normalität und mit der Wirklichkeit der Gewaltherrschaft – Freude und Ablehnung, Erleichterung und Angst waren miteinander vermischt. Die Schulen und Hochschulen wurden wieder geöffnet und zugleich ein Staat im Staate vom *NKWD* aufgebaut, Kinder geherzt und Frauen vergewaltigt, die Waffenbrüderschaft mit der Sowjetarmee gepriesen und Untergrundeinheiten erschossen, eine Bodenreform angekündigt und ganze Fabriken demontiert und in die Sowjetunion abtransportiert.

Die „Lubliner" beeilten sich. Ihre Hauptstütze waren zwar Stalin und seine Rote Armee, aber sie nahmen ihre Rolle ernst, wollten keine Strohmänner werden, sondern tatsächlich das Regiment im „Garnisonsstaat" übernehmen. „Einmal eroberte Macht werden wir nie wieder abgeben", pflegte Władysław Gomułka zu sagen. Das *PKWN* berief sich auf die Verfassung von 1921, aber juristisch gesehen, war es ein Usurpator, der die Kontinuität der polnischen Staatlichkeit unterbrach, und natürlich spielte in ihm die *PPR* die erste Geige. Die Kommunisten wußten nicht genau, wohin die Reise führte; für nicht wenige war ein künftiger Anschluß Polens an die Sowjetunion ziemlich „natürlich", andere dachten an einen „polnischen Weg zum Sozialismus". Auch ihre politischen Biographien waren recht uneinheitlich. Zuerst dominierten diejenigen, die aus der Sowjetunion gekommen waren, später stießen dann jene zu ihnen, die den Krieg im Generalgouvernement verbracht hatten.

Ihr Regiment begannen sie mit der Zwangsrekrutierung zur Berling-Armee und einer Bodenreform in ihrem „Herrschaftsgebiet" zwischen Bug und Weichsel. Auf diese Weise hofften sie, die armen Landarbeiter an sich zu binden und eine „Massenbewegung" aus dem Boden zu stampfen. Die Parzellierung des

Großgrundbesitzes wurde zu einem militärischen Unterneh-men, denn sie provozierte den Widerstand der „Londoner" Un-tergrundverwaltung. Der nun beginnende Bürgerkrieg gegen die *AK* wurde unter der Parole eines Kampfes gegen die „Reaktion" geführt.

Auch wenn *NKWD* und sowjetische Armee den größten An-teil an der Zerschlagung des „Londoner" Untergrundstaates hat-ten, waren die „Lubliner" keineswegs bloße Zuschauer. Im Ok-tober 1944 kam es zur „Wende", massenweise wurden Deutsche, Großgrundbesitzer und die „terroristischen Banden der *AK*" verhaftet. Ein Räderwerk der physischen und psychischen Folter wurde in Gang gesetzt, das schon bald polnische Mitglieder der Widerstandsbewegung in dieselben Todeszellen wie NS-Kriegs-verbrecher werfen sollte. So auch Kazimierz Moczarski, der jah-relang eine Zelle mit Jürgen Stroop teilte und in seinem Buch „Gespräche mit dem Henker" den Verantwortlichen für die Li-quidierung des Warschauer Ghettos porträtierte.

Die „Lubliner" verfügten zwar über einen Herrschaftsbe-reich, aber seine Grenzen waren – abgesehen von der Curzon-Linie – unklar, und ihre internationale Legitimität mehr als frag-lich. Churchill setzte Mikołajczyk unter Druck, weil er meinte, nur ein Nachgeben in der Grenzfrage könne die innere Souverä-nität Polens wenigstens zum Teil retten. Nur wie? In Jalta ver-ständigten sich die „Großen Drei" sowohl in der Frage der polni-schen Grenzen als auch der Regierung auf ziemlich allgemeine Formulierungen, es war von einem „beachtlichen territorialen Zuwachs" Polens im Norden und Westen die Rede, von einer Regierungsumbildung „auf breiter demokratischer Basis" und von den „freien und uneingeschränkten Wahlen". Im Juni 1945 kam es in Moskau wiederum zu einem polnisch-polnischen „runden Tisch", bei dem ein *Gentlemen's Agreement* ge-schlossen wurde – zuerst eine Koalition der „Lubliner" mit den „Londonern" und danach die Wahlen. Wie zum Hohn fand dort zur selben Zeit ein Schauprozeß gegen 16 aus Polen gekidnappte Führer des polnischen Untergrunds statt. Die Westmächte drückten ein Auge zu, befanden ihre Bedingungen für erfüllt, und die polnische Frage rückte langsam in den Hintergrund. Da

107

aber die „Demokratie" in Polen weiterhin labil war, hielten sie sich in der Grenzfrage nun eher bedeckt, so daß dann Stalin in Potsdam die polnischen Ansprüche auf die Lausitzer statt auf die Glatzer Neiße vertrat und als Garant für die polnische Westgrenze später zum „guten Onkel" Volkspolens stilisiert werden konnte. Noch einmal wollten die Westmächte ein Junktim zwischen der Grenzfrage und einer demokratischen Entwicklung in Polen herstellen und verlangten von der „Regierung der Nationalen Einheit", der Mikołajczyk als stellvertretender Ministerpräsident angehörte, die Abhaltung freier Wahlen und Pressefreiheit. Bierut sagte dies zu, und Stalin verpflichtete sich, die Rote Armee aus Polen zurückzuziehen – mit Ausnahme der Truppen, die die Transitwege nach Deutschland sichern sollten. Das war also bei dem „Testfall" herausgekommen, nach einem Krieg, der 1939 einmal wegen des „polnischen Korridors" ausgebrochen war.

Zuvor eroberten die Russen jedoch Berlin, und mit ihnen polnische Soldaten mit dem Adler ohne Krone an den Mützen. Kurze Zeit wehte an der Siegessäule sogar die polnische Fahne, die dann aber rasch vom sowjetischen „Waffenbruder" wieder abgenommen wurde, weil er nur in Anwesenheit der Photographen von der „Lubliner" Presse den Sieg zu teilen bereit war. Die „Lubliner Polen" konnten sich noch über die Photos aus Berlin freuen und von den Grenzpfählen, die sie am Ufer der Oder und der Lausitzer Neiße eingerammt hatten. Die „Londoner Polen" bekamen nicht einmal das, zur Siegesparade der Alliierten in London wurden sie nicht eingeladen. Und weder die einen noch die anderen waren in San Francisco dabei, als am 26.6.1945 die UNO-Charta unterzeichnet wurde. Nur Artur Rubinstein, der vor den Versammelten für die Abwesenden „Noch ist Polen nicht verloren" spielte.

VII

1945 in Potsdam wurde das Polen von Jalta besiegelt – ein abhängiger Staat, aber doch keine Sowjetrepublik. Mit der Aufteilung des besiegten Deutschland in vier Besatzungszonen begann auch die Teilung Europas in Einflußsphären konkrete Gestalt anzunehmen. Noch überschnitten sich die Welten – im Westen errangen die Kommunisten beachtliche Wahlerfolge, im Osten gab es noch die alten Parteien, aber ein flüchtiger Blick auf die Karte Europas genügte, um den eigentlichen Gewinner dieses Krieges auszumachen. In allen Ländern, die die Rote Armee auf ihrem Vormarsch durch „Zwischeneuropa" besetzte, wurden prokommunistische Regierungen installiert. Wieder einmal bahnte sich das alte Prinzip *„cuius regio eius religio"* den Weg. Ob Polen mit der Zeit völlig im sowjetischen Meer aufgehen oder ob es ihm gelingen würde, sich aus Stalins Bevormundung davonzustehlen, sollte sich in den nächsten zehn Jahren entscheiden.

Zwischen dem eigentlichen Sieger im Osten und dem eigentlichen Verlierer im Westen war Polen ein scheinbarer Sieger und faktischer Verlierer. Eine geradezu surreale Konstellation, wenn sie nicht so bedrückend gewesen wäre: Nach einem Weltkrieg, der wegen des deutschen Überfalls auf Polen begann, schnitten die Alliierten am grünen Tisch einen völlig neuen Staat zu, ohne sich allzu sehr um die Geschichte, den Willen der Menschen und die traditionellen Bindungen in Ostmitteleuropa zu kümmern. Nur auf der Karte sah er abgerundet und kompakt aus, in Wirklichkeit war er innerlich verstört und zerrüttet. Bei dieser „revidierten und korrigierten Neuauflage" von Polen hatten sich Geographie und Landschaft, ethnische Struktur und Machteliten bis zur Unkenntlichkeit verändert, zudem sollte es auch noch ein neues Wirtschaftsmodell und ein neues Geschichtsbild erhalten. Und vor allem: Es war von Ost bis West zerstört und ausgeplündert.

Polen verlor in diesem Krieg in den vom Dritten Reich besetzten Gebieten etwa 6 Millionen Menschen (davon drei Millionen polnischer Juden) und in den an die Sowjetunion angeschlossenen Gebieten 1,5 Millionen, weit mehr als ein Fünftel seiner Einwohner. Infolge der gezielten Ausrottung der Juden und der Intelligenz entfielen 79 % der Verluste auf die Stadtbevölkerung, überdurchschnittlich hoch lagen sie bei Rechtsanwälten (57 %), Ingenieuren (47 %), Ärzten (38 %) und Hochschullehrern (28 %). Auch Polens Territorium hatte sich nach der „Westverschiebung" verringert, es schrumpfte um ein Fünftel.

Schon zum zweiten Mal in diesem Jahrhundert standen die Polen an einem historischen Wendepunkt. Nur waren sie im Gegensatz zu 1918 diesmal in ihren Entscheidungen nicht souverän. Ging es nach dem Ersten Weltkrieg um die Verschmelzung der drei Teilgebiete, mußten jetzt die deutschen Ostgebiete, das ehemalige „Generalgouvernement" und die 1939 geschaffenen „Reichsgaue" integriert werden. 1918 waren die politischen Eliten vielleicht zerstritten und ungestüm, aber trotz gewaltiger Differenzen hielten sie in existentiellen Fragen zusammen. Jetzt befand sich das Land in einem Bürgerkrieg. Einerseits wurden die Mitglieder der „Heimatarmee" *(AK)* aufgerufen, sich am Aufbau des Landes zu beteiligen, andererseits wurden über 50000 von ihnen in die Sowjetunion deportiert. Als Folge des Terrors gegen die Vertreter des Untergrundstaates, der Emigration Zigtausender *AK*-Mitglieder und der Präsenz der fremden Armee im Lande war die erneute „Reorientierung der polnischen Geschichte" weitaus schwieriger als 1918. Allerdings lieferte diesmal Vorkriegspolen einen Bezugspunkt – für die einen war er der einzig rechtmäßige Staat, für die anderen ein negatives Beispiel für die Ausbeutung und das Elend der „werktätigen Massen".

Viele – nicht nur die Kommunisten – sprachen damals von einer Rückkehr zu den Ursprüngen des polnischen Staates und einer grundlegenden „Umpolung" Polens. Die alte „jagiellonische Idee" einer *Res publica* vieler Völker sei historisch ebenso gescheitert wie Piłsudskis Föderationspläne, jetzt müsse man wieder am „Polen der Piasten" anknüpfen – einem kleineren, aber ethnisch einheitlichen Staat, diesmal in einer Allianz mit der Sowjetunion. Ähnlich hatte einst Roman Dmowski gedacht, jetzt übernahm ein Teil der Kommunisten seine Argumente. Doch kann man im 20. Jahrhundert eine Tradition aufgreifen, die 1000 Jahre zurückliegt, und dabei 700 Jahre deutscher Geschichte in Schlesien, Pommern oder Ostpreußen vergessen? Man tat so, als ginge es – oder redete es sich ein.

Das „piastische Polen" wurde zu einem Schlagwort nicht nur der Propaganda, sondern auch der Historiker und Schriftsteller. Mieszko I., der sich 966 von den Böhmen und nicht von den Deutschen hatte christianisieren lassen, und die beiden Bolesławs – Chrobry (der Tapfere) und Krzywousty (Schiefmund) –, die im 11. und 12. Jahrhundert gegen die deutschen Herzöge kämpften, wurden zu zentralen Figuren zahlreicher Essays und Romane. Daß auch die Piasten nach Kiew und Prag zogen und daß gerade Chrobry mit dem deutschen Kaiser Otto III. befreundet war, fiel dabei unter den Tisch. Wichtig war, daß sie in Kolberg ein Bistum errichteten und den slawischen Staat vor deutschem Zugriff schützten, nicht – daß die schlesischen Piasten dann deutsche Siedler ins Land holten und sich selbst germanisierten. Man berief sich gern auf den Sieg über den deutschen Orden 1410 bei Grunwald/Tannenberg und stilisierte ihn zu einer entscheidenden Gegenwehr der Slawen gegen den deutschen „Drang nach Osten", unterschlug aber, daß dieser Sieg nun gerade ein „jagiellonischer" war. Doch von einem ideologisierten Geschichtsbild kann man Vollständigkeit auch nicht erwarten.

„Piastisch" hieß also antideutsch. Sehr viele Menschen in Polen hatten sich während des Krieges an der Hoffnung hochgerankt, sich irgendwann einmal an den Deutschen für ihre Greueltaten rächen zu können. Als die 1943 in der Sowjetunion formierte Berling-Armee an die Front ging, wurde sie darauf eingeschworen, „den deutschen Feind, der Polen zerstört hat, zu hassen", doch bald stellte sich heraus, daß die Soldaten eher gebremst als angestachelt werden mußten. „Unsere Rache darf keine Selbstjustiz sein. Wir ziehen nach Deutschland nicht nur, um uns zu rächen, sondern um einen Akt historischer Gerechtigkeit zu vollziehen", lautete ein Tagesbefehl an die vorrückende Truppe.

Doch die Beteiligung polnischer Einheiten am Sturm auf Berlin wirkte wenig befreiend auf die Polen, die Siegesfeiern in den polnischen Städten fielen blaß und gedämpft aus. Dagegen weckten die Prozesse gegen prominente Kriegsverbrecher – SS-Offiziere aus den Konzentrationslagern Majdanek und Stutthof – und ihre öffentliche Hinrichtung zuerst Haßausbrüche, dann Beklommenheit: „Am Abend betranken sich viele. Jeder fühlte, daß er ein wenig schlechter geworden war", schrieb ein Reporter. Und in der Presse empörten sich manche, damit werde ein Akt der Gerechtigkeit auf bloße Rache reduziert – eine „moralische und gesellschaftliche Gefahr" –, so daß der Justizminister die öffentlichen Hinrichtungen 1946 verbot. Rache oder Strafe, Vergeltung oder Gerechtigkeit standen also zur Debatte. Manche stellten sich Gerechtigkeit so vor, daß das deutsche Volk den Polen alle materiellen Schäden ersetzen sollte: „Sie müssen alles wiederaufbauen, was sie mit ihren dreckigen Händen kaputtgemacht haben." Im August 1945 wurden Polen von Moskau 15 % der deutschen Reparationen an die Sowjetunion zugestanden, dafür hatte es der Sowjetunion für seine Befreiung mit Kohle zu danken. Zwei Jahre später wurde der polnische Anteil an den Reparationen halbiert, und später „überredete" man die polnische Führung, mit Rücksicht auf die neugegründete DDR ganz auf sie zu verzichten.

Die Oder-Neiße-Grenze wurde allgemein als die wichtigste Entschädigung für das angetane Unrecht und die Amputation Ostpolens empfunden. Wenn man allerdings heute in Deutschland manchmal hört, die Polen hätten ein blühendes Land übernommen, um es dann herunterzuwirtschaften, müßte man entgegnen: „Im Prinzip ja" – nur als die Polen einzogen, waren weder Breslau noch Danzig, weder Elbing noch Stettin blühende Städte. Was während des Krieges nicht vernichtet worden war, wurde später häufig von der Roten Armee – sinnlos oder auch planmäßig – „ausgeweidet" und niedergebrannt. 72 % der Betriebe in den „wiedergewonnenen Gebieten" waren ganz oder teilweise zerstört, viele Felder vermint und etwa im Landkreis

Breslau ein Drittel der Höfe verwüstet. Anderswo sah es nicht besser aus, in Pommern sogar noch viel schlimmer. Wenn man heute Schilderungen der „wilden Reparationen" und der abenteuerlichen Verfolgungsjagden liest, bei denen die polnischen Behörden im ganzen Land nach sowjetischen Beutezügen mit demontierten Fabrikanlagen fahndeten, ist man stark an Wildwestromane erinnert.

Die Aussiedlung der Deutschen aus den „wiedergewonnenen Gebieten", in Teheran bereits erwähnt und in Potsdam besiegelt, entsprach einem weitverbreiteten Bedürfnis in Polen. Nach der überstürzten Evakuierung der Ostdeutschen durch die NS-Behörden im Winter 1945, von denen in Polen besonders der Todesmarsch der Breslauer Frauen und Kinder bekannt ist, nach den Morden und Gewalttaten während des Durchzugs der Roten Armee kam nun die polnische Sequenz in der Geschichte der Flucht, Vertreibung und Aussiedlung der Ostdeutschen. Schon im Sommer 1945 wurde von polnischen Militärbehörden, die Wohnraum für demobilisierte Soldaten requirieren wollten, eine Viertelmillion Deutsche aus den grenznahen Orten zu Fuß in die sowjetische Besatzungszone geschickt – wo sie nicht selten von den Sowjets abgewiesen wurden und wieder umkehren mußten, um dann nochmals ausgesiedelt zu werden. Gleichzeitig strömten nach Schlesien, Pommern und Ostpreußen die ersten Transporte von Ansiedlern aus Ostpolen – bis Ende August war es schon fast eine Million –, aber auch KZ-Häftlinge und Zwangsarbeiter aus Deutschland.

Da die polnische Zivilverwaltung erst nach und nach aufgebaut wurde, häufig gegen den Widerstand der sowjetischen Militärbehörden, herrschte in den ersten Monaten nach dem Krieg dort völliges Chaos. Die „wiedergewonnenen Gebiete" wurden zum „Wilden Westen", nicht selten warteten Umsiedler aus dem Osten wochenlang im Freien auf die Zuweisung von Wohnungen, während kriminelle Banden ganze Häuser ausplünderten. All das geschah in einem Klima des Hasses, der Willkür und der Ungewißheit über die Zukunft dieser Gebiete. Für viele arme Bauern aus dem Osten – wie vor ihnen für die sowjetischen Soldaten – bedeutete die Ankunft im Westen einen Zivilisationsschock, und die ganze Wucht dieses Zusammenpralls traf nicht nur Deutsche, sondern auch Schlesier, Masuren und Kaschuben. Fatal wirkte sich auch das noch aus dem Generalgouvernement stammende negative Stereotyp der mit der Besatzungsmacht kollaborierenden Volksdeutschen aus: Es wurde nun auch auf die Schlesier, die nach 1939 die Volkslisten unterschrieben hatten, übertragen, und viele von ihnen landeten zusammen mit tatsächlichen und angeblichen Nazis in Gefängnissen und Lagern. Bevor im Februar 1946 die mit der britischen Rheinarmee koordinierte Aussiedlung von 3,2 Millionen Deutschen begann, betonte der „Minister für die wiedergewonnenen Gebiete", Władysław Gomułka, zwar mehrfach, man wolle gegen die Deutschen keine Nazi-Methoden anwenden, und jede Willkür seitens der Aussiedlungsorgane werde streng bestraft, doch auf lokaler Ebene waren die antideutschen Emotionen oft stärker als Anordnungen von oben. Es gab aber auch Ausnahmen, die nicht in das Schema polnisch-deutscher Unversöhnlichkeit paßten, etwa wenn Polen zum Sammelplatz kamen, um sich von ihren deutschen Bekannten vor deren Aussiedlung zu verabschieden, oder wenn sich Deutsche bei polnischen Familien versteckten, um bleiben zu können. Doch das waren Einzelfälle, meist war die Verständigung zwischen Deutschen und Polen „Die schwierigste Sprache der Welt", wie Henryk Worcell seinen Zyklus von Erzählungen über den Einzug der Polen und den Auszug der Deutschen aus einem schlesischen Dorf nannte.

Nicht nur Freiwillige zogen in den Westen. Nicht wenige der zwei Millionen ostpolnischen „Repatrianten" waren vom *NKWD* zur Umsiedlung gezwungen oder von den Ukrainern „wild" vertrieben worden. Denn entlang der Curzon-Linie ging der polnisch-ukrainische „Dörferkrieg" weiter. Auf der polnischen Seite der Grenze wurden fast eine halbe Million Ukrainer in die UdSSR ausgesiedelt und nach erbitterten Kämpfen mit ukrainischen Partisanen weitere hunderttausend 1947 im Rahmen der „Aktion Weichsel" zwangsweise über das ganze Land verstreut. So gibt es heute in Breslau oder Danzig griechisch-katholische und orthodoxe Gemeinden, und auf beiden Seiten der polnisch-ukrainischen Grenze machen sich die Folgen dieser

„Entflechtung" bis heute bemerkbar – etwa mit den Streitereien zwischen Katholiken und Unierten um die Kirchen in Przemyśl und in Lemberg.

Trotz Potsdam und der Präsenz der Roten Armee wurde an allen neugezogenen Grenzen noch gezerrt. In Stettin setzten die Sowjets dreimal den polnischen Bürgermeister ab, um einen deutschen Kommunisten zu installieren, eine kurze Zeitlang machte auch die KPD-Presse in der Sowjetzone den Polen die Oder-Neiße-Grenze streitig. Sogar die Curzon-Linie wurde noch mehrmals wegen der Ölvorkommen auf polnischer Seite von den Sowjets „korrigiert". Nicht einmal die polnisch-tschechische Grenze war friedlich; während die Polen im Teschener Gebiet eine Verwaltung aufbauten, reklamierten die Tschechen Glatz für sich und schickten eine Panzereinheit nach Ratibor. Keine Spur mehr von den Londoner Konföderationsplänen, dafür aber ein Stalin als Schlichter, so daß sich Polen wie Tschechen rasch wieder zurückzogen.

Im Sommer 1945 wurden alle politischen Kräfte aktiv, die auf freie Wahlen und die Konstituierung einer unabhängigen Regierung hofften. Die Vorkriegsparteien waren jedoch schwach, untereinander zerstritten und zersplittert. Manche ihrer Vertreter „kollaborierten" bereits mit den „Lublinern", andere saßen in den Gefängnissen oder blieben im Untergrund. Als Mikołajczyk die Polnische Volkspartei *(PSL)* gründete, erhielt sie rasch großen Zulauf – nach einem halben Jahr hatte sie bereits über eine halbe Million Mitglieder. Im Lande entstand eine merkwürdige Situation: Der Vizepremier war zugleich Oppositionsführer, und die Kommunisten waren zwar eine Minderheit, hatten aber Rückendeckung von außen und gaben den Ton an. Und die Macht wollten sie sich um jeden Preis sichern. Einerseits „amnestierten" sie die *AK*, andererseits verurteilten sie deren führende Vertreter zum Tode. Sie bildeten einen „Demokratischen Block" mit „ihren" Parteien – Teilen der *PPS*, der Bauernpartei *(SL)* und der Demokratischen Partei *(SD)* –, und als Mikołajczyk sich weigerte, ihm mit seiner *PSL* beizutreten, griffen sie ihn aufs heftigste an. Man hatte ihm 20 % der Sitze im *Sejm* angeboten, doch das hätte nicht einmal für eine qualifizierte Opposition gereicht.

Um eine Geschlossenheit der Gesellschaft vorzutäuschen und die Wahlen noch weiter hinauszuschieben, setzte die *PPR* im Sommer 1946 eine Volksabstimmung über drei eigentlich nicht kontroverse Fragen an, deswegen lautete die Parole der kommunistischen Propaganda auch „3 x Ja". Die *PSL* war in der Zwickmühle. Sie war weder gegen die Oder-Neiße-Grenze noch gegen wirtschaftliche und soziale Reformen; um also nicht in die „Einheitsflöte" zu blasen, forderte sie ihre Anhänger auf, bei der Frage nach der Abschaffung des Senats mit „Nein" zu votieren. Dies sollte laut Mikołajczyk „die Antwort auf den politischen Terror, die Auflösung der lokalen *PSL*-Organisationen und schließlich auf das Referendum selbst" sein. Das ganze Spiel war vergebens, denn sowohl die Volksabstimmung als auch die Wahlen ein halbes Jahr später wurden gefälscht. Immerhin gab es beim Referendum – nach offiziellen Angaben – knapp 32 % Nein-Stimmen, und in Krakau, wo die *PPS* die Wahlkommissionen dominierte, lag das – wahre – Ergebnis bei 83,5 %. „Das Wunder an der Urne" war nur ein Winkelzug aus dem Katalog der kommunistischen „Machtergreifung". Bei den Wahlen zum *Sejm* im Januar 1947 schätzte Mikołajczyk nach der Überprüfung einzelner intakter Wahlurnen, daß er landesweit etwa 74 % der Stimmen erhalten haben müßte, doch das offizielle Ergebnis lautete 80 % für die „Fortschrittlichen" und 10 % für die *PSL*. Als Mikołajczyk einige Monate später erfuhr, daß man ihn als „Churchills Trojanisches Pferd" wegen Verrat und Spionage anklagen wollte, floh er – angeblich diskret begleitet vom polnischen Geheimdienst – nach England, und sein Nachfolger in der *PSL* wurde brav die letzte „Blockflöte". Der „Testfall" war gescheitert, die „Volksmacht" nun der einzige Hausherr. Offen blieb nur noch, was für ein Herr in was für einem Haus.

Tatsächlich waren die Kommunisten in Polen eine kleine Minderheit. Die tschechischen konnten bei den Wahlen immerhin 38 % der Stimmen für sich verbuchen, und die deutschen in der SBZ konnten für sich in Anspruch nehmen, „das bessere Deutschland" zu vertreten, weil sie in Hitlers KZs und Gefängnissen gesessen hatten. Dagegen stießen die polnischen Kommunisten als „Agenten Moskaus" auf allgemeine Ablehnung, und ihre moralische Autorität war mehr als fragwürdig. Wenn sie die *AK* unter der Losung „*AK* – sabbernder Zwerg der Reaktion" brutal verfolgten und deren Führung unsinnigerweise der Kollaboration mit Hitler bezichtigten, mußten die Menschen nur auf die Ruinen von Warschau blicken, um sehr wohl zu wissen, wer gekämpft und wer zugesehen hatte. Und wegen dieses Defizits an patriotischer Legitimation gab die *PPR* wohl dem allgemeinen Bedürfnis nach, die zerstörte Hauptstadt historisch genau wiederaufzubauen. Die deutschen Kommunisten meinten sich leisten zu können, das königliche Schloß in Berlin zu sprengen, die polnischen machten beim Wiederaufbau des Warschauer „Königstrakts" von der Altstadt bis zum Belvedere mit. Das sollte ein Zeichen für ihren „polnischen Weg zum Sozialismus" und ihre Volksverbundenheit sein.

Sicherlich war es Glück im Unglück, daß die polnischen Kommunisten nie eine Partei wie aus einem Guß bilden konnten. Die *PPR* war ebenso wie ihre Nachfolgerin, die *PZPR*, bis zu deren Selbstauflösung 1990 eigentlich ein Sammelsurium gegensätzlicher Fraktionen und Strömungen, die sich mal gegenseitig in Schach hielten, mal offen bekämpften. 1944, als die Kommunisten auf dem Weg waren, die Macht in Polen zu erobern, setzten sie sich aus mindestens drei Gruppen zusammen, die einander beargwöhnten und von gänzlich unterschiedlichen Erfahrungen geprägt waren: Erstens aus der Handvoll alter *KPP*-Kommunisten, die den stalinistischen Säuberungen 1938 entgangen waren, weil sie zu der Zeit in polnischen Gefängnissen saßen; einige von ihnen verhaftete man dann nach 1939 in der Sowjetunion doch noch als „faschistische Agenten", andere wurden zu willfährigen Instrumenten der Stalinschen Politik. Zweitens aus den ehemaligen kommunistischen Partisanen aus dem Generalgouvernement, und drittens aus Angehörigen der Berling-Armee.

Seit der Gründung der *PPR* 1942 in Warschau durch eine Moskauer Gruppe herrschte tiefes Mißtrauen zwischen den „Einheimischen" und den „Zugeflogenen", das zuweilen in blutigen Abrechnungen gipfelte. Um das Bild noch verworrener zu machen, waren viele Mitglieder der *PPR* Juden, die den Krieg in der Sowjetunion überlebt hatten und oft wenig Verständnis für die komplizierte Lage in Polen aufbrachten. Viele Polen wiederum, die die kommunistische Macht als fremd empfanden, sahen sich durch die relativ große Zahl jüdischer Parteifunktionäre in ihrem Argwohn bestätigt; allerdings bezeichneten sie auch die besonders eifrigen polnischen Stalinisten als „verkleidete Russen" oder „kommissarische Polen".

Der Generalsekretär der *PPR*, Władysław Gomułka, gab sich keinen Illusionen hin. Als junger Kommunist soll er auf einer Parteischule in der Ukraine gewesen sein und dort die schrecklichen Folgen der Kollektivierung gesehen haben. Während des Krieges kehrte er aus Lemberg in seine Heimatstadt im Generalgouvernement zurück, um sich den üblichen Verhören der sowjetischen „Genossen" zu entziehen. Nach den bis heute ungeklärten Mordfällen in der Moskauer Gründungsgruppe der *PPR* wurde er 1943 ihr Generalsekretär – ein hartnäckiger und energischer, aber einfallsloser und kleinlicher Mensch aus bescheidenen Verhältnissen. Er meinte, Polen müsse sich wegen der deutschen Gefahr an die Sowjetunion anlehnen, aber vor einem sowjetischen Zugriff wiederum durch eine eigene Spielart des Sozialismus schützen. Er war weder ein Intellektueller noch ein Volkstribun und somit auch nicht imstande, seinen Vorstellungen vom „polnischen Weg" Überzeugungskraft oder Tiefe zu verleihen und seine Partei vom Odium der Handlangerdienste für die Sowjets zu befreien. Ob das angesichts der internationalen Lage in Europa überhaupt möglich gewesen wäre, sei dahingestellt.

Diese verschlechterte sich nämlich für Polen zusehends. Die Westmächte – zufrieden, daß sie die polnische „heiße Kartoffel" los waren – konzentrierten sich nach 1945 auf Deutschland, und mit den sich mehrenden Gegensätzen zu Stalin steuerte man unaufhaltsam auf den Kalten Krieg zu. Nicht wenige Polen in der Emigration und im Lande selbst hofften, daß die westlichen Alliierten Polen doch noch vom sowjetischen Befreier befreien würden. Die Spannungen zwischen den früheren unnatürlichen Verbündeten hatten jedoch für Polen fatale Folgen. Schon im März 1946 hatte Churchill in Fulton nicht nur vom „Eisernen Vorhang" gesprochen, sondern auch von den „enormen und unberechtigten Ansprüchen" Polens an Deutschland. Die Oder-Neiße-Grenze schien in Frage gestellt, was einerseits den pro-westlichen Mikołajczyk schwächte, andererseits Stalin als allei-nigen Garanten dieser Grenze erscheinen ließ. Polen wurde wieder zu einem reinen Objekt in der Politik der Großmächte. Augenfällig wurde dies im Sommer 1947, als Polen – ebenso wie die Tschechoslowakei und Jugoslawien – zunächst bereit war, den „Marshall-Plan" anzunehmen, um ihn dann auf Druck Moskaus doch abzulehnen. Stalin begann, eine wirtschaftliche und bald auch eine ideologische Mauer um seine Beutestaaten zu errichten. Es ist daher auch nicht ausgeschlossen, daß er ganz be-wußt das Image Polens im Westen zerstörte, unter anderem in-dem seine Geheimdienste antisemitische Pogrome wie in Krakau 1945 oder in Kielce 1946 schürten. Selbst die *PPR* stellte damals intern eine „Planmäßigkeit der Aktionen" fest, die „das Vorhan-densein eines Leitungszentrums beweist". Antijüdische Emotio-nen waren in der durch den Krieg und die Wirren der Nach-kriegszeit demoralisierten und aufgewühlten Bevölkerung leicht zu wecken. Zusätzlich verstärkt wurden sie durch Konflikte zwischen zurückkehrenden Juden, die wieder in ihre Häuser ein-ziehen wollten, und den Polen, die bereits in ihnen wohnten. Doch mit den in den letzten Jahren veröffentlichten Augenzeu-genberichten aus Kielce und historischen Untersuchungen meh-ren sich die Indizien, daß der sowjetische oder polnische Sicher-heitsdienst die Ausschreitungen bewußt anstachelte. Das entschuldigt den Mob nicht, dessen Wut sich ausgerechnet an den wenigen Überlebenden des *Holocaust* entlud, doch es zeigt den Mechanismus der Provokationen. Nach Kielce jedenfalls war es mit dem Rest der Sympathien für Polen im Westen vorbei, Stalin dagegen genoß dort in vielen Kreisen noch eine ganze Zeit-lang den Ruf eines großen Befreiers Ostmitteleuropas.

Die Aufstellung einer von Kommunisten kontrollierten Miliz stand für die *PPR* im Vordergrund. Den „harten Kern" bildeten zunächst Teile der kommunistischen Partisanenverbände aus der Kriegszeit und die 200 vorsorglich vom *NKWD* im Sommer 1944 ausgebildeten Agenten. Aber an Bewerbern herrschte kein Mangel, die Miliz zog massenweise arbeitslose Burschen vom

Land an, die darin einen sozialen Aufstieg sahen. Kriminelle und sogar Kollaborateure der Gestapo dagegen reizte an ihr die Straffreiheit. Die Liste der „amtlichen Mordfälle" an den lokalen *PSL*-Politikern ist lang, die der namentlich bekannten Mörder ebenfalls. Diesen „Fixierern der Volksherrschaft", wie sie im Volksmund hießen, wurde 1985 in Warschau ein spätes Denkmal errichtet. Umsonst – fünf Jahre später war es schon wieder eingeschmolzen.

Nicht so leicht aus der Welt schaffen läßt sich die Erinnerung an das damalige „Amt für Sicherheit" *(UB)* und seine Folterknechte, deren Brutalität bis heute berüchtigt ist und von Ryszard Bugajski in seinem 1981 gedrehten Film „Verhör" eindrucksvoll porträtiert wurde. Bohrende Fragen nach ihrer Schuld und der Sühne für ihre Greueltaten kamen jahrzehntelang bei jeder polnischen Krise wieder auf. Sie wurden zwar schnell abgewürgt, blieben aber im Raum stehen und ziehen sich auch wie ein roter Faden durch die polnische Literatur, von Miłosz' „Das Gesicht der Zeit" bis zu Andrzej Szczypiorskis „Nacht, Tag und Nacht".

In der Armee war die Situation komplizierter als in der Miliz. Schon bei ihrer Aufstellung in der Sowjetunion hatte man sich bemüht, ihr einen polnischen Anstrich zu geben – ungeachtet ihrer zahlreichen sowjetischen Offiziere. Die Soldaten trugen die traditionellen rechteckigen Mützen, die 1. Division wurde nach Tadeusz Kościuszko benannt, selbst ein Priester wurde entführt und zum Feldgeistlichen gemacht, was die sowjetischen Soldaten nicht wenig verwunderte. Und in ihrem Lied sangen sie, „gestern in Lumpen, heute in Uniform" würden sie wie in einer „Ulanenattacke bis zur Weichsel und nach Danzig" gelangen. Allerdings war diese Attacke blaß und konnte schlecht mit der Legende von Monte Cassino oder der polnischen Flieger im „*Battle of Britain*" mithalten. Dieser Armee gehörten nach dem Krieg nicht nur Kommunisten an, sondern auch einige Vorkriegsoffiziere, etliche *AK*-Soldaten und sogar aus England zurückgekehrte Flieger und aus deutscher Kriegsgefangenschaft entlassene Marineoffiziere. Doch aufgrund geheimer Abmachungen wurde sie der sowjetischen Führung in Liegnitz unterstellt, und die sowjetischen Berater hatten auch – und vor allem – in Personalfragen das Sagen. Bald sollte es zu Verhaftungen, Prozessen und Hinrichtungen vieler höherer Offiziere kommen. Auch ihr Schicksal, ebenso wie das der verhafteten, verschleppten und massenweise exekutierten Vertreter des Untergrundstaates, war zehn Jahre später einer der Beweggründe für den „polnischen Oktober" von 1956.

Die stufenweise „Machtübernahme" durch die Kommunisten war begleitet von einer „Kulturrevolution", die auf dem Pathos des Wiederaufbaus und des sozialen Aufstiegs der „Arbeiter- und Bauernmassen" beruhte. Wegen der gewaltigen Verluste der Intelligenz und der Westverschiebung Polens „öffnete sich" die polnische Gesellschaft den bisher benachteiligten Schichten. Der alte Traum der Sozialisten und Bauernpolitiker vom kulturellen Aufstieg der polnischen Provinz, der rückständigen Dörfer und verschlafenen Kleinstädte, verband sich mit dem Interesse der Kommunisten, gerade aus den armen, ungebildeten und fügsamen Kreisen sich ihre Janitscharen heranzuzüchten. Wenn schon die Besiedlung der „wiedergewonnen Gebiete" einen Kulturschock bewirkte, so waren die Aussichten auf eine Aufhebung der bisherigen Klassenschranken ein wichtiges Motiv, mit dem „fortschrittlichen Block" zu liebäugeln, zumal das Scheitern des Warschauer Aufstands und die Niederlage vom September 1939 sich zum Bild einer „falsch programmierten" Geschichte zusammenfügten, die es grundlegend zu ändern galt.

Schon im Sommer 1944, also noch während des Warschauer Aufstands, deutete sich eine heftige Auseinandersetzung mit den Hauptströmungen der polnischen geistigen Tradition an. In der ersten Nummer der von den „Lublinern" herausgegebenen Kulturzeitung „ *Odrodzenie* " setzte man offen auf die neue Intelligenz, wetterte gegen „Donquichotterie, Pseudoromantik, Ideenfälscherei und nach Naphtalin stinkendem Snobismus, die zweifellos wesentlichen, realen und wirklichen Prozessen weichen werden". In derart schwammiger Sprache argumentierte man auch für eine enge Zusammenarbeit mit der Sowjetunion und verurteilte die „politischen Abenteurer" des „Londoner Lagers". Der intellektuelle Stolperdraht dieser Debatten bestand darin, daß sogar die einleuchtende Unumgänglichkeit einer nachhaltigen Reorientierung Polens mit einer Reihe von Tabus belegt wurde, die jede redliche Debatte über den „polnischen Standort" zu einem gezinkten Versteckspiel machten. Das wichtigste Tabu war auch das am meisten schwärende: die Rolle Stalins und seiner Geheimdienste, die jedem jederzeit vor Augen führte, daß man nicht „unter sich" ist und diese „Reorientierung" von fremder Gewalt erzwungen wird. Der Verlust Ostpolens war schmerzlich, doch vielen stand noch das ernüchternde Bild vor Augen, wie nicht wenige Ukrainer oder Weißrussen 1939 die Rote Armee willkommen hießen – um dann 1941 wiederum die Deutschen mit Blumen zu begrüßen. Das Gefühl, in konkreten Entscheidungen nicht souverän zu sein, wirkte viel stärker. Die „Lubliner" Regierung, und später sogar namhafte politische Führer des „Untergrundstaates", konnten zur Legalisierung der *AK*-Kämpfer und Zusammenarbeit beim Wiederaufbau aufrufen, doch was nützte es, wenn der *NKWD* und der von ihm gesteuerte polnische Geheimdienst dieselben Leute durch massive Verfolgungen wieder „in die Wälder" trieben. In dieser Atmosphäre mußte allen Debatten ein Hauch von Unwirklichkeit anhaften. Man tat so, als beruhte die sowjetische Dominanz auf höherer Gewalt, über die man entweder hinwegsah oder die man als Grundlage jeglicher Auseinandersetzung mit sich selbst und der Umwelt anhimmelte. Wenn schon der Westen uns verraten hat, dann bleibt uns nichts anderes übrig, als die Augen zu verschließen und uns an den Osten anzulehnen, gleich wie er ist, dachten viele im „fortschrittlichen Lager".

Und manche schrieben dies auch. Die Diskussionen, die in den ersten Nachkriegsjahren geführt wurden, haben angesichts des Zerfalls des Kommunismus und der Sowjetunion viel von ihrer früheren Bedeutung verloren, an kaum eine kann man heute noch anknüpfen. Anders in den siebziger Jahren, als man in ihnen ein Beispiel für eine „mutige Suche" nach dem „polnischen Sozialismus" sah, dort die Wurzeln für einen möglichen Pluralismus suchte und sich nach den damaligen Modellen einer dezentralisierten Wirtschaft und der Gleichstellung der „drei Sektoren" – des staatlichen, genossenschaftlichen und privaten –

zurücksehnte. Auch die damaligen Kulturdebatten schienen noch lehrreich gewesen zu sein. Die Jahre 1944 bis 1948 galten als kulturpolitisch relativ frei und lebendig. Zwar gab es auch damals schon eine Zensur, und manche Zeitungstitel – genauso wie manche Parteien – wurden gar nicht erst zugelassen, doch schon damals entstanden die prägnantesten literarischen Zeugnisse der polnischen Erfahrung mit der deutschen Besatzung. Neben den älteren Schriftstellern wie Zofia Nałkowska mit ihren „Medaillons" meldete sich eine ganze Gruppe jüngerer Überlebender und Heimkehrer zu Wort – Jerzy Andrzejewski, Stanisław Dygat, Tadeusz Różewicz und vor allem Tadeusz Borowski, dessen schonungslose Erzählungen „Bei uns in Auschwitz" so etwas wie einen „polnischen Existentialismus" kreierten und mit ihrer präzisen Darstellung der allgemeinen Demoralisierung die Menschen aus der gewohnten Selbstbemitleidung herausrissen. Nicht die Martyrologie stand bei ihm im Mittelpunkt, sondern die Darstellung der Entmenschlichung der Häftlinge in einer unmenschlichen Situation: „Es hilft nichts: Sagt endlich, wie ihr euch einen Platz im Krankenhaus, in guten Kommandos beschafft habt, wie ihr die Muselmänner in den Kamin gestoßen, wie ihr Frauen und Männer gekauft, was ihr in den Unterkünften, in ‚Kanada', im Krankenbau, im Zigeunerlager getan habt, erzählt das und noch viele andere Kleinigkeiten, erzählt vom Lageralltag, von der Organisation, von der Hierarchie des Schreckens, von der Einsamkeit jedes Menschen. Aber schreibt, daß eben ihr das getan habt! Daß ein Partikel des traurigen Ruhms von Auschwitz auch euch gebührt. Lieber nicht, was?" Wegen dieser brutalen Rücksichtslosigkeit gegen die Opfer wurde Borowski als Feind alles Katholischen, Aufständischen und Freiheitlichen diffamiert. Aber seine Erzählungen und seine Haltung – er, der die Wirklichkeit des *Gulag* durch das Schicksal seines Vaters kannte, entwickelte sich später zu einem giftigen Parteipropagandisten, bis er sich in der schlimmsten Stalin-Zeit das Leben nahm – wurden jahrzehntelang diskutiert, zuletzt noch 1991.

Die Suche nach dem „geistigen Standort" der Polen begann im Lande und in der Emigration, nur die in der Sowjetunion verbliebenen Polen schwiegen. 1945 kam in Krakau die erste Nummer der katholischen Wochenzeitung „*Tygodnik Powszechny*" heraus, und in Paris wurde 1947 die Monatszeitschrift „*Kultura*" gegründet. Jahrzehntelang stellten sie die „kommunizierenden Röhren" der polnischen Kultur dar. Und es ist eine sympathische Laune der Geschichte, daß ihre beiden Chefredakteure – Jerzy Turowicz in Polen und Jerzy Giedroyć in Frankreich – die Machtabgabe der Kommunisten und den Zerfall der Sowjetunion immer noch von ihren Posten aus beobachten konnten.

Die fortschreitende Machtübernahme durch die Kommunisten nach 1944 bestimmten auch zunehmend den Ton der Kulturdebatten im Lande. Die katholischen Intellektuellen waren umbrandet von den aufstrebenden Wortführern der „Neuen Ordnung", die sich geschichtsphilosophisch und geistig auf dem Vormarsch glaubten. Man sollte ihnen nicht gleich vorwerfen, sie hätten sich schon damals den Maulkorb des in der Sowjetunion verpflichtenden „Sozialistischen Realismus" übergezogen. Das kam später. Aber die „Westbindung" der polnischen Kultur wollten sie auf alle Fälle lockern. Sie ritten wilde Attacken gegen das klassische Ethos der alten polnischen Intelligenz, gegen Conrads bedingungslose Treue zu den eigenen Idealen und gegen den Begriff des Tragischen im polnischen Schicksal. In beiden Fällen ging es um dasselbe – um eine grundsätzliche Polemik gegen die Haltung des polnischen Untergrundstaates und um die Rationalisierung der „historischen Wende". Zugleich wurde auch die meist kleinadlige Herkunft der polnischen Intelligenz herausgestrichen – und die seit Jahrhunderten verhinderten Aufstiegschancen der Bauern. Die Tendenz war klar: Die Intelligenz hatte den Auftrag, aus ihrer sozialen Isolation auszubrechen. Diesmal jedoch sollten nicht die „Positivisten" das Volk aufklären, sondern das Volk die Intelligenz.

VIII

1948 fielen in Polen die Hüllen, und der eigentliche Stalinismus kam zum Vorschein. Die Debatte darüber, ob und wie lange Polen ein totalitärer Staat war, ist noch nicht abgeschlossen. Die Antwort hängt davon ab, wie man die historische Rolle der regierenden Partei bewertet, den Grad ihrer Abhängigkeit im Rahmen des Blocks und der „Gleichschaltung" der Gesellschaft.

War schon das Techtelmechtel der Alliierten während des Krieges für Polen ungünstig, so war es der „Kalte Krieg" zwischen ihnen noch mehr. Polen wurde denselben Mechanismen der Gleichschaltung und der „Salami-Taktik" gegenüber oppositionellen Kräften ausgesetzt wie die anderen Staaten der sowjetischen Einflußzone, wenn auch mit Verzögerung und zum Teil abgeschwächt. Während in der SBZ schon 1946 die KPD mit der SPD vereinigt wurde, dauerte die schrittweise Ausschaltung der – 1944 eigentlich neugegründeten – Polnischen Sozialistischen Partei *(PPS)* in Polen bis 1948. Auf eine Verhaftungswelle gegen *PPS*-Mitglieder im Frühsommer 1947 folgten drei Säuberungen innerhalb der Partei, bei denen mehr als eine Viertelmillion der Mitglieder und eine Reihe prominenter Politiker ausgeschlossen wurden, die Wert auf eine Beibehaltung liberaler Grundrechte legten. Der „kompromißlerische" Rest der *PPS* mit ihrem Generalsekretär Józef Cyrankiewicz, ein ehemaliger Auschwitz-Häftling und später lange Jahre Ministerpräsident, war dann schließlich zur Vereinigung mit der *PPR* bereit. Nicht einmal die Hoffnung wurde den Sozialisten gelassen, Gomułka werde der Generalsekretär der neuen vereinigten Partei und könne sich dann in der Auseinandersetzung gegen die „Moskowiter" auf sie stützen. Denn Gomułkas Tage waren gezählt: Kurz vor der Vereinigung von *PPR* und *PPS* zur Polnischen Vereinigten Arbeiterpartei *(PZPR)* fiel er Stalins Generalabrechnung mit „rechtsnationalistischen Abweichungen" im sowjetischen Herrschaftsbereich zum Opfer und wurde von dem bisher „partei-losen" Bolesław Bierut abgelöst.

Angesichts der sich zuspitzenden Konfrontation mit dem Westen in Deutschland und Asien forcierte Stalin die Gleichschaltung des Blocks mit Schauprozessen in Prag, Sofia und Budapest. Nach seinem Sturz 1948 wurde Gomułka 1949 aus dem ZK ausgeschlossen und 1951 verhaftet. Aber er überlebte. Warum? War die *PZPR* unabhängiger als andere Parteien? War ihr ZK-Vorsitzender Bierut ein „Kommunist mit menschlichem Antlitz"? Nicht doch. Er war verantwortlich für die Folterung Tausender *AK*-Mitglieder, oppositioneller Politiker, Priester und hoher Offiziere der Volksarmee und lehnte Gnadengesuche der aufgrund falscher Anschuldigungen zum Tode Verurteilten ab. Sogar eine „operative Gruppe" zur Eliminierung unbequemer Personen ließ er aufstellen. Warum also blieb Gomułka am Leben und teilte nicht das Schicksal von Slánský oder Rajk?

Vor allem, weil es in Polen eine reale Opposition außerhalb der Partei gab, und in erster Linie sie traf die ganze Wucht des Terrors. Außerdem muß noch das Trauma der Zerschlagung der *KPP* 1938 nachgewirkt haben, und schließlich hätte jede größere Säuberung der im Volk ohnehin schwach verwurzelten und äußerst heterogenen Partei zusätzlichen Boden entzogen. Daß Gomułka überlebte, hatte gravierende Folgen: Er kehrte 1956 als „Retter der Nation" zurück, und die Partei konnte für sich reklamieren, schon immer eigenständiger und moderater als andere aus „Stalins Stall" gewesen zu sein.

Vor Stalins Tod war wenig davon zu spüren. Von 1948 an wurden die Reste des „polnischen Wegs" sehr schnell dem alleingültigen Muster angeglichen. Als Auftakt hatte man bereits 1947 in der „Schlacht um den Handel" weite Teile des privaten Handels zerschlagen. Gefeuert wurden nun auch die letzten Vorkriegsspezialisten, die man 1945 – wie Eugeniusz Kwiatkowski – gebeten hatte, beim Wiederaufbau mitzuwirken. Eine „Vergesellschaftung" begann, die einer zentralisierten Verstaatlichung der Wirtschaft gleichkam, und mit ihr entstanden die gigantischen Bürokratien, an denen später jede Kreativität und Selbständigkeit ersticken sollte. Der 1947 verabschiedete Dreijahresplan brachte noch beachtliche Erfolge, der anschließende Sechsjahresplan endete dagegen mit einem Desaster, das einer der Gründe für den „polnischen Oktober" 1956 werden sollte. Und obwohl man bei der Bodenreform 1944 den Bauern versprochen hatte, in Polen werde es keine Kolchosen geben, trieb man Anfang der fünfziger Jahre die Kollektivierung ohne Rücksicht auf Verluste voran.

Umgekrempelt wurde auch der gesamte Kulturbetrieb. Die Verstaatlichung der Verlage und die Schließung schon eingeführter Zeitungstitel waren ein Zeichen für eine ideologische Mobilmachung. Auf dem Kongreß des Schriftstellerverbands 1949 in Stettin wurde den Autoren wie Schuljungen vorgeschrieben, sich künftig an die alleingültige Doktrin des „sozialistischen Realismus" zu halten, also die Wirklichkeit nicht, wie sie ist, sondern so, wie sie sein sollte, darzustellen. Den Historikern wiederum wurde eine „Dienstfassung" der polnischen Geschichte vorgelegt, die sich von einem Tag auf den anderen ändern konnte. Der Totalisierung entging auch das Justizwesen nicht, in den Schulen unterrichtete man zum Teil – etwa polnische Geschichte – nach sowjetischen Lehrbüchern, und über all dem lächelte die „Sonne der Völker" – die Ikone Stalins.

Den Stalinismus begleitete eine überdrehte Kulturrevolution, die auf eine eigene, von den „Seeleningenieuren" – parteilichen Intellektuellen und „Kulturarbeitern" – in Betrieb gehaltene Massenkultur setzte. Nie wieder wurde in Polen mit solcher Energie die Bildung gefördert – es gab große Aktionen wie den Kampf gegen den Analphabetismus auf dem Land, man verlegte die Klassiker in billigen Massenausgaben, richtete Bibliotheken ein und baute Kulturhäuser. 62 Hochschulen wurden gegründet – doppelt so viele wie vor dem Krieg. Es war fürwahr ein „großer Sprung", nur das Niveau war eher kläglich, und die doktrinären Köche verdarben den Brei. Die alten Professoren wurden nämlich suspendiert und an den Universitäten Philosophie, Psychologie und Soziologie *de facto* abgeschafft.

Der Literatur brachte diese Periode die „Familienschande", wie man heute sagt: Dieselben Autoren, die noch vor kurzem in ihren Texten einiges von der Verzwicktheit des „polnischen Daseins" geschildert hatten, traten jetzt öffentlich mit triefenden Selbstkritiken und Huldigungen an Stalin und seine polnischen Statthalter auf. Die Partei hatte bereits ihre intellektuellen Janitscharen. Diese Dreißigjährigen – von ihren älteren Kollegen „Pickelgesichter" genannt –, oft aus gutem Hause, manchmal sogar mit *AK*-Vergangenheit, führten sich auf, als hielten sie den Stein der Weisen in der Hand. Sie schrieben Panegyrika auf Stalin, Angriffe auf „Abweichler" und ordnungsgemäße Romane über zuverlässige Parteisekretäre und labile Intelligenzler; sie genossen ihre Nähe zur Macht und die Kantine im Schriftstellerverband und glaubten, mit ihren Kritiken und Lesungen in Betrieben die Welt verändert zu haben. Verändert haben sie sehr wenig, verdrängt aber viel, und gerade das zwang diese „geschlossene Gesellschaft" nach Stalins Tod zu einer abrupten Öffnung. Czesław Miłosz – seit 1951 Emigrant – war es, der mit seinem fulminanten Pamphlet „Verführtes Denken" manche von ihnen zur Einsicht brachte.

Die letzte Bastion war die katholische Kirche, und auch gegen sie wurden schwere Kanonen gerichtet. Der Vorwand war, daß Papst Pius XII. die Vertreibung der Deutschen verurteilt und eine Exkommunikation von Kommunisten verkündet hatte. Doch wie meist in „Kirchenkämpfen" gegen Katholiken ging es eigentlich um die „ultramontane" Bindung der Kirche und in einem neuen „Investiturstreit" um die Besetzung der Diözesen in den Westgebieten. In der Person des neuen Primas Stefan Wyszyński, der 1948 im Alter von 47 Jahren sein Amt antrat, bekamen die Kommunisten allerdings einen gewieften Gegenspieler. Da er nicht wollte, daß sich die Kirche in einem aussichtslosen Konfrontationskurs mit dem neuen Staat aufreibt oder gar spaltet, schloß er – gegen die Linie des Vatikans – einen Kompromiß mit der Regierung. Die Kirche stimmte dem sozialistischen Wirtschaftsaufbau zu, dafür garantierte der Staat unter anderem den Fortbestand der Katholischen Universität in Lublin, der katholischen Presse und des Religionsunterrichts in den Schulen. Eine „Kirche im Sozialismus" wurde es nicht, die Kommunisten hielten sich nicht sonderlich an Abmachungen, sondern verhafteten einen Bischof und Hunderte von Priestern. Als Kardinal

Wyszyński 1953 dagegen protestierte und eindeutig „*non possu-mus*" sagte, wurde er verhaftet. Noch jahrzehntelang sollte er den Kommunisten Paroli bieten – und sie auf ihrem langen „polnischen Weg vom Sozialismus weg" begleiten.

Eine nicht unwichtige Rolle im „Kirchenkampf" spielte die *PAX*-Bewegung. Ihrem Chef Bolesław Piasecki, vor dem Krieg Führer einer rechtsradikalen Jugendorganisation, war es 1945 gelungen, sich mit einem Plan für die Spaltung des polnischen Katholizismus einem *NKWD*-Gefängnis zu entwinden. Wenige Monate später gründete er die „fortschrittliche" Laienbewegung *PAX* mit der Absicht, sie zu einer regimetreuen christlichen Partei auszubauen, die sich mit der Zeit mit den Kommunisten die Macht teilen könnte. Dieser Ehrgeiz hat sich nicht erfüllt; allerdings konnte Piasecki um seinen *PAX*-Verlag eine Reihe hochkarätiger Intellektueller sammeln. Einer von ihnen löste sogar die Kommunisten ab – Tadeusz Mazowiecki. Ob jedoch Piasecki davon erbaut gewesen wäre, ist zu bezweifeln, denn er schloß ihn zusammen mit anderen „Frondeuren", die seine Anbiederung an die Machthaber kritisierten, 1955 aus *PAX* aus.

Es ist ein Paradox der polnischen Nachkriegsgeschichte, daß der – traditionell sehr volksnahe und eher emotionale als intellektuelle – polnische Katholizismus nun Träger eines autonomen Denkens wurde. Der „*Tygodnik Powszechny*" sammelte bis 1953 – als er wegen der Weigerung der Redaktion, einen Nachruf auf Stalin zu drucken, zeitweilig verboten wurde – und dann wieder ab 1956 namhafte Autoren um sich, die eine Erneuerung und Vertiefung des polnischen Katholizismus vorantrieben, moderne Strömungen wie den französischen Personalismus aufgriffen und die Rolle „der Opposition Ihrer Majestät" spielten. Das generelle Dilemma der politisch aktiven Katholiken war: „Mitregieren oder Nichtlügen", auch um den Preis einer totalen Unterwerfung eine Beteiligung an der kommunistischen Macht anstreben, oder ausharren und vorhandene Freiräume schützen. Die Verhaftung des Primas 1953 und die vorübergehende Übernahme des „*Tygodnik Powszechny*" durch Piasecki zeigte die gegensätzlichen Wege.

Die Jahre 1951 bis 1953 waren die schwärzeste Zeit. Gebremst oder sogar völlig erstickt wurden die Ansätze eines authentischen gesellschaftlichen Lebens unter nichtauthentischen Bedingungen. Der Druck nahm zu, und die Propaganda wurde so unerträglich, daß eines Tages der Sprecher einer Hetzsendung in seiner Wohnung erschossen wurde – woraufhin man 12 Menschen in einem Schauprozeß zum Tode verurteilte. War für die ersten Nachkriegsjahre der Wiederaufbau der Warschauer Altstadt prägend gewesen, sollte nun das „Geschenk der Sowjetunion", der Warschauer „Kulturpalast", zum Symbol des alt-neuen Hegemonen werden. Stalin verewigte sich in der Warschauer *Skyline* wie einst schon der Zar nach den niedergeschlagenen Aufständen mit dem Bau einer orthodoxen Kirche. Nur die Kirche trugen die Warschauer nach 1918 über Nacht wieder ab, und der Kulturpalast wurde 1991 ein Wegweiser zum „Russenmarkt".

Wie lange dauerte der polnische Stalinismus? Gemessen am Kulturpalast – bis heute, denn der Name seines Stifters ist noch immer am Portal zu entziffern. Die Debatten über seine Dauer sind noch längst nicht ausgestanden, zumal sich in ihnen unweigerlich die Frage nach der ungeschriebenen Rollenverteilung bei seiner Überwindung stellt. Kein anderes Land im sowjetischen Einflußbereich kannte eine vergleichbare Kontinuität der Opposition und ähnlich offene – und öffentliche – Auseinandersetzungen innerhalb der Machtelite. In keinem anderen Land war die Partei mit einer starken Kirche konfrontiert und einem teils spontanen, teils langfristig organisierten Widerstand der Bevölkerung. Von 1956 an war Volkspolen Schauplatz zyklischer Unruhen, öffentlicher Debatten und interner Machtkämpfe in einer Partei, die schließlich immer mehr an einen „Parteilosen Block der Zusammenarbeit mit der Regierung" statt an Gralshüter des Marxismus-Leninismus erinnerte, was man ihr in Moskau und Ost-Berlin auch verübelte. Nach Stalins Tod begann sich die polnische Gesellschaft aus der stalinistischen Verstrickung herauszuschlängeln. Heute wollen alle daran beteiligt gewesen sein. Selbst die Apparatschiks sagen, sie hätten das System unterminiert. „Sie waren wohl alle trojanische Pferde", mokiert sich die Jugend. Bevor es jedoch dazu kam, machte Polen wie alle „Volksdemokratien" seinen Stalinismus durch.

Auch die Frage, wer ihn mitgetragen hat, wird bis heute diskutiert. Es gibt keinen Totalitarismus, der allein auf nacktem Terror beruht, immer müssen auch beträchtliche Teile der Gesellschaft bereit sein, seine „soziale Religion" aufzunehmen und an seine „Zukunftsvision" zu glauben. Hauptstütze der neuen Gesellschaftsordnung sollte die „großindustrielle Arbeiterklasse" sein, doch weil die in Polen zu spärlich vorhanden war, mußte man sie erst schaffen: Nach dem 1950 proklamierten Sechsjahresplan sollte die Industrieproduktion – vor allem in der Schwerindustrie – um 160 % steigen. Zum Symbol für die neuen Großinvestitionen wurde das Hüttenkombinat *Nowa Huta* vor den Toren Krakaus, dessen „bürgerlich-rückschrittliche" Einwohnerstruktur man nach dem blamablen Ergebnis beim Referendum 1946 „klassenmäßig korrigieren" wollte. Die Parole hieß: „Arbeiter in die Stadtzentren", und die „rauchenden Schlote" wurden zum Inbegriff des sozialen und industriellen Aufstiegs Polens. Gerade diese neue, unter Hochdruck geschaffene Arbeiterklasse sollte später dem Arbeiter- und Bauernstaat den Garaus machen.

Die innere Wandlung des Systems setzte im ganzen Ostblock mit dem Tod Stalins ein. Bis zum XX. Parteitag der KPdSU im Frühjahr 1956 war die *PZPR*-Führung keineswegs die Avantgarde der Veränderungen. Ganz im Gegenteil: Bierut dachte nicht einmal an eine „kollektive Führung" in Polen nach sowjetischem Muster und ließ Kattowitz in Stalinogród umtaufen. Doch seine Partei war kein Monolith, und nach dem „Verscheiden des größten Freundes der Menschheit" kamen immer mehr divergierende Gruppierungen und Fraktionen zum Vorschein, die ihre Fehden mehr oder weniger öffentlich austrugen. Neben der Gegenöffentlichkeit, wie sie die polnischsprachigen Sendungen von *Radio Free Europe* oder *BBC* schufen, zeigte sich im Lande selbst eine Pluralität der offiziellen Meinungen.

Der dritte – und wohl wichtigste – Faktor beim Abschütteln des Stalinismus war die polnische Gesellschaft. Möglicherweise behandelte Stalin die polnischen Kommunisten nicht zuletzt deshalb so abfällig, weil er sowieso meinte, daß sein „Kommunismus zu den Polen paßt wie der Sattel auf eine Kuh". Der verhießene soziale Aufstieg mag für viele verlockend gewesen sein, doch die graue Realität war abstoßend. Noch waren die Wunden des Krieges nicht verheilt, schon zeigte der forcierte Aufbau der Schwerindustrie seine Nebenwirkungen. Zwar wurde 1955 der Kulturpalast fertiggestellt, und in Ost-Berlin sprach man noch neidisch vom „Warschauer Tempo", aber Wohnungsbau und Konsumindustrie stagnierten bereits. Wirtschaftlich hielt das System nicht, was es versprochen hatte. Der einzige Lichtblick für viele waren die Box-Europameisterschaften in Warschau 1953, bei denen die polnische Mannschaft, stellvertretend für Millionen Landsleute, den Sowjets endlich Saures gaben.

Die polnische Entstalinisierung wurde nicht von der Parteispitze eingeleitet, sondern von den Intellektuellen, der enttäuschten Jugend und den Arbeitern. Schon 1954 zeigten sich die ersten Risse. Dieselben Autoren, die noch vor kurzem den sozialistischen Aufbau besungen hatten, entdeckten nun die Realität und dachten laut über ihren „Sündenfall" nach. „Die Zeit des Großen Erbrechens ist gekommen", schrieb ein Literaturkritiker. Die Westsender brachten Interna über die Staatssicherheit und die Parteiführung, die ein übergelaufener hoher Sicherheitsoffizier enthüllt hatte. Die Empörung in Polen über die bisher nur vermuteten Praktiken der Machthaber und deren Privilegien war so groß, daß sich die Parteioligarchie gezwungen sah, den Minister für Staatssicherheit in die Landwirtschaft abzuschieben, und Gomułka wurde klammheimlich aus der Haft entlassen. Ein Jahr später, bei den Weltjugendfestspielen in Warschau, zersprang auch für Zigtausende von Jugendlichen die Eierschale der *Brave New World*. Die roten Schlipse der kommunistischen Jugendorganisation wurden gegen Jazz, Jeans und bunte Socken ausgetauscht.

Im selben Jahr, in dem die Sowjetunion ihre Satelliten mit der Gründung des Warschauer Pakts militärisch unter eine Haube brachte, ging in Polen die vermeintlich so monolithische Ideologie von Monat zu Monat mehr in die Brüche. Die noch kaum merklichen tektonischen Verschiebungen an der Parteispitze erzeugten in der Kultur ein Beben. Die aufgebrachte, neugierige Öffentlichkeit fand neue Wortführer: Junge Philosophen, die wie Leszek Kołakowski bisher den Marxismus beackert hatten, begannen nun die Paradoxien der Gegenwart zu zerpflücken; Soziologen wie Stanisław Ossowski wehrten sich gegen „Kompromisse mit der Wahrheit", und rauhbeinige Erzähler wie Marek Hłasko traten als „zornige junge Männer" in Erscheinung. Noch beklagte die Pariser „*Kultura*" die geistlose Kollaboration der Intellektuellen im Lande, aber die „verlorene Generation" war schon mitten auf der Bühne, mit spöttischen Gedichten und dem grotesken Biß des Studentischen Satiretheaters. Noch erreichte die Politik nicht die Straße, aber sie war schon in den Kaffeehäusern, den frisch gegründeten Debattierklubs wie dem Warschauer „Krummen Kreis" und den großen Betrieben.

Der XX. Parteitag der KPdSU im Frühjahr 1956 und der – vermutliche – Selbstmord Bieruts in Moskau kurz darauf gaben dem inneren Ferment in Polen neue Nahrung. Sein Nachfolger, Edward Ochab, war ein blasser, aber entsprechend dem Zeitgeist eher liberaler Funktionär. Unter seinem Regiment konnte man Chruschtschows „Geheimrede", in der Stalins Verbrechen offengelegt wurden, in Warschau auf dem Flohmarkt kaufen, worüber sich Chruschtschow noch als Pensionär mokierte. In der Parteispitze prallten zwei Fraktionen aufeinander, die Liberalen, die die Intelligenz hinter sich hatten, und die Stalinisten, die auf die Macht der sowjetischen Panzer im Land setzten. Letztere nannten die Liberalen „Revisionisten" und „Juden" und verwiesen auf ihre frühere Rolle in der Gewaltherrschaft, erstere wiederum bezeichneten die Stalinisten als „Bauernrüpel", die das Volk an der Kandare halten wollten. Die Lawine kam ins Rollen, als im Juni 1956 streikende Posener Arbeiter auf die Straße gingen und ein Gefängnis stürmten, woraufhin die Armee den Aufruhr blutig niederschlug. Ministerpräsident Cyrankiewicz sagte zwar, die Volksmacht werde jedem, der die Hand gegen sie erhebe, diese Hand abhacken, doch die „Volksmacht" stand bereits vor der existentiellen Entscheidung: mit oder gegen das Volk an der Macht bleiben zu wollen. Und vor der Frage: Wo sind die Grenzen der sowjetischen Toleranz für polnische „Extratouren"? In dieser verworrenen und explosiven Situation kam man auf einen Mann zurück, der beide Optionen miteinander verband und 14 Jahre später als gescheiterter Politiker zurücktreten sollte. Doch Gomułkas Rückkehr an die Macht als neuer Parteichef im Oktober 1956 war furios, und sein Stehvermögen gegen den polternden Chruschtschow, der während seines unerwünschten Besuchs bei den „polnischen Genossen" sowjetische Panzer in Richtung Warschau rollen ließ, machten ihn kurzfristig zum populärsten Staatsmann in Polen – ein „Wunder an der Weichsel" *en miniature*.

Völlig verblaßt ist angesichts des „Runden Tisches" 1989 und des Zerfalls der Sowjetunion die Spur jener Epoche, in der die Funktionäre der Jugendorganisation *ZMP* Arbeiterselbstverwaltungen in den Warschauer Fabriken gründeten, Kundgebungen organisierten, um die Liberalen in der Partei zu unterstützen, die Entfernung sowjetischer Generäle aus der Armee mitsamt dem Oberbefehlshaber Rokossowski forderten und Gomułka den Rücken stärkten. Uninteressant erscheint inzwischen auch die polnisch-sowjetische Kraftprobe, die Polen das Los Ungarns 1956 ersparte und mit einem „schiefen Kompromiß" endete: Er ermöglichte einen „polnischen Sonderweg" im Ostblock, aber um den Preis ständigen Lavierens, vieler Halbheiten und obskurer Machtkämpfe in der *PZPR*. Gomułka zeigte sich sogleich als Bremser und nicht als Motor der Veränderungen. Das Verbot der radikal-liberalen Wochenzeitung „*Po prostu*" 1957 war ein Zeichen, danach rückte die kritische Intelligenz von Gomułka ab. Trotzdem war nichts mehr wie vor dem „Oktober": Die Kollektivierung wurde zurückgenommen, das private Kleingewerbe wieder zugelassen, die *AK* rehabilitiert, die Armee „polonisiert", eine gewisse Selbständigkeit in der Außenpolitik wahrgenommen und immer noch eine freiere Atmosphäre in der Kultur geduldet. Die – dem FDJ vergleichbare – einheitliche Jugendorganisation *ZMP* löste sich selbst auf, fortan existierten verschiedene Jugendorganisationen nebeneinander, sogar die traditionelle Pfadfinderbewegung lebte wieder auf. Die Hochschulen verlangten mehr Autonomie, die Vorkriegspädagogen kehrten zurück, und man konnte freier über die Vergangenheit und den Krieg reden. Dank der Präsenz wichtiger westlicher Filme, Bücher und Theateraufführungen wurde Polen zum kulturellen Piemont des Ostblocks.

Mit dem „polnischen Oktober" waren die Karten neu verteilt worden. Die Freilassung von Kardinal Wyszyński aus der Internierung und eine Vereinbarung der Regierung mit dem Episkopat beendeten den Kirchenkampf. Die alte Redaktion des „*Tygodnik Powszechny*" kehrte zurück, neue Zeitschriften und „Klubs der Katholischen Intelligenz" *(KIK)* wurden zugelassen, und im – weiterhin undemokratisch gewählten – *Sejm* saß nun mit der unabhängigen katholischen *Znak*-Gruppe neben den mehr oder weniger stummen „Blockflötenparteien" eine winzige Opposition. Damit war zwar vorerst der Kirchenkampf zu Ende, nicht aber der um die „Macht über die Seelen". Das Duell zwischen Gomułka und Wyszyński – die sich in ihrer Beharrlichkeit und Sturheit vielleicht sogar ähnlich waren – untermalte das gesamte nächste Jahrzehnt, das nach einem Theaterstück von Tadeusz Różewicz später „unsere kleine Stabilisierung" genannt wurde.

Man kann Gomułka vieles vorwerfen: Er war engstirnig, mißtraute allem, was nach intellektueller Liberalität roch, schlug sich innerhalb der Partei auf die Seite der „Bauernrüpel" und verspielte schließlich den gesamten Vertrauensvorschuß von 1956. Obwohl er kläglich scheiterte, muß man ihn nach den Kategorien eines Politikers und nicht eines Satrapen von Moskaus Gnaden bewerten. Allerdings war er nicht imstande, den 1956 einmal erreichten Grad an Souveränität Polens im Rahmen des Möglichen innenpolitisch auszubauen. Eine weitere Evolution des Systems ging über seinen Horizont, und schon 1958 schrieb die Pariser „*Kultura*" weitsichtig, daß selbst bei einem Nachlassen des sowjetischen Drucks „jedwede Liberalisierung Gomułka von der Gesellschaft abgetrotzt werden müßte". Gomułka schwebte wohl eine Art kommunistischer Solidarismus vor, wegen seiner Provinzialität, seines Mißtrauens gegenüber der Intelligenz und seines prinzipiellen Argwohns gegen die Außenwelt wirkte er vielmehr polarisierend. Er drängte die Anhänger einer weiteren Demokratisierung – wie Leszek Kołakowski und viele andere aufgeklärte Wissenschaftler und Schriftsteller – aus der Partei und gab nationalistischen und sogar faschistoiden Kräften, den sogenannten „Partisanen" unter General Mieczysław Moczar, die Gelegenheit, sich zu entfalten. Daß sie ihn später stürzen wollten, war nur logisch, denn Gomułka verstand es in den 14 Jahren seiner Regierungszeit nicht, sich eine eigene Hausmacht aufzubauen. Er hatte die Mentalität eines Hausmeisters, der eifersüchtig seinen Vorgarten verteidigt.

Und doch begann die Ära des mürrischen ZK-Chefs mit einem effektvollen Wirtschaftsaufschwung, nicht zuletzt dank dem Produktionszuwachs in der privaten Landwirtschaft. 1958 übertraf der Lebensstandard endlich den Stand von 1938, denn die mit der Liberalisierung von 1956 eingeleitete Lockerung der zentralen Planung und Verwaltung begann zu greifen. Allerdings war die Parteiführung schon 1958 nicht mehr an den Ratschlägen des kurz zuvor berufenen Beraterstabs mit so namhaften Wirtschaftsexperten wie Oskar Lange interessiert. Man setzte wiederum auf zentral gelenkte Investitionen in die Schwerindustrie, die inzwischen auch über eine eigene Lobby in der Partei verfügte. Das Ziel war, schnell mit den hochentwickelten Industrieländern gleichzuziehen und den geburtenstarken Jahrgängen Arbeitsplätze zu sichern, aber das Ergebnis waren schwerfällige Apparate und zunehmende Energie-, Transport- und Versorgungsprobleme. Aus Angst vor tatsächlichen Reformen nahm man Zuflucht zu hektischen Manövern in der Wirtschaftspolitik, die eine Stagnation Mitte der sechziger Jahre nicht verhindern konnten und bald zu einer akuten Wirtschaftskrise führten, über die Gomułka 1970 schließlich stürzte. Die Polen verbinden heute mit der Ära Gomułka vor allem die damals massenhaft gebauten engen Wohnungen, die häufig nur eine Kochnische statt einer Küche hatten, Engpässe in der Konsumgüterversorgung und gedrängt volle Straßenbahnen.

Als Gomułka an die Macht zurückkehrte, hatte er zunächst die Unterstützung eines großen Teils der Gesellschaft, nicht aber der Partei. In ihr rivalisierten weiterhin verschiedene Fraktionen, die weniger die Programmatik als vielmehr ihre soziale Herkunft, ihr Alter und ihre Einstellung zur Außenwelt trennte. Im „Oktober" hatten noch die Liberalen Rückenwind, die eine Öffnung des Landes und das Aufbrechen der stalinistischen Strukturen förderten. Nach dem III. Parteitag „der Stabilisierung" 1959 drängte sich aber zusehends eine neue Formation vor, die karrierewilligen Bauernsöhne. Sie konnten mit den subtilen ideologischen Haarspaltereien der „Liberalen" wenig anfangen, ihr Weltbild war einfach: polonozentrisch, antideutsch und verstohlen russophob. Ihr Bewußtsein der eigenen nationalen Robustheit trieb sie weg von Gomułka – der in ihren Augen seinen Posten allein „jüdischen Intrigen" und „störrischen Arbeitern" verdankte – und in die Arme von Moczars „Partisanen". Der alte Gegensatz zwischen Bauern und Intelligenz, den „Unsrigen" und den anderen, brach wieder auf und schlug sich in einem hitzigen „Kulturstreit" nieder, der zwar eine Art Stellvertreterkrieg war, sich aber vorteilhaft auf die polnische Kultur auswirkte. Mit den Filmen von Andrzej Wajda, Andrzej Munk und Tadeusz Konwicki, den Satiren von Sławomir Mrożek und den Parabeln von Jerzy Andrzejewski wurde eine große historiosophische Debatte angestoßen über Sinn und Unsinn des polnischen Widerstands, über Hurrapatriotismus und die stalinistische Kollaboration. Gegen die „Spötter", die die polnische Zeitgeschichte als eine Kette grotesker Absurditäten darstellten, zogen die „wahren Polen" zu Felde. Sie versuchten – wie der Ideologe der „Partisanen", Oberst Zbigniew Załuski, in seinem populären Essay „Die sieben polnischen Kardinalsünden" – nachzuweisen, daß die polnische Geschichte keineswegs eine Folge von Donquichotterien war, die aus Polen einen „nationalen Schlachthof" machten, sondern daß es viele gute Gründe gibt, auf sie stolz zu sein.

Dieser Kulturstreit leitete eine politische Machtprobe in der Partei ein, die mit einem „Anziehen der Schraube" in der Kulturpolitik Anfang der sechziger Jahre begann und mit einer obskuren „Kulturrevolution" im März 1968 endete. Doch in der Zwischenzeit formierten sich die ersten Ansätze einer intellektuellen und politischen Opposition. Waren für die orthodoxen Ideologen und „wahren Polen" die „Spötter" noch lediglich so etwas wie „Pinscher" gewesen, galt nun ihr Hauptangriff den „ideologischen Revisionisten" in der Partei und bald auch den „antisozialistischen Kräften".

Polen bot damals ein paradoxes Bild: Die Existentialisten beherrschten fast völlig die Szene, man druckte Freud, Sartre,

Beckett und Marcuse, niemand machte den Literaten Vorschriften zur Ästhetik wie in der DDR Ulbricht mit seinem „Bitterfelder Weg", andererseits wurden Miłosz und Gombrowicz offiziell totgeschwiegen. Die polnische Graphik war international anerkannt, Penderecki wurde gefeiert, ein junger Dichter in Leningrad, Jossif Brodski, begann auf der Suche nach frischer Luft Polnisch zu lernen, und junge DDR-Deutsche schwärmten für den „Warschauer Herbst", denn moderne Musik war damals in der DDR verpönt. Und Tausende junger Polen konnten sich in Schweden, Frankreich und England die ersten Devisen verdienen. Aber zugleich mehrten sich die Repressionen. Der „Krumme Kreis" war längst verboten, doch zuvor hatte dort noch ein vierzehnjähriger Adam Michnik seine ersten öffentlichen Auftritte. Der „Brief der 34", ein Protest führender Intellektueller gegen die Verschärfung der Zensur, war 1964 ein Signal für die Entstehung organisierter oppositioneller Gruppen. Kurz darauf wurden zwei Assistenten der Warschauer Universität, Jacek Kuroń und Karol Modzelewski, wegen eines „Offenen Briefs", in dem sie eine öffentliche Kontrolle der Partei forderten, zu drei Jahren Haft verurteilt. Zum zehnten Jahrestag des „Oktobers" wurde Leszek Kołakowski wegen einer Vorlesung über die Absurdität der herrschenden Doktrin, die den Mangel an politischen Freiheiten geradezu voraussetze, aus der Partei geworfen.

Die „Partisanen" gingen in die Offensive. Moczar, seit 1964 Innenminister, startete 1968 einen Coup gegen Gomułka auf dem Rücken der Studenten und der Intelligenz, vor allem derer jüdischer Herkunft. Die Provokation war perfekt: Im Februar wurde Mickiewicz' Nationaldrama „Totenfeier" in Warschau wegen der Analogien zwischen Kongreßpolen und Volkspolen abgesetzt. Es kam sofort zu heftigen Protesten der Studenten, auf die dann Moczar sein „Arbeiteraktiv" hetzte, das die „Priviligenz" genüßlich niederknüppelte. Das war die große Stunde der „Bauernrüpel". Am Morgen danach setzte ein beschämendes Kesseltreiben der Presse gegen die „Rädelsführer" und ihre prominenten Eltern ein. Hunderte von Studenten wurden festgenommen und die bekanntesten zu Haftstrafen verurteilt. Nur die *Znak*-Gruppe im *Sejm* und das Episkopat protestierten dagegen.

In der Partei, den Ministerien und Verlagen wurden unbequeme Leute als angebliche „Revisionisten" oder „Zionisten" entlassen und zur Emigration gedrängt. Ein Exodus von mehr als 20 000 polnischen Juden begann.

Der März '68 zeigte auch die Pathologie der Aufstiegsmechanismen in Volkspolen, wo eine ganze Generation junger Leute in der Phase der wirtschaftlichen Stagnation keine Chancen hatte, sich durchzusetzen. Er beendete „unsere kleine Stabilisierung" und führte den moralischen Niedergang in der Ära Gomułka vor Augen. Doch die Rechnung der „Partisanen" ging nicht auf: Gomułka konnte sie noch einmal in Schach halten mit Hilfe einer neuen Formation pragmatischer Parteifunktionäre, den sogenannten „Technokraten", deren Wortführer der erfolgreiche Parteichef von Oberschlesien, Edward Gierek, war. Gomułkas Ansehen im Lande war jedoch dahin. Polen verlor so namhafte Wissenschaftler wie Kołakowski, Pomian, Brus und Baczko, und die kritische Jugend hatte ihre Generationserfahrung gemacht.

Mehr Fortüne hatte Gomułka in der Außenpolitik, doch auch hier erwiesen sich seine Erfolge oft als Pyrrhussiege. Im Oktober '56 sah die Öffentlichkeit im Ausland, aber auch in Polen, in ihm einen echten Anwalt der Interessen des Landes, der Chruschtschow ein Stück Selbständigkeit abgetrotzt hatte. Er erreichte eine Begrenzung der in Polen stationierten sowjetischen Truppen, eine Kompensation für die bisherige wirtschaftliche Ausbeutung und die Repatriierung von rund 30 000 – oftmals aus dem *Gulag* entlassenen – Polen aus der Sowjetunion. Katyń aber blieb weiterhin ein verschwiegenes und unbewältigtes Trauma.

Gomułka wiederholte bis zum Überdruß, daß Polen sich aus geopolitischen und wirtschaftlichen Gründen an die Sowjetunion anlehnen müsse, dennoch mißtraute er dem „Großen Bruder" zutiefst und unternahm daher eigenständige Schritte in der internationalen Politik. Der Plan einer atomwaffenfreien Zone in Mitteleuropa – in Polen, der Tschechoslowakei und den beiden deutschen Staaten –, den der polnische Außenminister Adam Rapacki 1957 vor der UNO unterbreitete, sollte einerseits eine Einbeziehung der Bundesrepublik in die atomare Struktur der

NATO verhindern, andererseits im Falle einer Vereinigung und Neutralisierung Deutschlands die Gefahr einer Stationierung sowjetischer Truppen von Polen abwenden. Der Plan hatte keinen Erfolg, schuf aber im Westen noch vor der Entspannungspolitik ein günstigeres Klima für Polen, so daß sogar General de Gaulle Gomułkas Möglichkeiten und Willen, eine Sonderrolle im östlichen Lager zu spielen, überschätzte. 1967 reiste er in einem Triumphzug durch Polen und trat für die Vereinigung Europas und eine polnisch-deutsche Versöhnung ein.

Darin aber war Gomułka stur. Nicht einmal mit „seinen" Deutschen, mit der DDR, konnte er warm werden. Trotz der Anerkennung der Oder-Neiße-Grenze im Görlitzer Vertrag 1950 bauten die beiden „Bruderstaaten" kein entspanntes Verhältnis zueinander auf. Das lag wohl auch daran, daß Gomułka und Ulbricht ständig im Clinch miteinander lagen. Gomułka ärgerte die stalinistische Orthodoxie des Deutschen, Ulbricht dagegen sah im „polnischen Weg" eine ideologische Bedrohung seiner eingemauerten Republik und beklagte sich daher laufend in Moskau über die polnischen Abweichungen. Außerdem vergaß Gomułka dem SED-Boß nicht, daß im Oktober 1956 die DDR-Führung unmißverständlich von einer „Internationalisierung" Stettins gesprochen hatte.

Der „antideutsche Komplex" war ein wichtiges Element von Gomułkas Staatsideologie. Anfang der sechziger Jahre startete er großangelegte Feierlichkeiten zum tausendjährigen Bestehen des polnischen Staates, um die kirchliche Feier des Millenniums der Taufe Polens in den Schatten zu stellen. Einige Aktivitäten waren ganz sympathisch – wie der Bau von „Tausend Schulen für die Tausendjahrfeier" –, andere zielten allein auf eine pompöse Betonung der „neopiastischen Idee" ab. 1960 beging der Staat in Grunwald, auf dem Schlachtfeld von 1410, mit viel Wirbel den 550. Jahrestag des Sieges über den Deutschen Orden. Die beharrliche Weigerung der Bundesrepublik, die Oder-Neiße-Grenze anzuerkennen, und das in ganz Polen ausgestellte Bild Adenauers im Mantel des Deutschen Ordens boten dabei der Propaganda eine Möglichkeit zu aktuellen antideutschen Spitzen. Mit dem ohnehin noch weit verbreiteten Mißtrauen gegenüber Deutschland wollte – und konnte – Gomułka die Polen zusammen-schweißen.

Auch bei Gomułkas eifersüchtiger Rivalität mit der Kirche um Einfluß in der Gesellschaft spielte die deutsche Frage eine ganz wesentliche Rolle. Primas Wyszyński unterstützte zunächst Gomułka distanziert – ebenso wie er später auch Gierek unter die Arme griff –, dann aber zeigte sich, daß der allzu eng denken-de Parteichef keinen Konkurrenten im Lande neben sich dulden konnte. Ein Kleinkrieg mit der Kirche begann, der nicht selten groteske Züge annahm, wenn zum Beispiel die Miliz die Kopie der Schwarzen Madonna „verhaftete", die das Episkopat in der Vorbereitungszeit des Millenniums mit Wallfahrten durch das ganze Land schickte. Manchmal aber kam es auch zu grundsätz-lichen Auseinandersetzungen, etwa in der Frage einer möglichen polnisch-deutschen Aussöhnung.

Im Streit mit der Kirche war die deutsche Frage insofern von Bedeutung, als die Partei zum einen hier mit der Unterstützung eines großen Teils der Gesellschaft rechnen konnte, zum anderen eifersüchtig über ihr Monopol in der Außenpolitik wachte. Doch gerade katholische Kreise bereiteten seit Ende der fünfzi-ger, Anfang der sechziger Jahre einem Umschwung in den Bezie-hungen den Weg. Katholische Publizisten und *Sejm*-Abgeordne-te der *Znak*-Gruppe – Stefan Kisielewski, Tadeusz Mazowiecki, Stanisław Stomma – traten nach Reisen in die Bundesrepublik als Vermittler auf, und die Bischöfe nahmen am Rande des Zweiten Vatikanischen Konzils Kontakte zu ihren deutschen Amtskolle-gen auf. Eine Öffnung auch innerhalb der polnischen Kirche setzte ein, und obgleich der Kardinal in Glaubensfragen durch-aus konservativ war, nahmen die meinungsbildenden Kreise um den „*Tygodnik Powszechny*" und die *Znak*-Gruppe die katholi-schen Reformideen aus dem Westen auf. Zu einem heftigen Streit zwischen Kirche und Staat kam es, als die polnischen Bischöfe im Vorfeld des Millenniums 1965 einen Brief an ihre deutschen Glaubensbrüder richteten mit dem berühmten Satz „Wir verge-ben und bitten um Vergebung". Sofort setzte eine auch von den Moczar-Anhängern gesteuerte Kampagne ein. Man bezichtigte die Kirche des Verrats polnischer Interessen, um so mehr, als die

Antwort von deutscher Seite trocken und ausweichend ausfiel. In diesem Streit hatte Gomułka wohl das einzige Mal die Mehrheit der Gesellschaft gegen die Kirchenführung auf seiner Seite, denn nur wenige verstanden, wofür sie die Deutschen um Vergebung bitten sollten. Doch sehr bald sollte sich erweisen, daß, historisch gesehen, in diesem Streit der Kirchenfürst und nicht der Parteichef weitsichtiger war. Auch wenn es für eine allgemeine Debatte über die Aussiedlungen noch eine Generation zu früh war, weckte die Haltung deutscher Vorreiter der Versöhnung – wie Gräfin Dönhoff, Günter Grass oder Klaus von Bismarck – in ganz verschiedenen Kreisen in Polen Respekt und bot die Chance, sich im Dialog zu üben. Die Rolle von Eisbrechern spielten hier Vermittler wie Karl Dedecius, der mit seinen Übersetzungen der Gedichte von Zbigniew Herbert, Czesław Miłosz und Tadeusz Różewicz sowie der Aphorismen von Stanisław Jerzy Lec den Deutschen die „polnische Denkweise" näherbrachte, oder der ARD-Korrespondent Ludwig Zimmerer, dessen Haus zu einem wahren deutsch-polnischen Klub wurde, so daß sich auch auf polnischer Seite zunehmend das Interesse an einem vollständigeren Deutschlandbild und einem Ausgleich mit den Deutschen zu artikulieren begann.

Die Festigung der Teilung Deutschlands, und damit die Erhaltung der DDR, war ein Stützpfeiler in Gomułkas Strategie. In den fünfziger Jahren, als die Kollektivierung der Landwirtschaft in der DDR eine katastrophale Versorgungslage verursachte, half Polen daher mit großen Lebensmittellieferungen aus. Ulbrichts Forderung nach zusätzlichen Kohlelieferungen zu Billigpreisen für seinen „Frontstaat" fand man dann allerdings doch etwas übertrieben. Als 1967 die westdeutsche Ostpolitik die ersten Breschen in den Ostblock schlug – Rumänien nahm Beziehungen zur Bundesrepublik auf, und auch Ungarn schwankte –, strebte Gomułka eine „Einbindung" des ungeliebten, aber notwendigen ostdeutschen Staates in ein „eisernes Dreieck" an. Die „Interessengemeinschaft" Polen-Tschechoslowakei-DDR erwies sich aber als Chimäre, denn mit dem „Prager Frühling" blieben vom „Dreieck" nur noch Gomułka und Ulbricht übrig. Beiden war die Liberalisierung und Öffnung der ČSSR unter

Alexander Dubček nicht geheuer, daher nahmen sie auch an der Niederwälzung des Prager „Sozialismus mit menschlichem Antlitz" teil. In dem Punkt waren sich der deutsche Altstalinist und der polnische „Nationalkommunist" einmal einig. Und beide hatten dabei nicht nur Prag, sondern Bonn im Hinterkopf.

Trotzdem kam auch Gomułka 1968, gleich nach der „innenpolitischen Befriedung" und der „brüderlichen Hilfe" in der ČSSR, vorsichtig aus seinem psychologischen Schützengraben hervor, denn er wußte, daß auch die beste DDR nicht die Normalisierung der Beziehungen zum „echten Deutschland" ersetzt. Noch vor dem Regierungswechsel in Bonn signalisierte Gomułka Gesprächsbereitschaft, und im Dezember 1970 wurde nach langwierigen Verhandlungen – auch hier nahm Moskau das *ius primae noctis* für sich in Anspruch – in Warschau der deutsch-polnische Vertrag unterzeichnet. Willy Brandts Kniefall vor dem Denkmal für die Helden des Warschauer Ghettos wurde zwar von der polnischen Zensur kaschiert, sprach sich aber um so schneller herum und leitete einen psychologischen Umschwung ein. Doch nicht mehr Gomułka sollte die Ernte einfahren. Wenige Tage später, als er sich noch auf dem Gipfel des Erfolgs wähnte, weil er meinte, der Vertrag mit der Bundesrepublik werde nicht nur die Schande des März, sondern auch die wirtschaftliche Stagnation in den Hintergrund drängen, wurde der Chef der „vereinigten Arbeiterpartei" von seinen Arbeitern weggefegt. Die Ankündigung von Preiserhöhungen löste Streiks und Tumulte an der Küste aus – denn weshalb sollten die Arbeiter in Danzig und Stettin im eigenen Interesse nicht dasselbe tun dürfen, was zwei Jahre zuvor im März '68 in ihrem Namen Schlägertrupps des Geheimdienstes getan hatten? Nur richtete sich der Zorn des authentischen „Arbeiteraktivs" nicht gegen aufmüpfige Studenten, sondern gegen ihre selbsternannten Vertreter – die sich sofort mit Panzern wehrten. Die Unruhen forderten mehrere hundert Menschenleben, und zum ersten Mal im Ostblock wurde ein Parteichef von Arbeitern gestürzt. Gomułka ging, und niemand weinte ihm eine Träne nach.

IX

Im Dezember 1970 brach auf der Danziger Werft eine völlig neue Epoche in der polnischen Nachkriegsgeschichte an, die zehn Jahre später an gleicher Stelle ebenso abrupt enden sollte. Geprägt wurde sie von Gomułkas Nachfolger Edward Gierek, mit dem endlich eine neue Generation zum Zuge kam. Gierek galt als glattes Gegenteil von Gomułka: Er hatte den Krieg als Bergmann im Westen verbracht, sprach Französisch und schien sich für die antiquierten Querelen zwischen „Partisanen", „Liberalen" und anderen Fraktionen wenig zu interessieren. Im März 1968 hatte er sich zwar scharf von den Intellektuellen distanziert und in Kattowitz die Demonstranten von Hundestreifen auseinanderjagen lassen, aber bei der „antizionistischen" Kampagne hielt er sich zurück. Er wartete in Schlesien ab wie ein Kronprinz. Moczars Partisanen-Nationalismus und Gomułkas Knauserigkeit lagen ihm fern. Seine Provinz galt im Lande als hochentwickelt, und die anderen Regionen schauten auf sie in der Hoffnung, Schlesien könne wirtschaftlich ganz Polen mit sich ziehen. Gierek war der Hoffnungsträger der jungen Technokraten in der Partei, die sich um die marxistisch-leninistische Ideologie – diese „deutsch-russische Verdummungsstrategie" – nicht mehr scherten, sie wollten Macht, Luxus und internationale Anerkennung. In den beiden Jahren zwischen März '68 und Dezember '70, in denen die rebellischen Studenten noch in den Gefängnissen saßen und zahlreiche Fachleute aus den Hochschulen und Instituten hinausgejagt wurden, fuhren die Parteireformer, die auf eine Modernisierung des Landes setzten, zu Gierek und reichten bei ihm Memoranden über einen „großen Sprung" ein – die Motorisierung Polens, die Öffnung der Grenzen, die Belebung der Kontakte zum Westen.

Diese Programme übernahm Gierek als seine eigenen und begann auch bald, sie umzusetzen. Als neuer Erster Sekretär der

PZPR fuhr er jedoch zunächst einmal in die Großbetriebe, um die weiterhin aufgeladene Atmosphäre zu besänftigen. An der Küste versprach er den Arbeitern höhere und leistungsgerechte Löhne und verstand sie so einzuwickeln, daß sie auf seine Frage „Also was, werdet ihr helfen?" im Chor antworteten: „Wir helfen". Die Bauern beschwichtigte er mit der Abschaffung der Zwangsablieferungen an den Staat zu niedrigen Preisen, die Intellektuellen mit einer Lockerung der Zensur und dem Versuch, nach dem Motto „Journalisten fragen, Politiker antworten" eine politische Öffentlichkeit herzustellen – allerdings reichte der Mut der führenden Funktionäre nur für zwei Live-Sendungen im Fernsehen. Und für das gekränkte Geschichtsbewußtsein der Polen hatte er auch ein Trostpflaster parat – den Wiederaufbau des am 17. September 1939 bombardierten und nach dem Warschauer Aufstand von den Deutschen akkurat in die Luft gesprengten Königsschlosses.

Polen bekam Aufwind. Die im Westen aufgenommenen Kredite ermöglichten große Investitionen, und durch den Kauf von Lizenzen wurden schnell relativ moderne Waren auf den Markt geworfen. Mit der Produktion des „Lütten", des kleinen Fiat, setzte eine allgemeine Motorisierung in einem Land ein, das unter anderem noch den alten „*Warszawa*", ein Auto so schwer wie ein Panzer, produzierte – eine Lizenz des sowjetischen „*Pobeda*", seinerseits eine geklaute Kopie des „*Chevrolet*" aus den dreißiger Jahren. Ein Signal war auch die Aufnahme der Produktion von „*Pepsi*" und „*Coca Cola*" – Firmen, die sich Polen in zwei „Einflußzonen" teilten, in „Coca-Land" im Norden und „Pepsi-Land" im Süden –, von modernen „Grundig"-Fernsehern und -Tonbandgeräten und *Berliet*-Autobussen. Die Wahl fiel auf *Berliet*, weil man damit die Arbeiterschaft dieses in roten Zahlen steckenden Unternehmens unterstützen wollte, doch die Lizenz erwies sich als völliger Fehlschlag. Die Losung lautete: „Bereichert euch" und „Wir bauen ein zweites Polen auf". Nach wenigen Jahren befand sich Polen tatsächlich im Rausch des „Wirtschaftswunders" – auf Pump.

Die Idee war einfach: Die Kredite sollten durch den Absatz konkurrenzfähiger Produkte zurückgezahlt werden. Doch in der Praxis erwies sie sich als undurchführbar. Die eingekauften Lizenzen waren häufig veraltet, es haperte mit der Qualität und dem Transport, außerdem führte die Verrechnung des Handels im „Rat für gegenseitige Wirtschaftshilfe" (RGW) in „Transfer-Rubel", mit dem die Sowjetunion die polnischen Kredit-Dollars abschöpfen konnte, zu entsetzlichen Verlusten. Denn die Preise im RGW waren so kalkuliert, daß die Deviseneinlagen unberücksichtigt blieben – etwa bei den von der UdSSR bei polnischen Werften bestellten Schiffen, deren moderne Elektronik im Westen gekauft werden mußte, so daß ein nicht unbeträchtlicher Teil der polnischen Devisenkredite auf diesem Weg in die Sowjetunion flossen.

Der RGW war ohnehin ein sehr merkwürdiges Konstrukt, seine Gegenseitigkeit beruhte vor allem darauf, daß sich jeder von allen anderen übervorteilt wähnte. Die UdSSR verkaufte zwar ihre Rohstoffe günstiger als auf dem Weltmarkt, kontrollierte aber ihre Satelliten durch willkürlich festgelegte Zuteilungsquoten – so erhielt die DDR ebensoviel Erdöl wie das wesentlich bevölkerungsreichere Polen. Außerdem entsprach die „sozialistische Arbeitsteilung" im Ostblock nicht unbedingt der Logik. Als Polen zum Beispiel begann, gestützt auf seine traditionsreiche Mathematikerschule, die Lasertechnik und Computer-Elektronik zu entwickeln, wurde dies von der RGW-Zentrale unterbunden, weil diese Technologie bereits anderen Ländern zugeteilt worden war. Dafür aber sollte Polen – ohne über eigene Eisenerze zu verfügen – ein großes Hüttenwerk aufbauen, die *Huta Katowice*, die bis zum Zusammenbruch des RGW zwar Unsummen – und ihre Stahlproduktion Unmengen an Energie – verschlang, aber angesichts der weltweiten Stahlkrise eine horrende Fehlinvestition war.

Giereks Dekade fällt mit der Entspannung zwischen Ost und West zusammen, bei der Polen keine geringe Rolle im Ostblock spielen sollte. Hauptakteure waren natürlich die UdSSR und die USA, die weltweit zahlreiche Stellvertreterkriege führten, in Europa aber offene Konflikte vermieden, was die neue sozialliberale Koalition in Bonn zu einer aktiven Ostpolitik nutzte. Auch wenn für die Bundesrepublik – nicht zuletzt wegen der „deutschen Frage" – die wichtigste Anlaufadresse im Osten Moskau war, sah man in Polen einen willkommenen Gesprächspartner, der flexibler erschien als die dogmatischen Sowjets und „normaler" als die steifen SED-Oberen. Die Chance, nun einige der historischen und psychologischen Geröllbrocken abtragen zu können, beflügelte nicht wenige Deutsche und Polen.

Die Grundsteine des deutsch-polnischen Dialogs waren bereits früher gelegt worden – mit der Denkschrift der EKD und dem Briefwechsel der katholischen Bischöfe 1965 und dann den ersten polnischen Kulturtagen in der Bundesrepublik –, doch mit Gierek öffneten sich die Grenzen für Hunderttausende junger Polen, die nun auch die Bundesrepublik für sich entdeckten. Häufig waren sie überrascht über die freundliche Aufnahme in Deutschland, und die breite polnische Öffentlichkeit spürte die veränderte Atmosphäre spätestens bei der Fußballweltmeisterschaft 1974, als sie am Fernseher mit großem Erstaunen feststellte, daß die polnische Mannschaft – bis zum Spiel gegen Deutschland – die Sympathien vieler „deutscher Revisionisten" auf ihrer Seite hatte. Zumal die Öffnung der Grenze zur DDR 1972 nicht zu einer großen Verbrüderung der Nachbarn geführt hatte. Die Polen sahen, daß der Einkaufstourismus sie unbeliebt machte, und übersahen die „Polenwelle" in der DDR-Literatur. Während viele DDR-Autoren in Romanen, Erzählungen und Gedichten die polnische „Buntheit" für sich entdeckten – und manchmal verklärten –, konnten sich die polnischen Intellektuellen nach wie vor für die „graue" DDR nicht erwärmen. Man blickte weiter nach Westen oder zurück in die eigene Geschichte.

Giereks Öffnung nach Westen war nicht nur auf die Entspannung zwischen den Supermächten und seine persönlichen Vorlieben zurückzuführen, sondern auch auf die Einstellung der neuen Parteielite, die aus der Enge der Gomułka-Zeit ausbrechen wollte. Giereks Technokraten dachten moderner als Moczars „Partisanen" und setzten sich rasch gegen sie durch, zumal ihr Polizei-General schon im April 1971 abgeschoben wurde. Seine „Jungtürken" gesellten sich nun bald zu den „Gierek-Leuten", die Selbstsicherheit, Optimismus und eine plumpe Simplizität ausstrahlten. „Der Pole schafft's!", war ihr Leitspruch. Nur was?

Dieses Motto sollte einer Gesellschaft, die immer noch über innere und äußere Barrieren stolperte, Zuversicht in ihren Erfolg einimpfen. Als psychologischer Kunstgriff war dies vielleicht sogar richtig gedacht, die Therapeuten wurden jedoch ihrem eigenen Anspruch nicht gerecht. Die typischen Gierek-Leute waren Mitte vierzig, soziale Aufsteiger, aber bereits so gut ausgebildet, wie es in den Jahren der stalinistischen Abgeschlossenheit eben möglich war. Ideologie war für sie zweitrangig, deshalb konnten sie sich auch mit den SED-Partnern nicht so recht verständigen, die gewohnt waren, die Henne zu töten, um das Ei zu gewinnen, und sie in einem geradezu grotesken Kauderwelsch wieder auf den rechten Weg der reine Lehre zurückbringen wollten. Die Gierek-Leute hielten Polen für die Nummer 2 im Lager und strotzten vor Energie – allerdings stand ihre „dynamische Entwicklung" auf tönernen Füßen. Sie waren häufig Arrivisten, die gern gut lebten, sich für technischen Fortschritt und Modernität begeisterten und sich geschmeichelt fühlten, daß sie in der großen Welt verkehren konnten.

Und die westliche Welt akzeptierte sie, Polen war Anfang der siebziger Jahre „in". Noch waren günstige Kredite leicht zu haben, zumindest bis zur Ölkrise. Damals hätte man unter dem Hinweis auf das „Nullwachstum" im Westen das Investitionsprogramm überdenken und – auch im Hinblick auf eine größere Transparenz der wirtschaftlichen Entscheidungsmechanismen – politische Reformen einleiten müssen. Nichts dergleichen geschah – und konnte wohl im Rahmen des RGW auch nicht geschehen. Im Gegenteil: Sämtliche Warnungen polnischer Wirtschaftsexperten wurden in den Wind geschlagen; verlockt von positiven Eckdaten – binnen drei Jahren stieg die Produktion in Polen um 65 % –, gab man weiter Gas und ging in eine ähnliche Falle wie zwanzig Jahre zuvor die Stalinisten mit ihrem Sechsjahresplan.

Bei all ihrer Pragmatik waren Giereks Leute keineswegs Reformer. Ihre Partei managten sie mittels Soziotechnik statt ideologischer Musterung und versuchten, sie zu einer Volkspartei umzumodeln. Hunderttausende karrierebewußter junger Leute wurden *en bloc* aufgenommen. Auch in der Propaganda führte

Gierek einen anderen Stil ein. Der neue TV-Chef, ein Hedonist und Zyniker, den Gierek aus Kattowitz mitgebracht hatte, führte im Fernsehen den „schlesischen Stil" ein, seichte Unterhaltung nach dem Muster „deutscher Revuen", aber technisch perfekt ausgestattet, und strich politische und kulturelle Debatten aus dem Programm.

Bisher war in Polen noch jeder politische Umschwung von einer kulturellen Belebung begleitet gewesen. Diesmal aber saß den Intellektuellen noch der März '68 in den Knochen, und Leszek Kołakowski, inzwischen in Oxford, prophezeite in der Pariser „Kultura", die sozialistische Form der Unfreiheit lasse sich weder stückweise abschaffen noch durch schrittweise Reformen verringern, sondern müsse auf einmal und restlos beseitigt werden: „Wer meint, nur mit unerheblichen Zugeständnissen für seine Ruhe zu bezahlen, wird davon überzeugt werden, daß der Preis für diese Ruhe immer höher steigt."

Anfang der siebziger Jahre gab es zwar keine entscheidenden Kulturdebatten im Lande, aber auch keinen Stillstand. Die Geschichte des 19. Jahrhunderts wurde neu entdeckt und die Romantik als immer sprudelnde Quelle polnischer Denk- und Verhaltensweisen rehabilitiert – man verglich die Volksrepublik leicht kaschiert mit Kongreßpolen und warf erneut die Frage auf: „Sich schlagen oder sich nicht schlagen?" Wichtige Impulse lieferte der Film: Andrzej Wajda brachte fast jedes Jahr einen neuen heraus – „Birkenwäldchen", „Die Hochzeit" (mit Piłsudski als Freiheitspropheten) und „Das gelobte Land" über die aggressiven Gründer von Łódź um die Jahrhundertwende. Krzysztof Zanussi wiederum erregte Aufsehen mit „Illumination", dem Porträt eines jungen Mannes auf der vergeblichen Suche nach innerer Erleuchtung, in dem die 68er-Generation ihr Psychogramm sah.

Und sie meldete sich zu Wort. Durch ihr Schlüsselerlebnis – die Milizknüppel auf dem Universitätshof – fühlte sie sich mit der westlichen Jugendrevolte verbunden. Als könnte sie sich noch nicht entscheiden, in welche Richtung sie stoßen würde, ging sie für alle Fälle mit den „Klassikern" der sechziger Jahre scharf ins Gericht; sie schwankte zwischen der Neuen Linken und den Hippies, beäugte mißtrauisch ihre Umgebung und baute – oft noch mit dem Parteibuch in der Tasche – in den Studentenzeitschriften eine „Gegenkultur" auf. „Die Argwöhnischen und die Überheblichen" stand auf ihrem Kompaß der öffentlichen Moral. Bald sollte sie unter den jungen katholischen Intellektuellen Alliierte finden, die gerade die Krakauer Konservativen und die unbotmäßigen Seminaristen des 19. Jahrhunderts ausgruben. Derjenige, der beide Strömungen verbinden sollte, wurde soeben aus dem Gefängnis freigelassen und schrieb an seinem Buch „Die Kirche und die Linke – ein Dialog" – Adam Michnik.

Unter dem „frühen Gierek" waren Arbeiter und Ingenieure eine gehätschelte Schicht. Neue Großinvestitionen zogen den Arbeiternachwuchs aus dem ganzen Land an. Populäre Fernsehserien wie „Die Direktoren" wurden gedreht, die den Polen ihre neuen „Manager" vorführen sollten. Das Schema der stalinistischen Aufbaujahre schien sich zu wiederholen, nur diesmal ohne die Slogans von damals. Gierek wollte vielmehr „französisch" erscheinen, so wurden etwa durch seine Verwaltungsreform statt der bisherigen 17 Woiwodschaften 49 eingeführt. Diese *Départements* zentralisierten das Land, zwei Dutzend Städte avancierten durch diese Laune zu Hauptstädten mikroskopisch kleiner, völlig unbedeutender Woiwodschaften, Hunderte anderer wurden durch den Wegfall der mittleren Verwaltungsebene degradiert – aus Kreisen wurden Gemeinden. Jetzt konnte kein Provinzfürst mehr Gierek so gefährlich werden wie er selbst Gomułka.

Der Glaube an den wirtschaftlichen Erfolg und die geistige Schlichtheit von Giereks Riege bewirkten, daß sie die privilegierte Stellung Polens im Ostblock genossen und völlig unsensibel waren für die belastete polnisch-sowjetische Geschichte. Die Entspannungspolitik und die KSZE-Konferenz sollten den territorialen *Status quo* in Osteuropa festschreiben, zugleich aber mit dem berühmten „Korb 3" der Schlußakte von Helsinki Bürgerrechte und Freizügigkeit zwischen Ost und West einklagbar machen. Vorerst bot Helsinki 1975 Gierek die Gelegenheit, sich außenpolitisch zu profilieren, und der Erfolg seiner Begegnung mit Helmut Schmidt beruhte weniger auf dem Polen zugesagten Milliardenkredit oder der vereinbarten Ausreise von 125 000 Deutschstämmigen in die Bundesrepublik als darauf, daß er sein gutes Image im Westen pflegen konnte. Die Chefideologen aller Ostblockstaaten spürten die durch „Korb 3" drohende Gefahr und zogen die Schraube wieder fester an. 1975 wurde die Integration des Blocks „beschleunigt", was auf eine Stärkung der sowjetischen Hegemonie hinauslief. Leonid Breschnew, der Schöpfer der „Doktrin der beschränkten Souveränität" der sozialistischen Staaten, wurde von Gierek mit dem Orden *Virtuti Militari* ausgezeichnet, der in Polen seit dem Krieg gegen die russische Teilungsmacht 1792 nur für besondere Tapferkeit auf dem Schlachtfeld verliehen wird. Gleich darauf wollte Gierek die „unverbrüchliche brüderliche Verbundenheit" mit der UdSSR in die polnische Verfassung aufnehmen, ob aus Übereifer oder auf Druck der sowjetischen Botschaft, ist schwer zu sagen. Gomułka jedenfalls hätte sich darauf nicht eingelassen, Gierek war in den Augen der Intelligenz kompromittiert. Die Lawine kam ins Rollen. Während in Warschau gerade eine große Ausstellung über die Romantik in der polnischen Geschichte gezeigt wurde, protestierten 59 Intellektuelle gegen die geplanten Verfassungsänderungen. Es folgten die „Denkschrift der 101" und ein Memorandum der Kirche. Besonders umstrittene Formulierungen wurden abgeändert – statt „unverbrüchliche brüderliche Verbundenheit" hieß es nun „Festigung der Freundschaft und Zusammenarbeit" –, aber das Tischtuch war zerschnitten. Nur einer enthielt sich im *Sejm* der Stimme – Stanisław Stomma von der *Znak*-Gruppe.

Eine zunehmend schwüle Atmosphäre herrschte im Land, die sich in absehbarer Zeit in einem Gewitter entladen mußte. Schon vor geraumer Zeit war über die tatsächliche Wirtschaftslage eine Informationsblockade verhängt worden. Die Statistiken wurden regelmäßig geschönt, und als Kritik an der Höhe der Auslandsverschuldung – die damals „gerade erst" 5 Milliarden Dollar überschritt – laut wurde, schränkte die Führung den Kreis der Eingeweihten schrittweise ein. Zuletzt kannte nicht einmal ein Dutzend Funktionäre die wahren Zahlen. Aber die wirtschaftlichen Schwierigkeiten ließen sich spätestens ab 1975 vor der Öffentlichkeit nicht mehr verheimlichen, sie wurden auch im täglichen Leben spürbar, denn die Diskrepanz zwischen den staatlich subventionierten billigen Grundnahrungsmitteln und der immer größeren nominellen Kaufkraft der Bevölkerung führten zu einem immer hektischeren Konsum und zu Versorgungskrisen.

Im Juni 1976 kam es zur Explosion, als Ministerpräsident Piotr Jaroszewicz radikale Preiserhöhungen für Fleisch, Zucker und andere Lebensmittel bekanntgab, ohne vorher – wie 1971 für solche Fälle versprochen – „die Arbeiterklasse zu konsultieren". Die Arbeiterklasse war von Giereks Apparat ohnehin entmündigt worden. Offiziell als „herrschende Klasse" tituliert, wurde sie aus den tatsächlichen Entscheidungsprozessen ausgegrenzt. Die Selbstverwaltungsorgane in den Betrieben waren eine bloße Fassade, und die Gewerkschaftsfunktionäre – unter ihnen immer weniger authentische Arbeiter – verstanden sich nur noch als Transmissionsriemen der *PZPR*-Führung und Verteiler von Sozialleistungen. Mit der Ankündigung der Preiserhöhungen war die Erfolgspropaganda mit einem Schlag unglaubwürdig geworden und Gierek nun auch in den Augen der Arbeiter kompromittiert.

Am Tag darauf brachen im ganzen Land Streiks aus. In Radom demonstrierten Arbeiter aus mehreren Fabriken vor dem Parteigebäude und brannten es schließlich nieder. Die Arbeiter des Traktorenwerks *Ursus* bei Warschau blockierten eine Eisenbahnlinie und drohten, den Transit Moskau-Berlin lahmzulegen. Diesmal schoß die Miliz nicht, aber sie ging mit äußerster Brutalität gegen die Demonstranten vor, Hunderte wurden verhaftet und die Streikführer in Schnellgerichtsverfahren zu langjährigen Gefängnisstrafen verurteilt. Die Regierung machte jedoch einen Rückzieher: Sie nahm die Preiserhöhungen zurück und amnestierte auch einen Teil der Verurteilten nach wenigen Wochen. Die von Gierek angestrebte Ablösung von Jaroszewicz wurde von Moskau unterbunden.

Die Reaktion kritischer Intellektueller auf die Repressalien folgte auf dem Fuß: Jacek Kuroń bat Enrico Berlinguer in einem „Offenen Brief", sich für die verhafteten und entlassenen Arbeiter einzusetzen, führende Intellektuelle richteten Protestbriefe und Appelle an die Machthaber, und schließlich schlossen sich rund zwei Dutzend von ihnen zum „Komitee zur Verteidigung der Arbeiter" (KOR) zusammen. Das war nicht die erste Oppositionsgruppe, 1970 war zum Beispiel eine Untergrundorganisation („Ruch") ausgehoben worden, als ihre Mitglieder die Sprengung eines Lenin-Denkmals zum 100. Geburtstag des Revolutionsführers planten. Aber KOR war die erste offen agierende Organisation, die sich mit legalen Mitteln für die verfolgten Arbeiter und ihre Familien einsetzte. Sie war die Konsequenz der Enttäuschung über den von der Obrigkeit vertanen Oktober '56, über die „unbewältigte Vergangenheit" des März '68 und des Dezember '70 und vor allem der Überzeugung, daß das System nicht von innen heraus zu reformieren ist. Diese Opposition neuen Typs nahm für sich in Anspruch, nach den in der Verfassung verbrieften, aber in der Praxis verbotenen zivilen Normen zu leben und zu handeln. KOR war nicht nur deshalb ein Phänomen, weil es bekannte Autoritäten – unter ihnen Jerzy Andrzejewski, Jan Józef Lipski, Jan Zieja, Jacek Kuroń – vereinte, sondern auch, weil diese ganz unterschiedliche Kreise repräsentierten: linke und konservative, junge und alte, Priester und Sozialisten.

Anfangs leistete KOR vor allem den Familien der verhafteten Arbeiter konkrete Hilfe, mit der Zeit wurde es zu einem wichtigen Element im kulturellen und politischen Leben Polens. Zum ersten Mal gab es eine halblegale Opposition, und die von KOR herausgegebenen Zeitschriften und Bücher schlugen eine Schneise in die staatlich zensierte Presselandschaft. Das „Biuletyn informacyjny" oder die Kulturzeitschrift „Zapis" – im „zweiten Umlauf", zwar ohne offizielle Lizenz, aber mit vollständigem Impressum publiziert – schufen eine Gegenöffentlichkeit, die mit der Zeit immer stärker als Korrektiv und Bezugspunkt in die Kulturszene und sogar in die lizenzierten Medien hineinwirkte.

Der „zweite Umlauf" wurde zum Medium der Generation von '68, dort erschienen ihre Gedichtbände und Erzählungen, ihre politischen und literarischen Essays. Eine ganze alternative

Kulturszene entstand, zu der dann bald auch die Studenten und Abiturienten hinzustießen. Das Kulturmonopol des Staates war gebrochen, die Autoren konnten jetzt wählen: Was offiziell nicht – oder nur verstümmelt – erscheinen durfte, erschien eben im „*Nowa*"-Verlag. So auch Grass' „Blechtrommel", um die zuvor 15 Jahre lang wegen einiger Passagen ein Tauziehen zwischen der Zensur und der interessierten Öffentlichkeit stattgefunden hatte. Zu den „Hausautoren" des „*Nowa*"-Verlags zählten Tadeusz Konwicki, Kazimierz Brandys, Stanisław Barańczak, Adam Zagajewski, Jerzy Andrzejewski – und die meisten ihrer erstmals dort veröffentlichten Romane sollten paradoxerweise mitten im Kriegszustand von den offiziellen Verlagen nachgedruckt werden. Ein nachhaltiger Verdienst des „zweiten Umlaufs" war jedoch die „Heimholung" der exilierten Autoren. Auf diese Weise wurden Leszek Kołakowski, Witold Gombrowicz und Czesław Miłosz zu den literarischen Meisterdenkern der nachwachsenden Generation. Außerdem gelang es ihm, eine Brücke sowohl zu den '68 aus Polen hinausgeekelten Emigranten zu schlagen als auch zu den Dissidenten in der Tschechoslowakei, in Ungarn und der Sowjetunion.

Die Gedankenwelt der oppositionellen Intelligenz stützte sich in erster Linie auf die polnische Romantik, aber in zunehmendem Maße auch auf den aufgeklärten Katholizismus. Zurückgedrängt wurde die antiklerikale Tradition der sozialistischen Freigeister der Zwischenkriegszeit wie Tadeusz Boy Zeleński oder Maria Dąbrowska. Noch in den sechziger Jahren glaubte die kritische Intelligenz, auf den Katholizismus nicht zurückgreifen zu müssen. Modernität verband man mit sozialen und liberalen Reformideen, doch in der Zeit des „späten Gierek" – enttäuscht von der Seelenlosigkeit des „dynamischen Fortschritts" und der tumben Arroganz seiner Manager – entdeckten viele die Sehnsucht nach dem *Sacrum*. Eine Reihe oppositioneller Schriftsteller fand nun bei den katholischen Zeitschriften Unterschlupf. Diese Begegnung schien sich auch für die polnische Kirche produktiv auszuwirken. Obgleich sie die Neuerungen des Konzils in den sechziger Jahren nur zögernd aufgriff, weil Kardinal Wyszyński meinte, in Zeiten der Bedrängnis die Gläubigen theologisch nicht verunsichern zu dürfen, öffneten sich die katholischen Zeitschriften – unterstützt vom Krakauer Bischof Karol Wojtyła – für die Gedanken der Reformer von Teilhard de Chardin über Edward Schillebeeckx bis zu Hans Küng.

Nach 1976 herrschte in Polen eine beklemmende Atmosphäre. Das Land war wirtschaftlich stark angeschlagen, stand international aber besser da als je zuvor. Die Gierek-Riege war moralisch verbraucht und fachlich am Ende ihres Lateins. Die neureichen Funktionäre hatten die Grenzen der üblichen Korruption überschritten, sie ließen sich ganz ungeniert Villen bauen und Sommerhäuser in Naturparks. Die Willkür der Repressionen nahm zu, sogar vor als Unfälle getarnten Morden an Oppositionellen schreckte der Sicherheitsdienst nicht mehr zurück. Angesichts ihres Glaubwürdigkeitsverlusts in der Gesellschaft suchten die Machthaber das Gespräch mit der Kirche, bekamen dabei aber offene Worte über die Repressalien, die Zensurpraxis und die „gottlose Ideologie" in den Massenmedien zu hören. Giereks Jugendfunktionäre erzwangen den Zusammenschluß der bisherigen Jugendorganisationen zu einer Einheitsbewegung nach dem Modell der fünfziger Jahre, handelten sich damit aber nur die Gründung Studentischer Solidaritätskomitees *(SKS)* ein. Die mit der Opposition sympathisierenden Professoren an den Hochschulen bekamen keinen Paß für Auslandsreisen, aber ihre Vorlesungen im Rahmen der „Fliegenden Universitäten" waren immer gut besucht. Obwohl Oppositionelle immer wieder für 48 Stunden festgenommen wurden, entstanden laufend neue Gruppen und Organisationen. Noch fehlte jedoch ein zündender Funke, der die schlummernden Energien der polnischen Gesellschaft hätte freisetzen können.

Der war die Papstwahl. Als im Oktober 1978 die Nachricht aus Rom eintraf, daß Karol Wojtyła zum Papst gewählt wurde, ging ein Stromstoß durch das Land. Ein Symbol des „anderen Polen" trat das oberste Kirchenamt an, mit dem sich die entschiedene Mehrheit der Nation identifizierte, ob sie sich nun an die katholische Lehre hielt oder nicht, ob sie in der Partei war oder nicht. Die Papstwahl wurde als eine historische Würdigung der „ewig treuen" Haltung der Polen empfunden. Das war ein überraschender Erfolg, und nach Erfolgen sehnte sich die polnische Gesellschaft wie die Deutschen aus der DDR nach olympischen Medaillen. Wojtyłas Amtsantritt sahen alle Polen im Fernsehen, zum ersten Mal war der Katholizismus in den elektronischen Medien präsent, zum ersten Mal hörte man in ihnen eine andere Stimme als die der zum Überdruß bekannten Sprecher, die dazu noch sagte: „Fürchtet Euch nicht ... Öffnet die Grenzen der Staaten, der politischen und ökonomischen Systeme..."; und zum ersten Mal auch hörte man wieder öffentlich Mickiewicz' Verse, in denen er in einem Atemzug die Muttergottes von Tschenstochau und die von Wilna anrief – der bisher versperrte Blick nach Osten war wieder frei.

Einige Monate später unternahm Johannes Paul II. seine erste Pilgerfahrt nach Polen und gab der aufwachenden Gesellschaft eine Form für ihren künftigen Aufbruch. Auch ohne diese Reise wäre es wahrscheinlich zu einer Revolte gekommen, wäre der Realsozialismus in absehbarer Zeit zusammengebrochen und hätte der Katholizismus dazu einen wesentlichen Beitrag geleistet. Wenn aber diese Explosion unkontrolliert, gewaltsam und blutig verlaufen wäre, dann hätte die Kirche – nicht zum ersten Mal in der Geschichte Polens – die Rolle eines Trösters und Trauernden gespielt. Daß es ein Jahr später nicht dazu kam, war auch ein Effekt dieser Reise, bei der Millionen Menschen ruhig, gelöst und selbstbeherrscht auf die Straße gingen und die Plätze in Gotteshäuser und Vivat-Rufe in Gebete umwandelten. Auch diese Erfahrung sollte ein Jahr später sehr brauchbar sein, als der Streik in eine Messe und die empörten Rufe in öffentliche Beichten umschlugen. Den Machthabern dämmerte leise, daß dies das Ende einer Ära in Nachkriegspolen bedeutete, verstanden aber nicht, daß es der Anfang vom Ende ihrer Macht war.

Die Gierek-Mannschaft lag bereits in den letzten Zügen. Schon der „Jahrhundertwinter" 1978/1979 – einige Tage schweren Frostes um Silvester – hatte nicht nur die Energie- und Transportkrise, sondern vor allem das fehlende Krisenmanagement offenbart. Angesichts der sich radikal verschlechternden Wirtschaftslage gab sogar Gierek im Oktober 1979 auf einem ZK-Plenum seine Ratlosigkeit zu. Die Auslandsschulden waren mittlerweile auf 20 Milliarden Dollar angewachsen, und der Kreml erlaubte noch immer nicht, den für die Wirtschaft verantwortlichen Premier Jaroszewicz abzusetzen. Dazu kam es erst auf dem Parteitag im Frühjahr 1980, viel zu spät für eine Kehrtwende in der Wirtschaftspolitik. Trotzdem sah niemand den sich am Horizont abzeichnenden Steppenbrand voraus. Gierek sprach von „dauerhaften Errungenschaften" und der „Unterstützung der Arbeiterklasse für das Programm der Partei", und sogar die Pariser „*Kultura*" stellte verbittert fest: „Nichts wird passieren. Das System wird nicht zusammenstürzen, es wird keine gesellschaftliche Revolte ausbrechen, die Opposition wird nicht ins Gefängnis gehen, die VRP wird nicht aus der Krise herauskommen, selbst der Erste Sekretär wird sich nicht ändern."

Die Streikwelle vom Sommer 1980 kam unerwartet, aber nicht unvorbereitet. Die letzten Monate hatte Polen wie im Fieber durchlebt. Unter den Arbeitern an der Küste entstand bereits der Nukleus unabhängiger Gewerkschaften, die hektographierte Zeitung „*Robotnik*" erreichte eine Auflage von 20 000 Exemplaren, und die „Charta der Arbeiterrechte" vom August 1979 liest sich heute wie eine genaue Vorlage für die Verhandlungen auf der Danziger Werft im August 1980. Sie war schon ein Ergebnis der seit 1976 andauernden Zusammenarbeit von Intellektuellen und Arbeitern. Auch im kulturellen Leben herrschte eine merkwürdige Spannung: Die Bestimmungen der ZK-Propagandaabteilung für die Zensurbehörde, der jedes „Druckerzeugnis" vorgelegt werden mußte, wurden deprimierend detailliert und absurd, die Zahl der „nichtexistenten" Namen, Fakten und Ereignisse wuchs. Die oppositionelle Intelligenz rechnete mit der „Fassadenkultur" ab, doch selbst in vielen offiziell zugelassenen Büchern, Zeitschriften und Filmen war von dieser Fassade der meiste Putz bereits abgebröckelt. So wie Tadeusz Konwicki im „zweiten Umlauf" den „Polnischen Komplex" beschrieb, so zeigte im „ersten Umlauf" Jerzy Krzysztoń in seinem erschütternden Roman „Wahnsinn" das ganze Ausmaß der „polnischen Neurose". Gleichzeitig zeichnete das „Kino der moralischen Unruhe" in kritischen Filmen von Kieślowski, Zanussi, Holland, Falk ein Porträt der aufbegehrenden Dreißigjährigen.

Und wenn es stimmt, daß die Aufführung der „Stummen von Portici" 1830 in Brüssel den Abfall Belgiens von den Niederlanden auslöste, dann könnte man Wajdas Film „Der Mann aus Marmor" langfristig eine ähnliche Wirkung zuschreiben. Noch demonstrierten die Zuschauer zwar nicht beim Verlassen des Kinos, aber vorher, indem sie stundenlang vor der Kasse Schlange standen. Der Film zeigte in einem breiten Panorama den Weg Volkspolens vom Stalinismus über den Streik an der Küste 1970 bis zu der Generation, die sich gerade anschickte, ihren Anspruch auf Selbstbestimmung geltend zu machen.

Im Sommer 1980 war es so weit. Die Streikwelle, die Giereks Dekade ein jähes Ende setzte, begann – wie immer in Volkspolen – mit Preiserhöhungen, denn die Subventionen für Grundnahrungsmittel fraßen inzwischen rund 40 % des Staatshaushalts auf. Aber schon bald ging es um mehr als nur um Preise oder Lohnerhöhungen. Als Anna Walentynowicz, ein Mitglied des „Gründungskomitees Unabhängiger Gewerkschaften", aus der Danziger Lenin-Werft entlassen wurde, lag eine alte Rechnung von 1970 und 1976 wieder auf dem Tisch. Die Werft streikte nun um die Wiedereinstellung der seit 1976 entlassenen Kollegen und um ein Denkmal für die 1970 Erschossenen, und sofort schlossen sich ihr lawinenartig zahlreiche Großbetriebe an der Küste und in Oberschlesien an. Schon am ersten Streiktag, dem 14. August, als Lech Wałęsa über die Mauer auf das Werftgelände sprang und Vorsitzender des Streikkomitees wurde, schloß der Oberbefehlshaber der Marine einen Einsatz des Militärs gegen die Arbeiter aus, und die Vertreter des Woiwodschaftsparteikomitees verhandelten mit der Streikleitung.

Am dritten Tag verhandelten die Streikenden bereits mit den Vertretern der Warschauer Zentrale, aber nun ging es schon um viel mehr, die Gründung freier Gewerkschaften, die Abschaffung der Zensur und die Freilassung aller politischen Gefangenen. Die Telephonleitungen waren unterbrochen, die aktiven KOR-Mitglieder festgenommen, trotzdem bildete sich ein überbetriebliches Streikkomitee, und die kritischen Intellektuellen – linke ebenso wie katholische – zog es mit magnetischer Kraft nach Danzig, wo die Arbeiter unter anderem Tadeusz Mazowiecki und Bronisław Geremek als Berater akzeptierten. Nach zehn Tagen gab es in Hunderten von Betrieben im ganzen Land Solidaritätsstreiks, die Verhandlungen mit den Regierungsdelegationen gerieten ins Stocken, weil diese zwar notfalls zum Zahlen bereit, nicht aber auf politische Forderungen vorbereitet waren. Der August-Streik hatte etwas von der Tradition des polnischen Landsturms im 17. und 18. Jahrhundert an sich, der sich in Zeiten äußerer Bedrohung sammelte, oder von der *Konfederacja*, der Vereinigung des Landadels zur Durchsetzung eigener Interessen – auch gegen den König. Die Werft wurde zur heimlichen Hauptstadt Polens, binnen weniger Wochen entstand hier eine ganze Subkultur – eine Mischung aus politischer Kundgebung, Messe, Volksfest und verschanztem Lager. Noch war überhaupt nicht abzusehen, ob der Streik nicht doch mit einem Massaker enden würde. Während die Vertreter der Regierung noch versuchten, die Arbeiter mit finanziellen Zusagen zu bestechen, tauchten russische Landungsboote in der Danziger Bucht auf, und über der Werft kreisten Hubschrauber der Miliz. Kardinal Wyszyński kritisierte im Kloster Jasna Góra zwar die Machthaber, bemühte sich aber zugleich, die Arbeiter zum Streikabbruch zu bewegen.

Vergebens. Am 28. August wurden auf einer Nachtsitzung des ZK die *Hardliner* aus dem Politbüro geworfen, und nun standen nicht mehr nur die finanziellen, sondern auch die politischen Forderungen zur Disposition. Zu einem Massaker kam es auch deshalb nicht, weil Giereks Leute bei all ihrer Einfalt und technokratischen Gläubigkeit an das Machbare schon frei waren von einem ideologischen Sendungsbewußtsein, nach zehn Jahren der „Hoffähigkeit" im Westen waren sie weitgehend „domestiziert". Polen wurde nicht von Berufsrevolutionären oder stalinistischen Dogmatikern regiert, sondern von teils korrumpierten, teils berechenbaren, nicht selten engstirnigen, aber doch europäisches Niveau für sich reklamierenden Funktionären. Bei aller Beschränktheit der „Besitzer Volkspolens" – eine Rückkehr in die Finsternis etwa des Jahres 1951 wollten sie nicht. Schließlich waren auch in ihrem Umfeld Ende der siebziger Jahre Modelle für ein alternatives System formuliert worden, etwa in den halböffentlichen Denkschriften des Konversatoriums „Erfahrung und Zukunft" *(DiP)*; und Mieczysław F. Rakowski, Chefredakteur der Wochenzeitung *„Polityka"*, hatte 1979 einen Plan für eine langfristige „graduelle Machtabgabe" durch die Emanzipation der „Blockflötenparteien" zu einer realen Opposition und die Dezentralisierung der Wirtschaft vorgelegt.

Doch im August 1980 war die Zeit der Memoranden schon vorbei, Geschichte wurde am Verhandlungstisch in Danzig geschrieben. Am 31. August unterzeichnete Lech Wałęsa mit einem überdimensionalen Kugelschreiber in der Werft die Danziger Vereinbarung, die den Grundstein für unabhängige und sich selbst verwaltende Gewerkschaften legte.

X

Der August 1980 endete eigentlich erst zehn Jahre später, als der Danziger Streikführer Lech Wałęsa nach den ersten freien und direkten Präsidentschaftswahlen General Jaruzelski ablöste. Ein weiteres Paradoxon der polnischen Zeitgeschichte: Ein General adliger Herkunft repräsentierte die von der Bühne abtretende „Arbeiter- und Bauernmacht", und ein Arbeiterführer stand für die Rückkehr zum Kapitalismus. Dieses Jahrzehnt hatte eine geradezu atemberaubende Dramaturgie: mit „schwarzen Charakteren" und „Volkshelden", plötzlichen Überraschungen und retardierenden Momenten, moralischen Zwiespälten von Shakespeareschem Ausmaß und Fragen, die nie endgültig beantwortet wurden – zum Beispiel, ob Polen im Dezember 1981 ein sowjetischer Einmarsch mitsamt einer erneuten deutschen Besetzung, diesmal durch die NVA, drohte, oder ob das von Jaruzelski verhängte Kriegsrecht nur ein Versuch war, die Uhr der Geschichte zurückzudrehen.

Polen war zwar schon seit 1956 mit seiner privaten Landwirtschaft, starken Kirche, liberalen Kulturpolitik und quasi tolerierten Opposition ein „Sonderfall" im Ostblock gewesen, doch mit der Entstehung der *Solidarność* stellte sich die grundlegende Frage, inwiefern sich eine echte Opposition in den „real existierenden Staatssozialismus" einbauen ließ. Inwieweit konnte die Macht der *Nomenklatura*, der nur durch den „inneren Kreis" der *PZPR* und nicht rechtsstaatlich legitimierten Berufsfunktionäre, eingeschränkt werden, und wann war für den „Großen Bruder" in Moskau die „Grenze der Belastbarkeit" erreicht?

Doch in der ersten Verblüffung über Verlauf und Ergebnis des August '80 sprach man in Polen weniger über die Machtfrage oder die sowjetischen Panzer als über das neue „Gruppenbild" der polnischen Arbeiter. Mit der *Solidarność* meldete sich die nächste, bereits in „Volkspolen" aufgewachsene Generation zu

Wort. Auch wenn viele bekannte Schriftsteller, Filmregisseure, Vorkriegsjuristen und ehemalige Widerstandskämpfer der älteren Generation bei den Gewerkschaftlern große Autorität besaßen – den Ton gaben die Dreißigjährigen an. Insofern war es kein Zufall, daß gerade Lech Wałęsa ihr Sprecher und Symbol wurde, ein Arbeiter, Jahrgang 1943, der vom Land in die Großstadt gegangen war. Diese aufgeschlossene und gut ausgebildete Generation war nicht der Nutznießer von Giereks „Wirtschaftswunder" der frühen siebziger Jahre gewesen, sie war dann aber der Verlierer der anschließenden Wirtschaftskrise und der blockierten Aufstiegschancen – dieser alten Krankheit des Realsozialismus, dessen verkrustete Verwaltungsstrukturen keinen organischen Generationswechsel zuließen. In der *Solidarność* kam das „zweite Polen" zum Vorschein, allerdings nicht jenes, das Gierek vorgeschwebt hatte.

Sie hatte keine Macht, beherrschte aber die Phantasie. Sie war eine Verweigerungsbewegung, eine wirkliche Revolte der Massen, die – vielleicht letzte, wenn nicht einzige – Revolution, die so verlief, wie Marx sich das vorgestellt hatte. Nur daß die emanzipierten Arbeiter nichts mehr von ihrem selbsternannten Mentor hören wollten, sondern mehr der „Schwarzen Madonna" vertrauten. Sie waren einverstanden mit einer „sich selbst beschränkenden" Revolution, aber mißtrauten „denen da oben". Der alte polnische Gegensatz zwischen der Gesellschaft als einem solidarischen Gemeinwesen und der – nicht selten von außen vor die Nase gesetzten – Staatsmacht kam wieder zum Vorschein.

Die Bewegung, die aus der Streikwelle entstand, bezog ihre Legitimität nicht aus ihren wirtschaftlichen und sozialen Forderungen; die waren wichtig, hätten aber nicht ausgereicht, um ein Viertel der Polen in den Bann der Gewerkschaft zu ziehen. Die *Solidarność* knüpfte ganz bewußt an die von der *PZPR* verworfenen nationalen Traditionen sowohl Vorkriegspolens als auch der alten *Res publica* vieler Völker an. Es ging um weit mehr als nur um historische Bilder, es ging um ein „Ethos" – eine Verbindung von Politik und Moral –, das in der alten polnischen Tradition der Romantik und Rousseaus *contrat social* verankert war. Es war in der *Solidarność* manches vom Geist der *Konfederacja* von Bar im

18. Jahrhundert, jener patriotischen Adelsbewegung, die am König vorbei die *Res publica* vor russischer Bevormundung hatte bewahren wollen. Auch in ihrer Organisationsform – einem Netz unabhängiger, durch Koordinationsausschüsse lose miteinander verbundener Regionalorganisationen – griff die Gewerkschaft instinktiv auf alte polnische Vorbilder zurück, auf die Land- und Kreistage der *Szlachta*. Damit lebte sie nicht allein vom Kopf – der Zentrale –, sondern vor allem von den Gliedern, was wiederum eine einheitliche und rigoros durchgehaltene Linie fast ausschloß. Ein Horror für „demokratische Zentralisten", die in diesem Rückgriff auf die „Vormoderne" nicht nur eine „perfide Unterhöhlung" ihres Machtkorsetts, sondern auch eine gefährliche Schwächung des Staates sahen. Hinter dem politischen Gegensatz verbarg sich somit auch ein Geschichts- und Kulturstreit.

Der Konflikt mit der Regierungspartei war also unumgänglich, denn diese verstand sich als einziger Garant einer – wenn auch beschränkten – Souveränität Polens. Nicht von ungefähr warnten die Parteiideologen vor den Folgen der „Anarchie", die im 18. Jahrhundert der Grund für die polnischen Teilungen gewesen sei. Allerdings kannten die Meisterdenker der *Solidarność* sehr wohl die Grenzen des Möglichen: Sowohl die Pariser „*Kultura*" als auch *KOR's* „*Biuletyn Informacyjny*" schrieben offen, daß vorerst weder eine volle Unabhängigkeit noch freie Wahlen zur Debatte stünden, sondern allein eine „Pluralisierung" des öffentlichen Lebens, die Aufhebung der Präventivzensur, eine rationale Wirtschaftsreform, die Freiheit von Wissenschaft und Kultur, unabhängige Gerichte und so weiter: „Und das alles müssen wir ertrotzen und erzwingen, denn kein Volk hat je seine Rechte geschenkt bekommen. Doch denken wir beim Ertrotzen und Erzwingen daran, nicht den polnischen Staat in Stücke zu reißen, einen nichtsouveränen Staat, aber einen Staat, ohne den unser Schicksal unvergleichlich schwerer wäre." Diese „sich selbst beschränkende" Revolution erforderte guten Willen, Selbstdisziplin und einen Partner, der die ihm zugeteilte Rolle eines „Schutzhelms" oder einer „Tarnkappe" für die *Solidarność* gegenüber Moskau und den anderen „Bruderländern" auf sich nahm.

Die *PZPR* war nach dem Danziger Abkommen kein guter Kandidat für diese Rolle: In ihrem Selbstverständnis tief getroffen, verlor sie in den nächsten Monaten rund eine Viertelmillion Mitglieder, wurde wegen der Privilegien der *Nomenklatura*, ihrer Unfähigkeit und ihrer „Arroganz der Macht" aufs schärfste angegriffen und zerfiel in verfeindete Gruppen – von den Stalinisten und faschistoiden Nationalisten bis zu den Sozialdemokraten und radikalen Erneuerern, die die hierarchische Struktur der *PZPR* ablehnten. Schon im Herbst 1980 begann ein nervöses Tauziehen um die Registrierung der *Solidarność*, die in ihrem Statut die „führende Rolle der Partei" im Staat anerkennen sollte. Unmittelbar nach ihrer Zulassung ohne diese Auflage meldete sich der senile Breschnew aus Moskau und rieb den Polen seine Doktrin der beschränkten Souveränität unter die Nase.

Moskau – und der einheimische „Beton" in der *PZPR* – verstanden das „Danziger Abkommen" wohl nur als ein taktisches Manöver zur Beendigung des Streiks, nach dem man wieder zum *Status quo ante* zurückkehren könne, notfalls mit sowjetischen Panzern. Daß Polen im Dezember 1980 kurz vor einer Intervention stand und 18 sowjetische Panzerdivisionen schon die Motoren warmlaufen ließen, geben sowjetische und tschechische Generäle heute freimütig zu. Die Krankenhäuser in Kaliningrad, Lemberg und Prag hielten freie Betten bereit, und ehemaligen sowjetischen Polit-„Beratern" in der polnischen Armee wurden bereits Kommandanturposten in polnischen Städten zugeteilt.

Wer damals die Intervention von Polen abgewendet hat, ist schwer auszumachen. Stanisław Kania, Giereks Nachfolger auf dem Posten des Ersten Sekretärs, schildert in seinen Erinnerungen, er habe Breschnew eindringlich die katastrophalen Folgen einer Intervention nicht nur für Polen, sondern für ganz Europa ausgemalt, und zitiert Breschnews Worte: „Na gut, dann marschieren wir eben nicht ein." Zbigniew Brzeziński, damals Berater des amerikanischen Präsidenten, macht geltend, nur der massive Druck aus Amerika hätte den polternden Breschnew zur Räson gebracht. Nach einer dritten, von argwöhnischen Sprechern der *Solidarność* vertretenen Variante soll General Jaruzelski als Verteidigungsminister schon im Dezember 1980 in Moskau einen Teufelspakt eingegangen sein, indem er den Sowjets garantiert habe, die Polen würden dem Spuk alleine ein Ende setzen. Auch wenn das stimmen sollte, war immer noch offen, welchen Part er selbst in diesem polnischen Drama übernehmen würde, den eines „sowjetischen Offiziers in polnischer Uniform", den eines Ulysses oder gar den eines polnischen Patrioten. Auf jeden Fall gewann Polen dank der Abwendung der Intervention im Dezember 1980 ein Jahr Zeit, und die Erfahrungen dieses Jahres konnte der polnischen Gesellschaft niemand mehr nehmen.

Bleibt noch der weltpolitische Kontext: Seit Ende 1979 war die UdSSR in den afghanischen Bürgerkrieg verwickelt, weswegen die USA mit Sanktionen drohten, doch vorerst war nur der Boykott der Olympiade in Moskau dabei herausgekommen. Andererseits wollte Westeuropa die Entspannungspolitik retten und schätzte den polnischen Aufbruch auch als möglichen Störfaktor ein. Polen – ohnehin vom Westen durch die starre Festung des preußischen Stalinismus, die DDR, abgeschnitten – konnte im Falle einer Katastrophe nur mit den üblichen Krokodilstränen rechnen, darüber machte man sich im Lande keine Illusionen. In den Augen der Sowjets wiederum stellte die bloße Existenz der *Solidarność* das Machtmonopol der Kommunisten in Frage und drohte langfristig auch auf andere Ostblockländer ansteckend zu wirken, andererseits konnte man Polen als ein Versuchsfeld für Systemreformen betrachten. Außerdem sprach wohl auch die Entschlossenheit der polnischen Arbeiter und die Erinnerung an den „Warschauer Aufstand" 1944 gegen eine Intervention: Ein zweites Afghanistan mitten in Europa wäre recht unbequem gewesen.

In Polen selbst hatte das Argument der sowjetischen Panzer nur bedingt eine beschwichtigende Wirkung. Die *Solidarność* dachte zwar nicht an eine „Machtübernahme", doch überall im Lande brachen weiterhin Streiks aus, noch in der tiefsten Provinz mußten die Betriebsbelegschaften ihren „Emanzipationsstreik" erleben, bei dem es meist um eine Abrechnung mit den lokalen Parteigrößen ging. Eine „Kulturrevolution" war im Gange, eine Umwertung aller bisherigen offiziellen Werte. Schon lange vor dem August '80 hatte die Opposition ein „Leben in Wahrheit" gefordert. Jetzt ging es nicht mehr allein um Demokratisierung, Liberalisierung und Dezentralisierung wie '56 oder '70, sondern um eine radikale Reorientierung der Gesellschaft.

Unter dem Motto „Es gibt nur eine polnische Literatur" entdeckten auch die offiziellen Medien nun die bisher totgeschwiegenen Schriftsteller des „zweiten Umlaufs" und der Emigration. Als dann Czesław Miłosz auch noch den Literaturnobelpreis erhielt, war die kleinkarierte Zensurpraxis bloßgestellt, und er selbst wurde zum Symbol der neuen Zeit. Seine Verse wurden in das Danziger Mahnmal für die 1970 erschossenen Arbeiter gemeißelt und wenige Monate später sein „Verführtes Denken" im polnischen Rundfunk gelesen. Eine „Wiedergewinnung des Gedächtnisses" setzte ein, die ersten „weißen Flecken" in der Geschichtsschreibung wurden umrissen. Es war noch keine Generalabrechnung, vielmehr eine erste Bestandsaufnahme. Und in Andrzej Wajdas „Mann aus Eisen" – einem filmischen Denkmal für die Werftarbeiter mit Lech Wałęsa im Hintergrund – bekam die *Solidarność* ihren Kultfilm. Vom alten Kanon der staatlich lizenzierten Autoritäten schien nicht viel übrig zu bleiben. Dagegen versuchte die Staats- und Parteiführung anzugehen, indem sie ein propagandistisches Trommelfeuer gegen die für sie unverdaulichen „Extremen" eröffnete, gegen *KOR*-Mitglieder und die Führer einer in den siebziger Jahren gegründeten rechtsnationalen Untergrundpartei „Konföderation Unabhängiges Polen" *(KPN)*. Daß die Reformer in der *PZPR* auch den „extremen Beton" in den eigenen Reihen bekämpften, war für viele ein bloßes Ablenkungsmanöver, weit stärkere Beachtung fanden die Korruptionsaffären. Die *Solidarność* hatte noch keinen Zugang zu den staatlichen Medien, aber sie überschüttete ihre Mitglieder mit Flugblättern und Betriebszeitungen, die nicht der Zensur unterlagen. Die Einübung auf eine freie Öffentlichkeit war wichtiger als das Gerangel an der Spitze, und der rapide Glaubwürdigkeitsverlust der Machthaber führte dazu, daß die „Machtfrage" dann doch gestellt wurde – in den Köpfen der Menschen, zumal beide Seiten keine gemeinsame Sprache finden konnten.

Im Februar 1981 wurde General Jaruzelski Ministerpräsident

und machte Mieczysław F. Rakowski, bisher Chefredakteur der „Polityka", zu seinem Stellvertreter. Viele waren über diese Wahl überrascht, denn seine Zeitung war bei orthodoxen Militärpublizisten alles andere als wohlgelitten. Doch der General brauchte einen glaubwürdigen Partner für die Verhandlungen mit der Solidarność, und Rakowski war selbst bei vielen Oppositionellen angesehen, weil er an der antisemitischen Kampagne '68 nicht teilgenommen und sich jahrelang für Reformen eingesetzt hatte. Dieses ungleiche Paar – der General vorsichtig, introvertiert und von den in der Sowjetunion verbrachten Jahren 1939 bis 1944 geprägt, sein Vize dünnhäutig, extrovertiert und bei der KPdSU und der SED als „verkappter Sozialdemokrat" verschrieen – wollte die Reform-Avantgarde im Block spielen, letztlich wurden die beiden jedoch – inzwischen verhaßt und verachtet – allein zu „Helden des Rückzugs", wie Hans Magnus Enzensberger schrieb. So wie sie den Sozialismus jahrzehntelang aufbauten, so demontierten sie ihn auch konsequent, als sie merkten, daß der furchteinflößende Koloß im Osten sich festgefahren hatte. Doch im März 1981 sah es noch nicht danach aus.

Der General trat mit der Bitte um 90 streikfreie Tage an, aber schon im März kam es zur ersten Kraftprobe. Während in Polen nach altbekanntem Muster permanente Manöver des Warschauer Pakts stattfanden, ließen die „Betonköpfe" in Bromberg Vertreter der Bauern-Solidarność ostentativ von der Miliz verprügeln, worauf die Solidarność mit einem vierstündigen landesweiten Warnstreik antwortete. In diesem Moment hatte die Gewerkschaft absolute Rückendeckung, das ganze Land stand still. Drei Tage später unterzeichneten Rakowski und Wałęsa einen in der PZPR wie auch in der Solidarność umstrittenen Kompromiß. Ein Generalstreik wurde abgewendet, auch die Gewerkschaft der Privatbauern endlich registriert und eine eigenständige Gewerkschaftspresse zugelassen, aber die von Rakowski beschworene „Partnerschaft" zwischen Regierung und Gewerkschaft blieb sehr brüchig.

Die 16 Monate zwischen dem August '80 und dem Kriegszustand im Dezember 1981 erscheinen rückblickend wie ein ununterbrochenes Gezerre und „Polithappening". Sehr oft führte die

Hinhaltetaktik der Regierungsseite nur zu einem Höherschrauben der *Solidarność*-Forderungen. Auf die Ablehnung der Registrierung der Gewerkschaft folgte eine Breitseite gegen das Justizwesen, auf die Provokation in Bromberg – die Forderung nach einem Revirement in der Miliz, auf eine tendenziöse TV-Berichterstattung – ein Medienstreik. Die Regierung wiederum warf der *Solidarność* vor, Zusagen nicht einzuhalten und Abmachungen zu brechen. Während die *Solidarność* glaubte, nur mit Druck etwas erreichen zu können, meinte die Regierung, nicht endlos nachgeben zu dürfen, weil sie sich schon mit dem Rücken an der Wand sah.

Trotz aller Vorarbeit der siebziger Jahre, trotz der „fliegenden Universitäten" und Konversatorien in der Akademie der Wissenschaften, erwies sich die polnische politische Kultur als nicht ausreichend, um die zunehmende Polarisierung zu überbrücken. Die Tat kam doch eher als das Wort. Und im entscheidenden Moment fehlten auch durchsetzungsfähige Vermittler. Im Mai wurde in Rom ein Attentat auf den Papst verübt, was die Polen spontan als Angriff auf ihre Emanzipationsbestrebungen empfanden, eine Auffassung, die von der „bulgarischen Spur" bestätigt zu werden schien. Kurz darauf starb Kardinal Wyszyński, und sein Nachfolger – Józef Glemp – besaß nicht die enorme Autorität des „großen Primas", wie er selbst unumwunden zugab. Ob allerdings überhaupt jemand in der damaligen Lage erfolgreich hätte vermitteln können, ist zu bezweifeln.

Im Lande zeichnete sich eine Doppelherrschaft ab. Der IX. Parteitag der *PZPR*, dessen Delegierte gegen jede Tradition leninistischer Parteien demokratisch gewählt waren – 80 % von ihnen erstmalig, und 20 % gehörten daneben der *Solidarność* an –, bestätigte nach hitzigen Debatten einen bedingten Reformkurs, gleichzeitig aber auch die „führende Rolle der Partei". Auf dem I. Kongreß der *Solidarność* wiederum sprach man schon von freien Wahlen, einer unabhängigen Gerichtsbarkeit, der „Entparteilichung der Betriebe", der Unreformierbarkeit des Wirtschaftssystems ohne politische Reformen und von einer „sich selbst verwaltenden Republik". Auch wenn die „Realos" die „Fundis" noch dämpfen konnten, standen die Worte im Raum, genauso wie der „Aufruf an die Arbeiter Osteuropas", es den Polen gleichzutun.

Die beiden Lager steuerten auf eine Konfrontation zu. Der inzwischen völlig zermürbte Parteichef Kania wurde von Jaruzelski abgelöst, und der letzte Versuch von Primas Glemp, zwischen beiden Seiten zu vermitteln, scheiterte. Der Machtkampf ging zu Lasten der Wirtschaft, die Versorgungslage wurde im Laufe des Jahres immer chaotischer. Als Partei und Regierung eine Art „Notstandsgesetz" für den Winter und ein restriktives Gewerkschaftsgesetz forderten, kündigte die *Solidarność* im Gegenzug Straßendemonstrationen, einen Generalstreik und ein Referendum über die „Herrschaftsmethoden" an.

Bevor es dazu kam, wurden in der Nacht zum 13. Dezember Tausende von *Solidarność*-Aktiven verhaftet und interniert, der Kriegszustand hatte begonnen. Nach 16 hitzigen Monaten bot das Land mit einem Schlag ein gespenstisches Bild: Schützenpanzer auf den Straßen, gekappte Telephonleitungen, nächtliche Ausgangssperre, geschlossene Schulen und Hochschulen, suspendierte Zeitungen und abgeriegelte Grenzen. Noch gab es keine Toten, doch die Belagerung der sofort bestreikten Betriebe hatte auch erst begonnen. Drei Tage später wurden sieben Arbeiter bei der Erstürmung der Grube *Wujek* erschossen.

Die Verhängung des Kriegszustands wird die Polen noch lange beschäftigen. Die einen meinen: Er fror die polnische Revolution ein – aber nicht die Reformen, verhinderte womöglich eine sowjetische Intervention oder einen Bürgerkrieg und ermöglichte es, auf bessere Zeiten für ein Nachspiel zu warten. Die anderen sehen es umgekehrt: Er zerstörte den Reform-Enthusiasmus, verursachte eine Emigrationswelle – Hunderttausende junger Polen kehrten dem Land den Rücken –, spaltete und lähmte die Gesellschaft und war eine reine Zeitvergeudung.

Der Kriegszustand war nur als militärische Operation gelungen. Der psychologische Schock, den er hervorrief, wurde noch verstärkt durch die Rache des Parteiapparats an den aktiven *Solidarność*-Mitgliedern, die massenhaft entlassen wurden, und durch die primitiv-aggressive und instinktlose Propaganda, die sofort einen Boykott des Fernsehens durch die bekannten

Künstler nach sich zog – und durch die Anhänger der vorerst nur suspendierten *Solidarność*, die während der Hauptnachrichtensendung am Abend demonstrativ mit Kind und Kegel spazierengingen. Prominente Schriftsteller, Professoren und Journalisten wurden interniert, andere mit Vorwürfen überhäuft, sie hätten als Schlichter versagt, wieder andere ließen sich als „verantwortungsbewußte Patrioten" belobigen und waren damit als „Kollaboranten" diskreditiert. Mit einem Schlag war die traditionelle Verzahnung der offiziellen, halboffiziellen und inoffiziellen Öffentlichkeiten zerstört. Nur das Episkopat ließ die Kontakte zu Jaruzelski nicht ganz abreißen.

Außenpolitisch im Westen fast völlig isoliert, abgesehen von einem dünnen Gesprächsfaden zur Bundesrepublik, innenpolitisch vom überwiegenden Teil der Gesellschaft abgelehnt, wähnte sich die Führung in einer belagerten Festung – gestützt nur auf Armee und Sicherheitsdienst, und dazu noch mit dem „Beton"-Klotz am Bein. Die *Solidarność* wiederum sah sich zu einem „Krieg um Polen" – wie Wałęsa sagte – gegen die „Junta" gezwungen und griff ganz bewußt auf vertraute Verhaltensmuster zurück: Die Frauen trugen Trauerkleider, in den Kirchen wurden Messen fürs Vaterland gelesen wie während des Aufstands 1863, die Techniken der Konspiration aus der Zeit des Untergrundstaates gehörten plötzlich wieder zum Alltag – und bei manchen auch zum guten Ton. In einem Warschauer Kaffeehaus sagte ein Literatur-Dozent „am Tag danach" zu seinen Studenten, „jetzt gehen wir in den Wald", woraufhin er nach Hause ging, um seine Texte für die sofort aus dem Boden schießenden Untergrundblätter zu schreiben, die seine Studenten dann austrugen. Der „Wald" war eine romantische Metapher, wie auch der „Krieg" gegen Jaruzelski mit Symbolen geführt wurde – findig und umsichtig; nicht einmal die wiederholten Straßenschlachten zwischen Demonstranten und den brutalen Schlägertrupps der Miliz provozierten ein Abgleiten des Widerstands in den Terrorismus. Wiederum setzte die *Solidarność* die kollektive Phantasie frei, während die Regierungsseite mit ihrem Rückgriff auf die Ideologie des „Positivismus", der kleinen Schritte im Rahmen des Möglichen, blaß und wenig glaubwürdig erschien.

Paradoxerweise wurden 1982, als der Militärrat die *PZPR* in Schach hielt und auf eine Zusammenarbeit zumindest mit Teilen der *Solidarność* hoffte, trotz allem noch einige Reformen eingeführt. Doch diese Hoffnung war vergeblich, und im Herbst wurde die *Solidarność* „entlegalisiert". Nur einen Monat später starb Breschnew, zwei Tage später war Wałęsa als „Privatperson" wieder frei, und Ende des Jahres setzte Jaruzelski den Kriegszustand aus. Doch die „Landschaft nach der Schlacht" wurde erst recht winterlich. Nur die anhaltende private Hilfe aus dem Ausland – deren Umfang gerade aus der Bundesrepublik die Polen überraschte – und die sich unter dem Dach der Kirche formierende Gegenöffentlichkeit waren für viele ein Lichtblick.

Eine authentische Verständigung zwischen „denen da oben" und der „Gesellschaft" verhinderten vor allem die wiederholten Übergriffe der Miliz und des Sicherheitsdienstes. Bis heute sind etliche Morde an Oppositionellen ungeklärt. Erst der schockierende Meuchelmord an dem Priester Jerzy Popiełuszko 1984, einer Symbolfigur für die Unterstützung der bedrängten Opposition seitens der Kirche, zwang das Regime zur Flucht nach vorn. Die Mörder aus dem Innenministerium wurden schnell gefaßt und in einem öffentlichen Prozeß in Thorn abgeurteilt: Damit setzten die Regierenden ihr eigenes System der Gewalt auf die Anklagebank und leiteten eine öffentliche Abrechnung mit ihm ein, als es noch intakt war. Eine „gesellschaftliche Aussöhnung" konnte der Prozeß jedoch auf Anhieb nicht bewirken, zumal man die Drahtzieher noch an höherer Stelle vermutete.

Der Thorner Prozeß fiel zusammen mit dem Beginn der Ära Gorbatschow in Moskau, doch Jaruzelski – entsprechend seinem Naturell – lotete die Chancen dieses Wechsels erst einmal übervorsichtig aus. Bevor er eine „zweite Etappe der Reformen" einleitete, schob er wie üblich symmetrisch die profiliertesten Vertreter des „Betons" und des Reformflügels aufs Abstellgleis. Die farblose „Mitte" sollte sich ans Werk machen – und so sah es auch aus: Es bewegte sich etwas, aber immer um einen Takt zu spät, halbherzig und ohne Schwung. Polen bekam Institutionen eines Rechtsstaats, wie sie kein anderes sozialistisches Land hatte – vom Verfassungsgericht über den Ombudsmann für Bürgerrechte bis hin zum Volksentscheid. Auch ein Konsultativrat wurde geschaffen, in dem die Staatsführung sich wieder in den Dialog mit namhaften Intellektuellen und Vertretern der Kirche einübte. Aber die *Solidarność* wurde immer noch als möglicher Partner umgangen.

Polen befand sich in einer merkwürdigen Lage: Im Ostblock behandelte man es mit Mißtrauen, und die DDR schottete sich aus Angst vor dem „polnischen Bazillus" ab, wobei die SED-Propaganda sich nicht scheute, auf antipolnische Klischees aus der Nazizeit zurückzugreifen. Die Sowjets rügten noch gelegentlich die polnischen „Abweichungen", aber ihre Einschüchterungskraft schwand. 1984 geschah sogar Unerhörtes: In der offiziellen polnischen Presse verwahrte man sich schroff gegen derartige Belehrungen. Jaruzelski versuchte, auch im Westen mehr Profil zu gewinnen, doch solange die *Solidarność* nicht wieder zugelassen war, konnten seine Reisen nach Italien, Amerika oder Frankreich keinen wirklichen Durchbruch bringen.

Zugelassen oder nicht – die *Solidarność* war präsent. Auch wenn viele ihrer Mitglieder inzwischen zu den neugebildeten „regimetreuen" Gewerkschaften *(OPZZ)* übergewechselt waren – die, die blieben, bildeten einen verschworenen „harten Kern", und einige von ihnen waren schon zu einer Legende geworden, von dem inzwischen mit dem Nobelpreis ausgezeichneten Wałęsa bis zu Zbigniew Bujak, der wie ein Volksheld jahrelang in der Konspiration die ihn verfolgenden Agenten des Sicherheitsdienstes an der Nase herumführte. Aber die *Solidarność* war mehr als nur eine Legende, ihre Strukturen bestanden in den Betrieben weiter, ihre Strategen – wie Professor Bronisław Geremek – diskutierten, häufig unter dem Dach der Kirche, Zukunftsmodelle für Staat, Wirtschaft und Politik. Und in den jedermann leicht zugänglichen Untergrundzeitschriften wurden nicht selten große Kulturdebatten initiiert – etwa über die Kollaboration mit den Kommunisten und die „Schuldfrage" während des polnischen Stalinismus –, die wiederum auf die offiziellen Medien überschwappten.

Zu Gorbatschow hatten die Polen eine weit reserviertere Haltung als der Westen. Lange Zeit konnte man sowohl im Lande

selbst als auch in der Emigration Warnungen vor dem geschmei-
digen Chef in Moskau hören. Zwar verglich ihn niemand mit
Goebbels, doch sein „Neues Denken" beeindruckte nicht sonderlich, auf jeden Fall entdeckte man darin keinen „Fünfjahres-
plan" des sowjetischen „Rückzugs aus der Geschichte". Für die
Reformer in der *PZPR* bedeutete Gorbatschow zwar eine gewisse Rückendeckung, sein Besuch in Polen 1988 war allerdings eine
Enttäuschung. Der im Westen schon bejubelte „Gorbi" fand
während eines Treffens mit polnischen Intellektuellen weder zu
Katyń noch zur Gültigkeit der „Breschnew-Doktrin" klare
Worte. Was blieb, war allein das halb parodistisch, halb freund-
lich gemeinte Lied eines polnischen Kabarettisten über den
Frühling, der vom Osten kommt, und über Michail, der eine
neue Welt aufbauen wird . . .

Der Frühling kam tatsächlich – mit einer mächtigen Streikwelle im Frühsommer 1988. Sie hatte wie immer wirtschaftliche
Gründe, denn die „zweite Etappe" der Reform trat unter der
Regierung Messner auf der Stelle. Die Streiks zeigten die „Be-
sitzstände" beider Seiten in der Gesellschaft, zu einem General-
streik weiteten sie sich nicht aus, aber die *Solidarność* unter
Wałęsa trat wieder offen auf. Beendet wurden sie „auf polnische
Art": Einerseits mit einem harten Durchgreifen der Miliz, andererseits mit einem Aufruf an die Opposition, sich an einen
„Runden Tisch" zu setzen. Und dieses Angebot sprach derselbe
Innenminister Czesław Kiszczak aus, der die Miliz befehligt
und die Jagd auf den oppositionellen Untergrund geleitet hatte.
Die *Solidarność* – ohnehin niemals ein Monolith – war sich un-
eins, wie sie reagieren sollte, aber der überwiegende Teil ging auf
das Angebot ein. Auch die *PZPR* war geteilter Meinung, viele
lehnten einen Dialog nach wie vor ab. Doch als die „Viererban-
de" – Jaruzelski, Rakowski, Kiszczak und Verteidigungsminister Siwicki – ihren Rücktritt anbot, beugten sich die mediokren
„Betonköpfe" im Zentralkomitee. Die Reformer kamen endlich
zum Zuge, zu spät. Der neue Ministerpräsident Rakowski begann mit Schwung – und stolperte gleich zu Anfang, als er die
Liquidierung unrentabler Großbetriebe, darunter Wałęsas
Hochburg, die Lenin-Werft, ankündigte. Wirtschaftlich viel-

leicht berechtigt, war dieser Schritt politisch in der Zeit des „Runden Tischs" selbstmörderisch. Danach konnte ausgerechnet der Politiker, der schon in den siebziger Jahren von einem Systemwandel und einer „stufenweisen Machtabgabe" der Partei gesprochen hatte, 1990 tatsächlich nur noch das Licht hinter der *PZPR* ausknipsen.

Der „Runde Tisch" vom Frühjahr 1989, später eines „faulen Kompromisses" geziehen, war wieder eine „polnische Lösung", ein politisches Kunstwerk der Halbheiten, die zu einem komplizierten Kontrakt führten. Eine Partnerschaft der einstigen Jäger mit den Gejagten sollte in der hoffnungslosen wirtschaftlichen Lage die *Solidarność* in die Verantwortung einbinden, aber auch den bisherigen Machthabern ein Stück Macht wegnehmen. Eine Maßarbeit der Systemdemontage begann.

Die Abmachungen des „Runden Tischs" waren sehr detailliert und sind heute vergessen. Wichtigster Punkt waren „halbfreie" Wahlen nach einem bizarren Wahlmodus als erster Schritt zur künftigen parlamentarischen Demokratie. Die Wahlen am 4. Juni 1989 endeten mit einer vernichtenden Niederlage der *PZPR*, die *Solidarność* gewann 99 % der Mandate im völlig frei gewählten Senat und sämtliche der 35 % frei gewählten Mandate im *Sejm*. Denn die Kandidaten mußten sich nur mit Wałęsa auf einem Plakat ablichten lassen, um sicher durchzukommen. Dennoch behielt die *PZPR* mit ihren „Blockflöten" – der Vereinigten Bauernpartei *(ZSL)* und der Demokratischen Partei *(SD)* – vereinbarungsgemäß die rechnerische Mehrheit. Nur war die einstige „Vorhut der Arbeiterklasse" bereits zur Nachhut geworden, und viele, die ihr bislang die Stange gehalten hatten, schielten nun nach der *Solidarność*. Deren Strategen standen vor dem grundsätzlichen Dilemma: Ist es besser, sich erst in der Opposition aufzubauen, oder, die Gunst der Wähler nutzend, auf eine Beteiligung an der Macht zu drängen? Wenige Wochen nach der Wahl schrieb Adam Michnik in der neuen, aber bereits einflußreichen Tageszeitung „*Gazeta Wyborcza*" einen Artikel, der Geschichte machte: „Euer Präsident – unser Ministerpräsident". Aber zu dem Zeitpunkt war weder „deren" Präsident schon gewählt noch das siegreiche *Solidarność*-Lager sich sicher, ob es sich weiter an den Kontrakt mit dem *Ancien régime* halten sollte. Die Wahl des Präsidenten gab den Ausschlag. General Jaruzelski, der als „Stoßdämpfer" den Reformprozeß nach außen absichern sollte – noch stand ja die Mauer in Berlin und existierte der Warschauer Pakt –, wurde nur dank der indirekten Hilfe der *Solidarność* von beiden Kammern des Parlaments gewählt. Denn das „Regierungslager" gab es nicht mehr, und daher konnte auch der letzte *PZPR*-Ministerpräsident, Czesław Kiszczak, keine Koalitionsregierung zusammenkitten.

Als Königsmacher trat nun schon Lech Wałęsa auf. Er ließ sich bei einem Händedruck mit den „abtrünnigen" Parteiführern von *ZSL* und *SD* photographieren und segnete damit einen Koalitionswechsel ab. Und er war es auch, der Tadeusz Mazowiecki als Ministerpräsidenten ins Gespräch brachte. Die Machtabgabe verlief weiterhin nach Maß. Jaruzelski akzeptierte den katholischen Politiker, Moskau machte gute Miene, Ost-Berlin wand sich mit nichtssagenden Phrasen, und die „Sonne der Karpaten", Nicolae Ceauşescu, warnte Warschau vor der Konterrevolution. Am 24. August 1989 hatte Polen den ersten nichtkommunistischen Regierungschef im Ostblock.

Stück für Stück wurde das *Ancien régime* dann weiter abgestreift. Im Innen- und Verteidigungsministerium blieben noch die bisherigen Chefs, doch das Außenministerium wurde bereits von Krzysztof Skubiszewski übernommen, der mit der *PZPR* überhaupt nicht und mit der *Solidarność* nur lose liiert war. Umsichtig und mit sicherer Hand sollte er das polnische Schiff auf Westkurs bringen und in den nachfolgenden *Solidarność*-Kabinetten international als ein Garant der polnischen Berechenbarkeit erscheinen.

Die 16 Monate der Regierung Mazowiecki fielen in die Zeit eines politischen und gesellschaftlichen Erdbebens in Europa. Die Wahlen vom 4. Juni waren der erste Stein einer Lawine, bald öffneten die Ungarn ihre Grenze und die Massenflucht der DDR-Deutschen brachte den SED-Staat zu Fall. Mazowieckis Wahl zum Ministerpräsidenten ermöglichte es auch, einen Durchbruch in den seit einiger Zeit festgefahrenen Verhandlungen mit der Bundesregierung zu erreichen, obwohl der Zerfall der DDR und der Verlauf der deutschen Vereinigung nicht wenige alte deutsch-polnische Animositäten wieder weckte.

Der Fall der Mauer traf die polnische Gesellschaft nicht unvorbereitet. Seit Jahren schon wurde im Untergrund, aber auch „an der Oberfläche" darüber diskutiert, ob eine Vereinigung Deutschlands für Polen günstig oder ungünstig wäre. Denn daß sie kommen würde, darin waren sich nicht wenige Intellektuelle einig, die Frage war nur, wann und zu welchen Konditionen. Jahrzehntelang hatte in der offiziellen polnischen Außenpolitik die Faustregel gegolten, man müsse die DDR – obwohl sich kaum jemand für sie erwärmen konnte – stützen, weil die Teilung Deutschlands die beste Garantie für die Oder-Neiße-Grenze und die polnische Entität zu sein schien. In Kreisen der Opposition wurde diese Perspektive seit Ende der siebziger Jahre umgedreht: Die DDR als stalinistische Barriere isoliere Polen nur vom Westen, daher sei eine Vereinigung zu begrüßen, denn in einer Demokratie ließen sich die grundlegenden Probleme zwischen Deutschen und Polen besser lösen als unter der Moskauer „Obhut". So sah man auch dem lange hinausgeschobenen Besuch von Helmut Kohl in Polen erwartungsvoll entgegen, zumal vielen, besonders jüngeren Polen die Bürde der deutsch-polnischen Vergangenheit inzwischen lästig war; man wollte aus dem alten Fahrwasser ausbrechen. Doch optisch war der Besuch kein Erfolg: Die polnische Öffentlichkeit wurde vor den Kopf gestoßen durch den vergangenheitsseligen Habitus von Teilen der deutschen Minderheit in Kreisau, und die Unterbrechung der Reise nach dem Fall der Mauer machte den Polen unmißverständlich klar, wo die deutschen Prioritäten in den nächsten Jahren liegen würden. Daß Helmut Kohl dann in seinem 10-Punkte-Programm zur Vereinigung Deutschlands die Oder-Neiße-Grenze vergaß und Modrow bestimmte, die HO-Läden seien „nur für Deutsche", weckte in Polen nach der ersten Freude über die Öffnung von Honeckers „rotem Preußen" Verbitterung und alte Ressentiments. Auch die Pfiffe in Dresden, als Helmut Kohl der *Solidarność* für ihren jahrelangen Widerstand dankte, wurden in Polen sehr wohl gehört. Und zu allem Überfluß schien sich auch noch die Geschichte zu wiederholen: Die herzliche Nähe zwischen Deutschen und Russen im „Jahr der Einheit", wie sie etwa in der Freundschaftsgeste der beiden Außenminister ausgerechnet in Brest-Litowsk zum Ausdruck kam – wo 1918 ein für Polen fataler Frieden geschlossen und 1939 eine gruselige deutsch-sowjetische Militärparade nach der gemeinsamen Zerschlagung Polens stattgefunden hatte –, rief den alten polnischen Argwohn auf den Plan – diesmal vor einem „Stawropallo". Daher klopften die polnischen Diplomaten sogar bei den alten westlichen Verbündeten – vor allem den Franzosen – an, damit die unselige Grenzfrage nicht etwa unter den „2+4-Tisch" fiele. Doch schließlich wurde die Oder-Neiße-Grenze nach 1950 und 1970 vom nun souveränen und geeinten Deutschland zum dritten Mal anerkannt, und Helmut Kohl leistete mit der Ankündigung, die Visumpflicht für die Polen aufzuheben und die Verhandlungen über den deutsch-polnischen Nachbarschaftsvertrag zügig zum Abschluß zu bringen, Tadeusz Mazowiecki im November 1990 sogar Wahlhilfe bei den polnischen Präsidentschaftswahlen. Denn in Polen tobte schon seit Monaten der „Krieg an der Spitze".

Begonnen hatte ihn Lech Wałęsa im Frühjahr 1990. Kaum ein halbes Jahr nach Mazowieckis Regierungsantritt schien der „polnische Weg" mit seinem „Runden-Tisch"-Kompromiß überholt zu sein und Polen plötzlich zum Schlußlicht der „Wende" in Ostmitteleuropa zu werden. Ceaușescu war tot, Havel Präsident der Tschechoslowakei, und überall hatte es bereits wirklich freie Wahlen gegeben. Die DDR-Deutschen hatten ihre Stasi-Zentralen gestürmt und stöberten in den Akten, und in Polen waren immer noch die Symbolfiguren des Kriegszustandes mit an der Macht. Daß Jaruzelski sich zurückhielt, ein katholischer Publizist vom „*Tygodnik Powszechny*" Kiszczak als dessen Vize auf die Finger schaute und Rakowski die *PZPR* feierlich begrub, war nun unbedeutend. Entscheidend war vielmehr, daß bei der eiligen „Häutung des *Ancien régime*" der Danziger Königsmacher an den Rand des Geschehens geriet. Zwar hatten die Warschauer *Solidarność*-Politiker ihn bereits zum künftigen Kandidaten für den Posten des Staatspräsidenten deklariert, doch diese Zukunft war für das Energiebündel Wałęsa zu entlegen.

Die „Beschleunigung", die Wałęsa nun von Danzig aus ankündigte, entsprang nicht nur gekränkter Eitelkeit. Das Revirement in der Regierung hatte nicht die Veränderungen gebracht, die sich Tausende von *Solidarność*-Mitgliedern erhofft hatten. Wie schon 1918 währte die Freude über den „wiedergewonnenen Müllhaufen" kurz und war nicht allein durch die Halbheiten des Kompromisses getrübt. Die Roßkur, die Vizepremier Leszek Balcerowicz mit einer weitgehenden Freigabe der Preise, der Streichung von Subventionen und dem Einfrieren der Gehälter den Polen verordnet hatte, brachte zwar Erfolge – die Hyperinflation wurde gebremst, der Außenhandel liberalisiert, der Binnenhandel privatisiert und der *Złoty* intern konvertibel –, aber vielen Betrieben drohte die Pleite, die Arbeitslosigkeit stieg rapide, die Bauern blieben auf ihren Produkten sitzen, und die Löcher im sozialen Netz wurden immer größer. Die Geschäfte füllten sich schnell mit westlichen Waren, doch der Lebensstandard sank um ein Drittel.

So hatten sich die Menschen die „erste Spielzeit der Freiheit" nicht vorgestellt. Im Frühjahr streikten Eisenbahner und Bergleute, der Unmut gegen den Vater der Reformen nahm zu. „Unser Premier" konnte die Streikenden nicht beschwichtigen, aber Lech Wałęsa schaffte es – mit einiger Mühe. Das war ein Zeichen, daß „unser Lech" immer noch die Arbeiter hinter sich hatte, daß aber auch ihm die Zeit wegrannte. Die „Beschleunigung" lockte auch politische Gruppen der alten Opposition, die entweder den „historischen Kompromiß" von vornherein abgelehnt hatten oder bei der Regierungsbildung nicht berücksichtigt worden waren. Auch diese Revolution sollte also ihre Kinder fressen, Danzig blies zum Sturm gegen die angeblich mit den Kommunisten „verfilzten" Warschauer *Solidarność*-„Eierköpfe". Stein des Anstoßes war Mazowieckis Politik eines „dicken Schlußstrichs" unter die Vergangenheit, mit dem der Premier nach der harmonisch verlaufenen Machtübergabe einen erbitterten „Krieg um Lebensläufe" verhindern wollte, zumal die Systemtransformation die gesamte Energie der Gesellschaft erforderte.

Der Streit hatte mehrere Dimensionen. Die politische bestand in Wałęsas Entschluß, die ohnehin heterogene *Solidarność* zu spalten, um „demokratisch, halbdemokratisch und sogar undemokratisch die Demokratie aufzubauen" und die Parteienbildung voranzutreiben. Dieses Manöver war vielleicht verfrüht, weil für die radikalen Wirtschaftsreformen ein breiter gesellschaftlicher Konsens wünschenswert gewesen wäre, doch wegen der immer deutlicheren Interessenkonflikte innerhalb der Gesellschaft nur logisch. Schwerwiegender war aber wohl der Konflikt zwischen dem tonangebenden Zentrum und der zukurzgekommenen oder sich vernachlässigt fühlenden „Provinz", in dem sich zum Teil die traditionelle Konkurrenz zwischen „Polen A" und „Polen B" widerspiegelte. Ob dabei auch noch der alte Gegensatz zwischen den „Kordians", den adligen Trägern der altpolnischen Tradition und des Widerstands, und den aufstrebenden, gegen jede Obrigkeit mißtrauischen und sich nun als Vertreter des „wahren Polen" begreifenden „Bauernrüpeln" mitschwang, sei dahingestellt. Auf jeden Fall begann mit dem sang- und klanglosen Abgang der „herrschenden Klasse" in Polen ein rücksichtsloser Wettlauf darum, wer die neue Mittelschicht stellen würde – die alte Intelligenz oder die neuen Aufsteiger. Und um es noch komplizierter zu machen, spielte hier außerdem noch ein nationaler und kultureller Kontrast zwischen den „Europäern" und den „Einheimischen" eine Rolle.

Tadeusz Mazowiecki rang sich nur schwer zu einer Kandidatur gegen Lech Wałęsa durch, und als er es schließlich doch tat, kam sein Wahlkampf nicht in Fahrt. Seine Niederlage gegen Wałęsa war also vorauszusehen; daß jedoch der legendäre Arbeiterführer zu einem zweiten Wahlgang, und überdies nicht gegen seinen früheren Berater, sondern einen bislang unbekannten Medizinmann und Millionär aus Übersee, Stanisław Tymiński, antreten mußte, war die eigentliche Überraschung und bedeutete das eigentliche Ende der *Solidarność*. Die Präsidentschaftswahlen im November 1990 zeigten, daß ein großer Teil der polnischen Gesellschaft nicht mehr dem Mythos des zähen Widerstands erlag, sondern sich nach einem Sprung in die Modernität und nach wirtschaftlichem Erfolg sehnte. Tymiński war ein Meteor auf der polnischen Szene, aber seine Wähler gibt es nach wie vor, ebenso wie die vielen, die damals wie auch ein Jahr später bei den Parlamentswahlen zu Hause blieben.

Im zweiten Wahlgang gewann Wałęsa dann gegen Tymiński spielend, auch mit den Stimmen der Mazowiecki-Anhänger. Im Dezember 1990, 20 Jahre nach dem blutigen Streik an der Küste und zehn Jahre nach der Gründung der *Solidarność*, konnte der Elektriker aus Danzig ins Warschauer Belvedere ziehen und bei seiner Amtseinführung aus der Hand des Präsidenten der Londoner Exilregierung, die beharrlich auf diesen Augenblick gewartet hatte, die Insignien Vorkriegspolens entgegennehmen: Die Kontinuität war wiederhergestellt – und Volkspolen abgehakt. Der „Präsident der verlorenen Sache", General Jaruzelski, der sich den vorgezogenen Wahlen nicht in den Weg gestellt hatte, war zu diesem Festakt nicht eingeladen; er nutzte seine letzte Fernsehansprache, um sich für den Kriegszustand öffentlich zu entschuldigen. Ein halbes Jahr später sollte er schon als gesuchter Experte den Putsch in Moskau für die Medien einschätzen und mit Adam Michnik über die polnische „Schuld und Sühne" diskutieren.

Das „goldene Horn" aber, das 1901 in Wyspiańskis „Hochzeit" die Polen zu einem siegreichen Aufstand gegen die Teilungsmächte hatte führen sollen und von einem Bauernjungen so mißlich verloren wurde, legte die Geschichte 1980 einem Danziger Werftarbeiter in die Hand – und der ließ es nicht wieder los.

Der Wechsel des polnischen Kodes

Das 20. Jahrhundert endet für Polen wesentlich besser, als es begann. Niemand quält sich heute wie ehedem mit der Frage herum: Gibt es uns überhaupt noch? Sollen wir noch einmal für die Unabhängigkeit „mit der Hacke auf die Sonne losgehen" oder uns die Sehnsucht nach der Freiheit endgültig aus dem Kopf schlagen? Heute hat das zu Beginn des Jahrhunderts noch dreigeteilte Land klare Konturen auf der politischen Karte Europas – Polen ist eine Entität, weder seine Staatlichkeit noch seine Grenzen werden von den Nachbarn in Frage gestellt. Und dennoch sehen sich die meisten Polen im Jahre 1992 keineswegs als „Sieger der Geschichte".

Das heutige Polen ist weniger mit seiner Geschichte beschäftigt als mit der Gegenwart und der Zukunft. Und hierfür erweisen sich viele der althergebrachten Muster in Politik, Wirtschaft, Kultur und sogar im religiösen Leben als wenig brauchbar. Krieg und Nachkriegszeit haben Polen fast bis zur Unkenntlichkeit verändert, so daß Rückgriffe auf Symbolfiguren der Zweiten Republik – etwa auf Piłsudski, Witos oder Dmowski – sich nur zu rasch als bloße Ornamentik herausstellen.

Die faktische Vereinigung der dreigeteilten Nation erfolgte bereits nach 1918, doch der Zweite Weltkrieg, die „Westverschiebung" 1945 und die Jahrzehnte des „Realsozialismus" haben sie noch einmal völlig neu gefügt und „homogenisiert" – ethnisch, sozial und kulturell. Selbst die polnische Wirtschaft, diese geradezu sprichwörtliche Quadratur des Kreises, steht heute um einiges besser da, als ihr Ruf glauben macht, auch wenn sie sich erst am Anfang des Modernisierungsschubes befindet.

Mit dem Einzug Lech Wałęsas ins Belvedere versandete in Polen gleich wieder ein kurzer Disput, welche polnische Republik 1989 denn nun eigentlich begonnen habe – die dritte oder die vierte. Der neue Staatspräsident entschied sich in seiner Antrittsrede für die dritte, womit die Volksrepublik mit dem fremdbestimmten „Königreich Polen" von 1815 gleichgesetzt und aus der polnischen republikanischen Tradition gestrichen wurde. Nur die alte *Res publica,* Zwischenkriegspolen und die Zukunft sollen gelten. Doch so, wie die Zweite Republik von den Teilungen und den gegensätzlichen Optionen während des Ersten Weltkrieges geprägt war, ist auch die heutige Dritte tief in dem von Jalta gezeichneten Volkspolen verwurzelt – 45 Jahre sind mehr als eine Generation. Fast alles, was heute in Polen steht, stammt aus der Nachkriegszeit, sowohl die heute Regierenden als auch die „Verlierer der Geschichte" absolvierten dieselben Schulen, sahen dasselbe Fernsehen und arbeiteten in denselben Betrieben. „Wir alle stammen von Volkspolen ab", könnte man überspitzt formulieren. Kein Wunder also, daß eine Debatte über den „*Homo sovieticus"* in jedem von uns sich wie ein Bandwurm durch die polnischen Medien zog. Hier ging es nicht darum, „was bleibt", sondern darum, was zu tun ist, damit es „nicht bleibt". Daß diese Debatte ausgerechnet ein katholischer Priester, der „Theologe der Solidarität" von 1981, Professor Józef Tischner, in Gang setzte und daß er sich selbst und seine Kirche aus dem kritischen Rundumschlag nicht ausnahm, ist schon beachtlich.

Die Abrechnung mit der jüngsten Vergangenheit und die Umstellung der polnischen Gesellschaft auf die „normale" Spurbreite der sozialen Marktwirtschaft und der parlamentarischen Demokratie ist naturgemäß schwieriger und langwieriger als etwa in der früheren DDR. Erstens existieren für Polen keine vorgefertigten Versatzstücke für Politik und Wirtschaft, zweitens gibt es keine „Expeditionskorps" aus dem Westen, die beispielsweise die neuentstandenen „Taschenparteien" zu großen Volksparteien bündeln könnten; und drittens läßt sich weder der „Schrotthaufen der sozialistischen Wirtschaft" kurzerhand durch eine Treuhand noch ein vergleichbares „Aufschwung-Ost"-Programm aufstellen, das Millionen von Arbeitslosen unter die Arme greifen würde. Der Umbau muß also langsamer und umsichtiger vonstatten gehen, mehr nach dem Prinzip von Versuch und Irrtum als durch ein Überstülpen erprobter Modelle.

Das hat beträchtliche Nachteile, aber auch einige Vorteile. Einerseits wird man sich zu organischen Lösungen durchringen müssen, die zwar der Identität und der Interessenlage der polnischen Gesellschaft entsprechen, aber auch den geltenden internationalen Normen gerecht werden. Andererseits scheint das Land immer wieder am Rande eines „organisierten Chaos" zu balancieren und die Gesellschaft unter ständigen Schwankungen des kollektiven Selbstwertgefühls zu leiden. Denn alle bisherigen Trümpfe stechen immer weniger: Am polnischen Beitrag zur Demontage des Kommunismus kann man sich nun nicht mehr aufrichten, auch das einstige Privileg einer vergleichsweise größeren Freizügigkeit ist weggefallen, durch die polnische „Leidensgeschichte" der Vergangenheit will man sich kaum mehr definieren, und der volksnahe polnische Katholizismus bietet keinen ausreichenden Rückhalt beim Aufbruch der Polen ins 21. Jahrhundert.

Polen befindet sich nach 1989 am Ende seines „Kulturkodes". Kenner der „polnischen Seele" wie die „Literaturpäpstin" Maria Janion meinen gar, daß die gesamte Prägung durch eine „monolithische romantisch-symbolische Kultur, die 200 Jahre lang das Fundament für die Existenz der Nation darstellte", sich vor unseren Augen verflüchtige. Diese Tradition des romantisch-larmoyant-pathetischen Freiheitsstrebens, aber auch der Verspottung des „Polnisch-Allzupolnischen", die der polnischen Kultur im 19. und 20. Jahrhundert immer wieder wichtige Farben gab, verblaßt zusehends und erscheint heute wenig produktiv. Schon in den achtziger Jahren klang die romantisch angehauchte – und nicht selten auch geschwollene – Widerstandsrhetorik recht kurzatmig. Danach verfielen die polnische Literatur und der Film in eine momentane Sprachlosigkeit – zum ersten Mal hinkte in Polen der Geist den politischen und gesellschaftlichen Umwälzungen hinterher. Es war viel vom Zusammenbruch des Kulturbetriebes die Rede, von der Verarmung der traditionellen Abnehmer des literarischen oder filmischen *Outputs* – der Intelligenz, gar von ihrem baldigen Abtreten von der historischen Bühne. Denn dieser osteuropäische „Lückenbüßer" des Mittelstandes hat seine historische Rolle ausgespielt, hat gewissermaßen seine Schuldigkeit für die Gesellschaft getan, nun wird er abgelöst von den Aufsteigern, den Managern und Neu-Unternehmern. Der klassische „Intelligenzler" dagegen wird sich entweder zu einem Experten für Konkretes mausern, seinen sozialen Abstieg hinnehmen oder wie einst der pauperisierte polnische Kleinadel Ende des 19. Jahrhunderts den Humus einer künftigen Protestbewegung bilden.

Die kündigt sich jedoch trotz der gravierenden sozialen Verwerfungen der letzten Jahre nicht an, obwohl sich der Unmut über die Kosten des Systemwandels immer wieder äußert, in Streiks der Belegschaften nicht überlebensfähiger Großbetriebe, in wütenden „Sternmärschen" der Bauern auf Warschau, auch in momentanen Erfolgen diverser obskurer Politiker und Parteien. Die Unzufriedenen und Enttäuschten finden alle halbe Jahr ein neues Gewand und neue Sprecher. Die Dritte Republik ist vorerst noch quasi eine Ein-Drittel-Gesellschaft: Ungefähr so groß ist der Anteil derer, die mit der politischen und wirtschaftlichen Entwicklung zufrieden und bereit sind, sie aktiv mitzutragen und zu gestalten. Ein weiteres Drittel mußte die Hauptlast der Systemdemontage tragen – vor allem die Rentner und Einwohner strukturschwacher Regionen. Die Zukunft des Landes – und der weitere ruhige Gang der Reformen – wird also davon abhängen, ob das restliche Drittel der Gesellschaft, die Unschlüssigen, langfristig Perspektiven für sich sehen, auch wenn sie bisher eher materielle Nachteile in Kauf nehmen mußten.

Noch ist die Verunsicherung nicht überwunden. Ein Indiz dafür ist die ausbleibende Stimme der jungen Generation, der Zwanzig- bis Dreißigjährigen, die schon frei von traumatischen Erfahrungen und demzufolge auch vom Zwang zur heroischen Selbstdarstellung sein müßten. Sie hätten die Chance, die erste „normale" Generation von Polen zu sein, die weder Barrikaden noch Gefängniszellen kennt und mehr die Zukunft als die Vergangenheit für sich in Anspruch nehmen könnte. Das tut sie aber nicht.

Die eigentlichen „Kinder Volkspolens" treten forsch auf, bleiben dabei aber blaß. Die Autoritäten des früheren Untergrunds wischen sie ebenso beiseite wie die „Gurus" der Emigration, ihre

Meisterdenker wollen sie sich von niemandem vorschreiben lassen. Noch unausgegoren und ohne ein Alternativmodell zu entwickeln, melden sie ihr *votum separatum* gegen die polnische Mythologie des Widerstandes, gegen zwielichtigen „Wallenrodismus" und „kordianische Edelimpotenz" an. „Wenn wir das Wort ‚Vaterland' hören", schrieb einer dieser neuen „zornigen jungen Männer" 1991, „werden wir mißtrauisch, denn es ist ungeheuer abgenutzt, außerdem halten wir es eher für einen gefährlichen Vampir als für eine Mutter." Bedroht von der Arbeitslosigkeit, drängen sie in die aussichtsreichen Studiengänge: Jura und BWL sind heute die Modefächer, nicht mehr Geschichte oder Polonistik. Die einstigen Flaniermeilen der Universitätsstädte veröden – keine Kaffeehauszirkel aufstrebender Literaten, keine Studentenkabaretts, kein Zoff. Nichts mehr von der Leichtigkeit und vom Witz der „orangefarbenen Alternative" der achtziger Jahre, die in Breslau und Warschau alles und alle phantasievoll verulkte, dafür aber grimmige neue „Pickelgesichter", die Wałęsas Dritte Republik als „Konzentrationsgarten" abtun. Ob sie die Vorboten einer neuen „Kulturrevolution" sind, muß sich erst zeigen, vorläufig demonstrieren sie nur, daß die These vom „Ende des Kulturkodes" gar nicht so abwegig ist.

Die Dritte Republik definiert sich also weniger kulturell als politisch, sozial und wirtschaftlich. Dies wurde bereits in den ersten Monaten der Regierung Mazowiecki angelegt, doch Wałęsas „Krieg an der Spitze" verunsicherte selbst Anhänger dieser Politik und entzog ihr die Unterstützung weiter Teile der Bevölkerung. Die Zerfaserung des siegreichen *Solidarność*-Lagers und der permanente Machtkampf – bei immer noch nicht neu kodifizierten Spielregeln, denn das geschmähte „Kontrakt-Parlament" konnte weder eine neue Verfassung noch ein vernünftiges Wahlgesetz verabschieden – zerrütteten das Vertrauen der Gesellschaft in die staatlichen Institutionen und in die Plausibilität des eingeschlagenen Weges. War die Privatisierung des Handels noch zügig verlaufen, geriet die der großen Staatsbetriebe durch Streitigkeiten über das Verfahren ins Stocken, und der plötzliche Wegfall der Absatzmärkte in der DDR und der Sowjetunion stürzte die polnische Industrie in eine tiefe Rezession, die wiederum eine bisher unbekannte Arbeitslosigkeit von über zwei Millionen Menschen zur Folge hatte. Die ersten Wirtschaftsaffären – mal das Ergebnis von Gesetzeslücken, die findige Neu-Unternehmer für sich nutzten, mal der „Selbstbedienung" der alten Partei-Nomenklatura – heizten auch die politische Stimmung an. Fast das ganze Jahr 1991 versuchten immer neue „Kanapee-Parteien", sich mit rüden Methoden ins Bild zu setzen, um sich noch rechtzeitig für die vorgezogenen *Sejm*-Wahlen zu profilieren. Die polnische Innenpolitik begann, an eine Wanderdüne zu erinnern.

Der neue Präsident zeigte bald eine merkwürdige Gabe, das von ihm selbst zerschlagene politische Porzellan von Mal zu Mal eigenhändig wieder zu kitten. Als Tadeusz Mazowiecki nach der verlorenen Präsidentschaftswahl als Ministerpräsident zurücktrat und eine neue Partei – die Demokratische Union *(UD)* – gründete, zauberte Wałęsa den bis dahin kaum bekannten, knapp vierzigjährigen Jan Krzysztof Bielecki aus Danzig als neuen Regierungschef hervor. Die polnische Zentrifuge begann sich zu drehen, in die immer neue Kandidaten – naturgemäß meist politische Amateure – einstiegen. Entweder wurden sie bald erbarmungslos herausgeschleudert oder blieben im Spiel, auch wenn sie dabei gelegentlich die Parteien von rechts nach links und zurück wechselten. Und das „Wahlvolk" beobachtete diese Geburt einer neuen politischen Klasse teils belustigt, teils degoutiert und oft nur verärgert.

Bielecki behielt Finanzminister Balcerowicz, obwohl gerade er die Zielscheibe der „Beschleuniger" gewesen war, und setzte mit Geschick letztendlich die Politik seines Vorgängers fort. Er vertrat das „junge Polen", das sich im Westen umgesehen hat, durch die Kriegstraumata wenig belastet ist und sich mühelos in die europäische Politik einfügt. Außenpolitisch von Krzysztof Skubiszewski unterstützt, hatte er keine Probleme, den deutschpolnischen Vertrag zur Vollendung zu bringen und die Assoziierung Polens mit der EG auszuhandeln. Doch seinem kleinen Liberaldemokratischen Kongreß *(KLD)* waren nur ihre „historischen fünf Minuten" am Staatsruder vergönnt, nicht einmal ein Jahr blieb das überraschend gut eingespielte Team Bielecki-Balcerowicz an der Macht.

Bis zu den ersten völlig freien Parlamentswahlen Ende Oktober 1991 war Polen auf dem „Westtrip", Wirtschaftsreformen und Visumfreiheit zeigten Wirkung, doch durch den „Krieg an der Spitze" und den Wahlkampf zersplitterte die ohnehin noch recht amorphe politische Klasse zusätzlich. Tadeusz Mazowieckis Warnung aus dem Jahre 1990 vor einer „polnischen Hölle" der überbordenden Egoismen und gegenseitigen Anfeindungen erwies sich als prophetisch. Der Wahltermin kam für manche viel zu spät, da die Pluralisierung oder besser Zerbröselung der politischen Szene bereits groteske Züge angenommen hatte. Nicht mehr die *Solidarność* als „Mutter aller Siege" stand gegen die Kommunisten, sondern eine Phalanx untereinander zerstrittener Parteien, von denen manche nicht viel mehr Mitglieder hatte, als der Präsentierteller im TV-Studio faßte. Die Verwirrung bei den Wählern war so groß, daß die Mehrheit es vorzog, zu Hause zu bleiben – nur 44 % warfen ihre Stimmen in die Urnen. Eine Parteienverdrossenheit also, bevor noch eine richtige Parteienwirtschaft begann?

Das Wahlergebnis hätte eigentlich eine „Lektion in Demut" sein sollen, denn im neuen *Sejm* saßen nun 29 Parteien, von denen die stärkste, Mazowieckis *UD*, ganze 12,3 % der Stimmen erreichte und die zweitstärkste, das postkommunistische Bündnis der Demokratischen Linken *(SLD)*, nur einige Zehntelpunkte weniger – als Koalitionspartner allerdings kamen sie nicht in Betracht. Für die rechts-katholische Allianz, in der die offen von der Kanzel herab unterstützten Christlich-Nationalen *(ZChN)* die erste Geige spielten, endeten die Wahlen mit einer schnell verdrängten Schlappe. Sie waren zwar die drittstärkste Fraktion, aber es in einem „erzkatholischen Land" auf stolze 8,7 % der Stimmen zu bringen, ist keine Glanzleistung. Trotzdem traten sie sehr bald wie die wahren Wahlsieger auf. Nicht nur sie, auch die populistisch taktierende Zentrumsallianz *(PC)*, die gern eine polnische CDU wäre und mal für, mal gegen Wałęsa, mal für, mal gegen eine schnelle Anbindung Polens an die EG, vor allem aber gegen den „Balcerowicz-Plan" und für eine rigorose „Entkommunisierung" eintrat. Die stärkste Gruppierung hätten eigentlich die Bauern gestellt – wären ihre beiden Hauptparteien sich nicht so spinnefeind gewesen. Selbstsicher gab sich auch die gut organisierte, aber mit einem nebelhaften Programm auftretende älteste Oppositionspartei Konföderation Unabhängiges Polen *(KPN)*, die mit 7,5 % fast ebensoviele Stimmen erhielt wie Bieleckis Liberale. Bloß ließ sich aus diesem Puzzle schwerlich eine überzeugende Mehrheit zusammenflicken. Und dennoch hinken die gern gezogenen Vergleiche mit Weimar, nicht zuletzt, weil keine Partei oder politische Gruppierung diese Dritte Republik und die parlamentarische Demokratie in Frage stellt, auch wenn die Einübung in sie nicht leicht ist.

Das halbe Jahr einer Mitte-Rechts-Regierung von Christlich-Nationalen, Zentrumsallianz, Bauernparteien und etlichen kleineren „Zutaten" unter dem Juristen Jan Olszewski zeigte, daß die neue politische Klasse in Polen, die ihren Ursprung überwiegend in der *Solidarność* hat, sich noch nicht über die Grundsätze der neuen „polnischen Staatsidee" verständigen konnte. Die ökonomischen Realitäten zwangen die Regierung zu größerer Umsicht, als die großzügigen Versprechungen und populistischen Parolen im Wahlkampf vermuten ließen, doch die Lockerung der bis dahin strengen Haushaltsdisziplin schadete dem Ansehen der polnischen Wirtschaftsreformen im Ausland.

In der Außenpolitik sorgte weiterhin Krzysztof Skubiszewski für Zuverlässigkeit und Kontinuität, doch eine Akzentverlagerung unter dem Einfluß der „Nationalkatholiken" war unverkennbar. Olszewski, zuvor ohne Auslandserfahrung, suchte Kontakte zu Italien, Frankreich und Amerika und zeigte sich Deutschland gegenüber merklich reserviert. Zudem wurde nach dem formellen Zerfall der Sowjetunion die Aufmerksamkeit ohnehin zunehmend von den Ereignissen hinter der „Ostwand" des Landes gebannt. Bilaterale Verträge mit der Ukraine, Rußland und Weißrußland bestätigten auch die östliche Grenze nochmals und entspannten den Streit um den Rückzug der sowjetischen Armee aus Polen. Einige Spannungen verursachte die Diskriminierung der polnischen Minderheit im Wilnaer Gebiet, doch auch die polnisch-litauische Grenze ist – anders als nach dem Ersten Weltkrieg – unumstritten. Zum ersten Mal in diesem Jahrhundert ist Polen in einer Umbruchphase Europas kein Krisengebiet.

Weder von Grenzstreitigkeiten noch Konflikten mit Minderheiten geschüttelt, muß die Dritte Republik nur noch mit sich selbst ins reine kommen, das heißt, effiziente politische Strukturen aufbauen und ihre Wirtschaft so in den Griff bekommen, daß die sozialen Spannungen nicht die Grenze normaler Interessenkonflikte überschreiten. Überraschenderweise ist ihr Schwachpunkt jedoch weniger die Wirtschaft als die Innenpolitik, denn bei allen Schwierigkeiten sind wirtschaftliche Erfolge oder Mißerfolge meßbar, der innenpolitische Aufbau dagegen erfordert Zeit, Erfahrung und das Vertrauen der Gesellschaft in die neuen Eliten. All dies aber können die zuweilen verbiesterten Amateure, die das politische Metier erst erlernen und manchmal auch ihren politisch-moralischen Fundamentalismus erst an der Wirklichkeit überprüfen müssen, nicht aus dem Stand erwerben. Zumal die unklare Kompetenzverteilung zwischen Präsident, Parlament und Regierung das – wie Wałęsa es bildhaft formulierte – „Bermuda-Dreieck" der polnischen Innenpolitik schuf, in dem manche vernünftige Initiative spurlos verschwand. Das innenpolitische Scheitern der Regierung Olszewski zeigte, daß es leichter ist, eine Rezession aufzuhalten, die Privatisierung anzukurbeln und Verträge abzuschließen, als eine politische Kultur zu entwickeln, die die Glaubwürdigkeit der demokratischen Institutionen nicht wegen parteitaktischer Egoismen aufs Spiel setzt.

Im Frühjahr 1992 schien Polen für kurze Zeit in eine seltsame „Zeit der Wirren" abzugleiten. Vordergründig ging es um die von den bisherigen Regierungen angeblich verhinderte „Entkommunisierung" des Landes, *de facto* um die Machtverteilung zwischen dem Staatspräsidenten und der Regierung. Daß beide Seiten sich dabei beschuldigten, einen „Putsch" vorbereiten zu wollen, und daß Olszewskis bereits bröckelnde Koalitionsregierung zu den Akten des früheren Sicherheitsdienstes griff, um Gegner wie Abtrünnige zu kompromittieren, legte vor allem ein Defizit an allgemein akzeptierten Spielregeln der politischen Auseinandersetzung offen. Trotz seiner Vorläuferrolle in der Demontage des Realsozialismus, trotz der langen Übergangsphase zum Systemwandel schien Polen in einen ähnlichen „jakobinischen Entkommunisierungsstrudel" zu geraten wie jene Länder, die keine breite Oppositionsbewegung zustande gebracht hatten. Merkwürdigerweise ging es weniger um die Exponenten des *ancien régime* als vielmehr um vermeintliche Agenten im schließlich siegreichen Lager der *Solidarność,* die der Innenminister im Stile eines Großinquisitors zu entlarven trachtete. Daß er dabei die Akten von Spitzeln und Bespitzelten „im Eifer des Gefechts" miteinander vermengte, merkte er erst, als der Skandal perfekt war. Das brachte Olszewski zu Fall. In seltener Einmütigkeit entzog ihm der *Sejm* sein Vertrauen und rang sich bald darauf auch zur Verabschiedung einer „kleinen Verfassung" durch, die die strittigen Kompetenzfragen klärte.

Nach einer einmonatigen Episode mit Waldemar Pawlak als Interims-Regierungschef, einem von Wałęsa lancierten jungen Bauernpolitiker, der jedoch keine Koalition zusammenzukitten vermochte, bekam Polen zum ersten Mal in seiner Geschichte eine Frau als Ministerpräsidentin: Hanna Suchocka, eine 46jährige Juristin aus Posen, die dem konservativen Flügel der Demokratischen Union *(UD)* angehört, schaffte es im Nu, eine neue Regierung festzuzurren. Auch wenn ihre Koalition manchen exotisch erscheinen mag – ihren Kern bildet eine Allianz von *UD* und *ZChN,* also zweier Parteien, die bisher aus programmatischen, personellen und „ästhetischen" Gründen allergisch aufeinander reagierten –, zeigte sich, daß der Lernprozeß der neuen politischen Klasse vorangeht.

Der unglückliche Machtkampf an der Spitze verdeckte den nicht unwichtigen Umstand, daß die polnische Gesellschaft diese und andere Operationen bei lebendigem Leibe und vor geöffnetem Vorhang recht gelassen hinnahm und trotz allem ihr inneres Gleichgewicht nicht verlor. Natürlich färbten sie auf die Stimmung im Lande ab, das Vertrauen in vorher unangefochtene Autoritäten und staatliche Institutionen sank, dennoch ist Polen in dieser Zeit des Umbaus und der Verwirrung weit davon entfernt, in Chaos oder Anarchie abzuleiten. Zwar macht sich von Zeit zu Zeit der Unmut der Bevölkerung – auch in unschöner Weise – Luft, doch kaum je wurde die Grenze der verbalen Aggressivität überschritten. Das Land mag an politischer Unübersichtlichkeit, an der Ineffizienz der immer noch unfertigen politischen Strukturen und unter unvermeidbaren sozialen Verwerfungen leiden, doch es umschifft diese Klippen, ohne an ihnen zu zerschellen. Denn letztendlich setzt die polnische Gesellschaft ohnehin in erster Linie auf sich selbst. Während im *Sejm* noch über die Privatisierung der Staatsbetriebe debattiert wurde, entstanden weit über zwei Millionen neue Arbeitsplätze im privaten Sektor, in dem Mitte 1992 auch bereits mehr Arbeitnehmer beschäftigt waren als im staatlichen.

Wie die meisten ostmitteleuropäischen Staaten sucht auch Polen seinen neuen Standort in der sich wandelnden Umwelt. Alles steht zur Disposition – alle vertrauten Muster des „polnischen Daseins". Sogar im polnischen Katholizismus zeigten sich die ersten Risse, kaum daß der kommunistische Intimfeind von der Bühne verschwunden war. Noch hält der Papst die polnische Kirche wie ein „Übervater" zusammen, doch die ersten Debatten über die „Kirche nach dem Sieg" deuteten auf eine neue Verunsicherung hin – es ist durchaus vorstellbar, daß in irgendeiner Klosterzelle schon ein „Marcin Luterski" an seinen 95 Thesen feilt.

Der Schriftsteller und Futurologe Stanisław Lem schrieb im Frühjahr 1992 in der Pariser „*Kultura*": „Wie wird es also weitergehen? Das Wachstum von der Wurzel hoch, von Grund auf, die zarten Keime der ‚Privatinitiative', die sich bereits entwickelt haben, werden das System tragen; es sei denn, ‚Beschleuniger' und andere ‚Wirrköpfe' versuchen, ihnen die bescheidene Ernte abzunehmen, um ‚alle Bäuche gleich' zu füllen, was nur auf die Zerquetschung auch dieser Keime hinausliefe. Dann werden wir die Wohlstandsfestung der reichen Staaten belagern und zugleich selbst von jenen belagert werden, die ärmer sind als wir. Der Hauptkummer der Kirche (Pornographie, Abtreibung, außerehelicher Sex), diese von der gesamten Hierarchie geförderten Sorgen einer betrübten Tante auf dem Kanapee, werden sich ganz einfach in Nichts auflösen, denn die nachfolgende, die junge Generation wird sie nicht als ihre eigenen akzeptieren wollen."

Doch nicht nur die junge Generation läßt hoffen, auch die günstige internationale Konstellation. Polen hat eine Atempause, um zu sich selbst zu finden. 200 Jahre nach den Teilungen ist es so unbeanstandet, daß viele Historiker sich geradezu mit Lust daran machen, gängige polnische Geschichtsbilder auf den Kopf zu stellen. Dabei geht es weniger darum – wie in den vergangenen Jahrzehnten –, wieviel vom Osten und wieviel vom Westen nach der Westverschiebung „in uns" ist, ob wir gar ein wenig „preußischer" geworden sind, nachdem wir in die alten preußischen Schuhe schlüpften. Heute verblüffen namhafte Historiker die Leser vielmehr mit provokanten Thesen über die zeitweilig durchaus gedeihliche polnisch-preußische Nachbarschaft oder über die unbekannten Vorzüge der „Sachsenzeit". Diese Leichtigkeit im Umgang mit vertrauten Selbstbildern zeugt einerseits von einer beruhigenden aufklärerischen Souveränität, andererseits auch davon, daß der Abschied von vielen sorgfältig gehüteten Mythen längst im Gange ist.

Ebenso wirft die Suche nach dem angemessenen Standort Polens in Europa auch immer wieder die Frage auf, wie sich seine „Mittellage" am besten nutzen läßt. Die politische und wirtschaftliche Logik spricht für eine Westorientierung, aber die Phantasie beflügelt gegenwärtig stärker der große Umschwung im Osten. Die meisten Politiker sehen zwar in der EG und in der NATO die bestimmende Perspektive für Polen, doch es fehlt auch nicht an Stimmen, vorwiegend im rechtskatholischen Lager, die vor einer „Europäischen Gemeinschaft Deutscher Nation" warnen. Allerdings wird auch diese Diskussion bereits von der Realität überholt: Die westlichen Woiwodschaften sind daran interessiert, daß die Oder-Neiße-Grenze nicht zu einem Rio Grande Europas wird, und engagieren sich in der grenzüberschreitenden Zusammenarbeit mit Deutschland – ebenso wie die östlichen für eine engere Kooperation mit der Ukraine oder Weißrußland eintreten.

Erstmals seit zwei Jahrhunderten ist die „Geographie" für die Polen kein Trauma mehr. Man fühlt sich nicht mehr eingekeilt von zwei mächtigen Nachbarn, sondern entdeckt eine Brückenfunktion zwischen Ost und West für sich. Es gibt also allen Grund zu sagen, daß dieses so stürmische Jahrhundert für die Polen hoffnungsvoll ausklingt. Kein geringer Trost in Zeiten des Umbruchs...

Anhang

Verzeichnis der polnischen Abkürzungen

AK   Heimatarmee *(Armia Krajowa)*

BBWR   Parteiloser Block der Zusammenarbeit mit der Regierung *(Bezpartyjny Blok Współpracy z Rządem)*

COP   Zentrales Industriegebiet *(Centralny Okręg Przemysłowy)*

DiP   Erfahrung und Zukunft *(Doświadczenie i Przyszłość)*

KIK   Klub der Katholischen Intelligenz *(Klub Inteligencji Katolickiej)*

KLD   Liberaldemokratischer Kongreß *(Kongres Liberalno-Demokratyczny)*

KNP   Polnisches Nationalkomitee *(Komitet Narodowy Polski)*

KOR   Komitee zur Verteidigung der Arbeiter *(Komitet Obrony Robotników)*

KPN   Konförderation Unabhängiges Polen *(Konfederacja Polski Niepodległej)*

KPP   Kommunistische Partei Polens *(Komunistyczna Partia Polski)*

KRN   Landesnationalrat *(Krajowa Rada Narodowa)*

ND   Nationaldemokratie *(Narodowa Demokracja – „Endecja")*

NKN   Oberstes Nationalkomitee *(Naczelny Komitet Narodowy)*

ONR   National-Radikales Lager *(Obóz Narodowo-Radikalny)*

OPZZ   Gesamtpolnischer Gewerkschaftsbund *(Ogólnopolskie Porozumienie Związków Zawodowych)*

OZN   Lager der Nationalen Einigung *(Obóz Zjednoczenia Narodowego)*

PAN   Polnische Akademie der Wissenschaften *(Polska Akademia Nauk)*

PC   Zentrumsallianz *(Porozumienie Centrum)*

PCK   Polnisches Rotes Kreuz *(Polski Czerwony Krzyż)*

PKO   Allgemeine Sparkasse *(Powszechna Kasa Oszczędności)*

PKWN   Polnisches Komitee der Nationalen Befreiung *(Polski Komitet Wyzwolenia Narodowego)*

POW   Polnische Heeresorganisation *(Polska Organizacja Wojskowa)*

PPR   Polnische Arbeiterpartei *(Polska Partia Robotnicza)*

PPS   Polnische Sozialistische Partei *(Polska Partia Socjalistyczna)*

PZPR   Polnische Vereinigte Arbeiterpartei *(Polska Zjednoczona Partia Robotnicza)*

RGO   Zentraler Fürsorgerat *(Rada Główna Opiekuńcza)*

SLD   Bündnis der Demokratischen Linken *(Sojusz Lewicy Demokratycznej)*

SD   Demokratische Partei *(Stronnictwo Demokratyczne)*

Personenregister

Adenauer, Konrad (1876–1967) 140

Alexander I. (1777–1825), Zar von Rußland (seit 1801) 21

Alexander II. (1818–1881), Zar von Rußland (seit 1855) 25, 27, 28, 31

Alexander III. (1845–1894), Zar von Rußland (seit 1881) 36

Anders, Władysław (1892–1970), General, ab 1941 Befehlshaber der in der UdSSR aufgestellten, 1942 in den Iran verlegten polnischen Armee, 1944 Oberbefehlshaber der polnischen Streitkräfte in Italien, seit 1945 im Exil in London 93, 101, 102, 208

Andrzejewski, Jerzy (1909–1983), Schriftsteller, Mitbegründer von *KOR* 98, 123, 137, 153, 154

Antonescu, Ion (1882–1946) 68

August II. (der Starke, 1670–1733), Kurfürst von Sachsen (1694), König von Polen (1697–1706 und seit 1709) 18, 207

August III. (1696–1763), Kurfürst von Sachsen, König von Polen (seit 1733) 18, 207

Baczko, Bronisław (* 1923), Professor für Philosophie, lehrt seit 1968 in Clairmont-Ferrand und Genf 139

Baczyński, Krzysztof Kamil (1921–1944), Lyriker, *AK*-Soldat, gefallen im Warschauer Aufstand 97

Balcerowicz, Leszek (* 1947), Wirtschaftswissenschaftler, 1989–1991 Finanzminister 65, 178, 186, 187, 210

Barańczak, Stanisław (* 1946), Lyriker, Kritiker und Literaturtheoretiker, *KOR*-Mitglied, seit 1981 Professor für Slawistik an der University of Havard 154

Beck, Józef (1894–1944), 1932–1939 Außenminister 83, 84

Beckett, Samuel (1906–1989) 138

Beneš, Edvard (1884–1948) 89, 94, 105

Berling, Zygmunt (1896–1980), General, 1943 Befehlshaber der 1. Kościuszko-Infanteriedivision, 1944 der Polnischen Armee in der UdSSR, später der 1. Armee der Polnischen Streitkräfte 100, 102, 106, 111

Berlinguer, Enrico (1922–1984) 152

Białoszewski, Miron (1922–1983), Lyriker, Dramatiker und Erzähler 105

Bielecki, Jan Krzysztof (* 1951), Volkswirtschaftler, seit 1989 *Sejm*-Abgeordneter *(KLD)*, 1991 (I–XII) Premierminister, seit Juli 1992 Europaminister 186, 188, 210

Bierut, Bolesław (1892–1956), kommunistischer Politiker, 1943/1944 Mitbegründer und Vorsitzender des Landesnationalrats, 1947–1952 Präsident der Republik, 1952/1953 Premierminister, seit 1948 Generalsekretär, ab 1954 I. Sekretär der *PZPR* 100, 101, 104, 108, 126, 131, 133

Bismarck, Klaus von (* 1912) 142

Bismarck, Otto Fürst von (1815–1898) 26, 29

Dąbrowski, Jan Henryk (1755–1818), General, 1797 Gründer der polnischen Legionen in Italien, 1806 Organisator des Aufstands in Großpolen, nahm an den Napoleonischen Feldzügen 1806/1807, 1809, 1812 und 1813 teil 53

Daladier, Édouard (1884–1970) 87

Darwin, Charles (1809–1882) 39

Daszyński, Ignacy (1866–1936), sozialistischer Politiker, 1897–1918 Abgeordneter im österreichischen Parlament, bildete im November 1918 die erste „Lubliner Regierung", 1919–1930 *Sejm*-Abgeordneter, 1920–1921 Vizepremierminister, 1928–1930 Marschall des *Sejm* 54, 69

Datner, Szymon (* 1902), Historiker 97

Davies, Norman (* 1939) 27

Dedecius, Karl (* 1921) 142

Diderot, Denis (1713–1784) 19

Dmowski, Roman (1864–1939), Mitbegründer und Führer der Nationaldemokratie, 1919 Delegationsleiter auf der Pariser Friedenskonferenz, 1926 Begründer des Großpolnischen Lagers 36, 38–44, 48, 49, 53, 61, 72, 111, 181

Dönhoff, Marion Gräfin (* 1909) 142

Dostojewski, Fjodor M. (1821–1881) 19

Dubček, Alexander (* 1921) 143

Dygat, Stanisław (1914–1978), Prosaist 123

Dzierżyński, Feliks (1877–1926), polnisch-russischer Politiker (*SDKPiL*, SDAPR, KPdSU), seit 1917 Vorsitzender der Tscheka beziehungsweise GPU 36

Edelman, Marek (* 1922), Kardiologe, 1943 einer der Anführer des Warschauer Ghetto-Aufstands, seit 1980 für die *Solidarność* engagiert 97

Eden, Sir Anthony (1897–1977) 92, 94

Elisabeth (1709–1762), Zarin von Rußland (seit 1741) 23

Enzensberger, Hans Magnus (* 1929) 167

Falk, Feliks (* 1991), Film- und Theaterregisseur, Drehbuchautor 157

Franco y Bahamonde, Francisco (1892–1975) 68

Frank, Hans (1900–1946) 90

Franz Joseph I. (1830–1916), Kaiser von Österreich (seit 1848) 50

Freud, Sigmund (1856–1939) 137

Friedrich II. (1712–1786), König in (ab 1772 von) Preußen (seit 1740) 17–20, 23, 46, 89, 207

Gajcy, Tadeusz (1924–1944), Lyriker, *AK*-Soldat, gefallen im Warschauer Aufstand 97

Gaulle, Charles de (1890–1970) 71, 140

Geremek, Bronisław (* 1932), Historiker, Professor an der Universität Warschau, 1983–1987 Berater von Lech Wałęsa, Mitinitiator des Runden Tisches, seit 1989 *Sejm*-Abgeordneter und Fraktionsvorsitzender *(UD)* 159, 172

Giedroyć, Jerzy (* 1906), Publizist und Editor, seit 1947 Redakteur der Monatszeitschrift „*Kultura*" in Paris, Direktor des „*Institut Literacki*" 124

Gierek, Edward (* 1913), kommunistischer Politiker, 1957–1970 I. Sekretär des *PZPR*-Woiwodschaftskomitees in Katowice, 1970–1980 I. Sekretär der *PZPR*

Wilna inhaftiert und bis 1829 ins Innere Rußlands verbannt, hielt sich danach in Berlin, Dresden, Prag, Italien und ab 1832 hauptsächlich in Paris auf 12, 22–25, 35, 42, 45, 138, 156, 209

Mieszko I., (zwischen 920 und 940–992) Herzog von Polen (seit etwa 960), vereinigte die polnischen Länder 111, 207

Mikołajczyk, Stanisław (1901–1966), Bauernpolitiker, 1943–1944 Premierminister der Exilregierung, seit 1945 Vizepremier und Landwirtschaftsminister in der provisorischen Regierung, seit 1946 Vorsitzender der *PSL*, floh 1947 in die USA 100, 101, 103, 104, 107, 108, 115, 116, 119

Miłosz, Czesław (* 1911), Lyriker, Prosaist, Essayist und Übersetzer, 1945–1951 Diplomat (USA, Paris), 1951 emigriert, seit 1960 Professor für Slawistik in Berkeley, 1980 Literaturnobelpreis 98, 104, 106, 120, 128, 138, 142, 154, 166

Moczar, Mieczysław (1913–1986), General, kommunistischer Politiker, 1964–1968 Innenminister, 1970–1971 und 1980–1981 Mitglied des Politbüros der *PZPR* 135, 137, 138, 141, 144, 147

Moczarski, Kazimierz (1907–1975), Jurist, Journalist, *AK*- Offizier, 1945–1956 in Haft (9 Monate in einer Zelle mit J. Stroop), 1956 rehabilitiert 107

Modrow, Hans (* 1928) 176

Modzelewski, Karol (* 1937), Historiker, Publizist, 1964 mit J. Kuroń Autor des „Offenen Briefes an die *PZPR*- Mitglieder", mehrfach inhaftiert, seit 1990 Professor am Historischen Institut der *PAN,* 1989–1991 Senator 138

Molotow, Wjatscheslaw M. (1890–1986) 84, 88

Moraczewski, Jędrzej (1870–1944), Politiker *(PPS),* 1918/1919 Ministerpräsident 54, 55

Mościcki, Ignacy (1867–1946), Chemiker, Politiker *(PPS),* 1926–1939 Staatspräsident 63, 69, 88

Mrożek, Sławomir (* 1930), Prosaist, Dramatiker, Satiriker und Zeichner, lebt seit 1963 im Ausland 78, 137

Munk, Andrzej (1921–1961), Filmregisseur 137

Murawjow, Michail N. (1796–1866) 31

Mussolini, Benito (1883–1945) 68

Nałkowska, Zofia (1884–1954), Schriftstellerin, führende Vertreterin des sozialkritischen und psychologischen Realismus 123

Napoleon Bonaparte (1769–1821) 12, 21, 46, 47, 88, 207

Narutowicz, Gabriel (1865–1922), Ingenieur, seit 1908 Professor an der TH Zürich, am 9.12. 1922 zum ersten Staatspräsidenten gewählt, am 16.12. 1922 erschossen 63–65

Negri, Pola (Apolonia Chałupiec, 1896–1987), Filmschauspielerin, seit 1938 in den USA 78

Nikolai Nikolajewitsch (1856–1929), Großfürst 48

Nikolaus I. (1796–1855), Zar von Rußland (seit 1825) 24, 207

Nikolaus II. (1868–1918), Zar von Rußland (1894–1917) 44, 48, 50

Nowaczyński, Adolf (1876–1944), Dramatiker, Satiriker und Publizist 42

Zeittafel

966	Mieszko I. nimmt aus Böhmen das römische Christentum an.
1138	Bolesław III. Krzywousty teilt Polen unter seine vier Söhne auf (Senioratsordnung); die Zeit der Teilfürstentümer dauert bis 1320.
1226	Berufung des Deutschen Ordens an die Weichsel zur Abwehr der Pruzzen.
1339/1340	Kazimierz III. (der Große) verzichtet auf Schlesien und tritt die Erbfolge in dem von den Tataren bedrohten Fürstentum Halicz-Wolhynien an.
1386	Władysław Jagiełło, Großfürst von Litauen, wird durch Heirat polnischer König, Beginn der polnisch-litauischen Personalunion; in der Folge Kriege gegen den Deutschen Orden.
1573	Erste freie Königswahl durch den Adel nach dem Aussterben der Jagiellonen; im folgenden Jahrhundert Kriege gegen Moskau, Schweden und Türken.
1648	Kosakenaufstand in der Ukraine unter Führung von Chmielnicki.
1686	„Ewiger Friede" Polens mit Moskau.
1697–1763	„Sachsenzeit": August II. (der Starke) und August III. Könige von Polen.
1764	Katharina II. und Friedrich II. verbünden sich gegen innenpolitische Reformen in Polen.
1768	Konföderation von Bar – erster organisierter Widerstand der *Szlachta* gegen die russische Bevormundung.
1772	Erste Teilung Polens durch Rußland, Preußen und Österreich.
1791	Verfassung vom 3. Mai soll den Staat grundlegend reformieren (Volkssouveränität, Gewaltenteilung, Erbmonarchie, Mehrheitsentscheidungen im *Sejm*).
1792	Russisch-polnischer Krieg.
1793	Zweite Teilung Polens.
1794	Kościuszko-Aufstand.
1795	Dritte Teilung – Polen verschwindet von der Karte Europas.
1807–1815	Bildung des Herzogtums Warschau durch Napoleon.
1815	Wiener Kongreß: Schaffung eines „Königreichs Polen" aus dem Herzogtum Warschau in Personalunion mit Rußland.
1830–1831	„Novemberaufstand" in „Kongreßpolen", der Zar wird vom *Sejm* als polnischer König abgesetzt.
1831–1855	„Paskewitsch-Nacht".

1846	Aufstand und Bauernunruhen im österreichischen Teilgebiet.
1848	Unruhen im preußischen Teilgebiet.
1863–1864	„Januaraufstand" im russischen Teilgebiet.
1867	*De-facto*-Autonomie Galiziens im Rahmen der Habsburger Monarchie.
1874	„Kulturkampf" im preußischen Teilgebiet mit antipolnischer Tendenz.
1905–1907	Revolution im russischen Teilgebiet.
1914	Erster Weltkrieg, Formierung polnischer Legionen durch Piłsudski auf österreichischer Seite.
1915	Infolge der deutschen Offensive verlassen die Russen polnische Gebiete.
1916	Proklamation eines „Königreiches Polen" ohne souveräne staatliche Kompetenzen durch die Mittelmächte.
1917	Präsident Wilson sprich von einem künftigen „einigen, unabhängigen und autonomen Polen".
1918	Präsident Wilson fordert in seinen „14 Punkten" die Wiederherstellung Polens mit freiem Zugang zum Meer, die Entente erklärt dies zum Kriegsziel, der aus deutscher Haft zurückgekehrte Piłsudski übernimmt den Oberbefehl über die polnische Armee (11.11.) und wird allgemein als Staatschef des nun wieder unabhängigen Polen anerkannt.
1918–1921	Sechs Grenzkriege, drei schlesische Aufstände.
1919	Festlegung der Westgrenze Polens im Versailler Vertrag.
1920	Besetzung Kiews, sowjetische Offensive gegen Warschau, polnischer Sieg über die Rote Armee.
1921	Verabschiedung einer demokratischen Verfassung, Festlegung der Ostgrenze Polens im Frieden von Riga.
1923	Beginn eines Hafenbaus in Gdingen.
1924	Stabilisierung der Währung.
1926	„Mai-Putsch" von Piłsudski.
1934	Nichtangriffspakt mit Deutschland, Verlängerung des Nichtangriffspakts mit der Sowjetunion.
1935	Annahme einer neuen, auf Marschall Piłsudski zugeschnittenen autoritären Verfassung; Tod Piłsudskis.
1936	Aufbau des Zentralen Industrizreviers *(COP)*.
1939	Englische Garantien für Polen, Hitler-Stalin-Pakt (23.8.), Überfall zuerst des Dritten Reichs (1.9.), dann auch der Sowjetunion (17.9.) auf Polen; erneuerte Teilung Polens, Bildung einer Exilregierung unter General Sikorski (30.9.).
1940	Ermordung von Zehntausenden von polnischen Offizieren in der Sowjetunion; Beteiligung der polnischen Armee an den Kriegshandlungen im Westen; Errichtung eines Untergrundstaates in den besetzten Gebieten.
1941	Abkommen zwischen der polnischen Exilregierung und der

	UdSSR, Formierung einer polnischen Armee in der Sowjetunion unter General Anders.
1942	Verlegung der polnischen Armee aus der Sowjetunion in den Iran; Beginn der Deportationen aus den jüdischen Ghettos im GG in die Vernichtungslager durch die NS-Behörden.
1943	Aufstand im Warschauer Ghetto (19.4.–16.5.); Abbruch der diplomatischen Beziehungen zwischen der polnischen Exilregierung und der Sowjetunion; Tod von General Sikorski bei Flugzeugabsturz vor Gibraltar.
1944	Gründung einer von Kommunisten geführten Regierung in Lublin; Gespräche zwischen Vertretern der Londoner Exilregierung und den von Stalin unterstützten „Lublinern" in Moskau; Warschauer Aufstand (1.8.–2.10.) wird bei Untätigkeit der Sowjetarmee von den Deutschen niedergeschlagen; Beginn eines Bürgerkrieges in den von den Sowjets besetzten Gebieten.
1945	In Jalta und Potsdam wird Polen „westverschoben", westliche Alliierte drängen auf eine Koalitionsregierung von „Lublinern" und „Londonern".
1947	Wahlen zum *Sejm*, die Kommunisten fälschen das Ergebnis und verfolgen die bürgerliche Opposition.
1948	Zwangsfusion von Sozialisten und Kommunisten zur *PZPR*; Beginn einer rigorosen Stalinisierung Polens und Verschärfung des Terrors.
1952	Verabschiedung einer neuen, Stalin genehmen Verfassung, Polen wird „Volksdemokratie".
1953	Stalin stirbt (5.3.).
1955	Einbindung Polens in den Warschauer Vertrag.
1956	Arbeiterrevolte in Posen, Beginn einer Liberalisierung der *PZPR*, der Nationalkommunist Gomułka wird I. Sekretär; „Polnischer Oktober" – Kraftprobe Gomułkas mit der Sowjetunion, Chruschtschow droht mit Intervention.
1957	Studentenproteste, „Anziehen der Schraube"; „Rapacki-Plan" über kernwaffenfreie Zone in Europa.
1966	Kraftprobe Gomułkas mit der Kirche vor dem Hintergrund des „Millenniums".
1968	Studentenunruhen nach der Absetzung von Adam Mickiewicz' Nationaldrama „Die Totenfeier" durch die Zensur, in der Folge „antizionistische" Kampagne in der *PZPR*, Repressalien gegen Intellektuelle.
1970	Deutsch-polnischer Vertrag; blutig niedergeschlagene Arbeiterunruhen in Danzig und Stettin; Gierek wird I. Sekretär der *PZPR*.
1975	Anfänge einer Protestbewegung anläßlich eines Verfassungsentwurfs, in dem die „Freundschaft mit der Sowjetunion" festgeschrieben wird.

1976	Preiserhöhungen, Streiks und Repressalien gegen die Arbeiter; Gründung des *KOR*.
1978	Karol Wojtyła wird zum Papst gewählt.
1979	Erste Pilgerfahrt des Papstes nach Polen.
1980	Streikwelle im ganzen Land nach erneuten Preiserhöhungen; Abkommen zwischen Regierung und Streikenden auf der Danziger Werft (31. 8.); Gierek wird abgesetzt; Gründung der ersten unabhängigen Gewerkschaft im Ostblock, der *Solidarność*; drohende sowjetische Intervention.
1981	General Jaruzelski wird Premierminister und später auch I. Sekretär der *PZPR*; Verhängung des Kriegsrechts in Polen (13. 12.), Internierung Tausender *Solidarność*-Mitglieder, Tote bei der Erstürmung der Grube „*Wujek*".
1982	Erfolglose Wirtschaftsreform.
1983	Zweite Pilgerfahrt des Papstes nach Polen; Aufhebung des Kriegsrechts.
1984	Ermordung des oppositionellen Priesters Jerzy Popiełuszko durch Beamte des Sicherheitsdienstes.
1985	Öffentlicher Prozeß gegen die Mörder in Thorn; Einführung eines Staats- und eines Verfassungsgerichtshofs.
1987	Die Institution des Ombudsmannes wird eingeführt; ein Referendum über die Wirtschaftsreform der Regierung scheitert.
1988	Erneute Streikwelle im ganzen Land, Aufruf zu einem „Runden Tisch" aller politischen Gruppierungen – von der *PZPR* bis zu der seit 1982 illegalen *Solidarność*.
1989	Verhandlungen am „Runden Tisch"; erste „halbfreie" Wahlen (4. 6.), komplette Niederlage der *PZPR*; Mazowiecki wird erster nichtkommunistischer Premierminister im Ostblock; Beginn radikaler Wirtschaftsreformen.
1990	„Balcerowicz-Plan" in der Wirtschaft; endgültige Anerkennung der Oder-Neiße-Grenze durch das vereinte Deutschland; Präsidentschaftswahlen (9. 12.), Wałęsa wird Staatspräsident; Mazowiecki tritt zurück.
1991	Bielecki wird Premierminister; deutsch-polnischer Nachbarschaftsvertrag unterzeichnet; erste freie Parlamentswahlen (27. 10.); Bildung der Mitte-Rechts-Regierung Olszewski.
1992	Ratifizierung des EG-Assoziierungsabkommens; Sturz der Regierung Olszewski (5. 6.); der neugewählte Premierminister Pawlak bringt keine Koaliton zustande; Wahl von Hanna Suchocka zur ersten polnischen Premierministerin (10. 7.).

Die Teilungen Polens 1772–1795

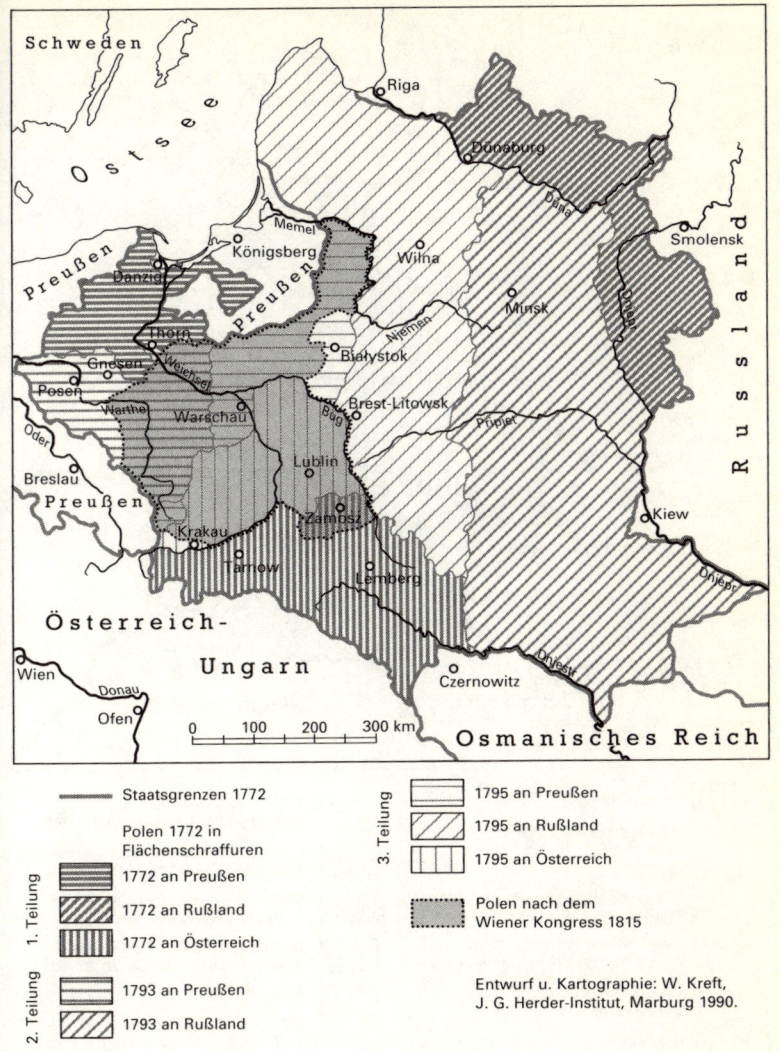

Entwurf u. Kartographie: W. Kreft,
J. G. Herder-Institut, Marburg 1990.

Legende:

— Staatsgrenzen 1772

Polen 1772 in Flächenschraffuren

1. Teilung
- 1772 an Preußen
- 1772 an Rußland
- 1772 an Österreich

2. Teilung
- 1793 an Preußen
- 1793 an Rußland

3. Teilung
- 1795 an Preußen
- 1795 an Rußland
- 1795 an Österreich

Polen nach dem Wiener Kongress 1815

Polen 1918–1939

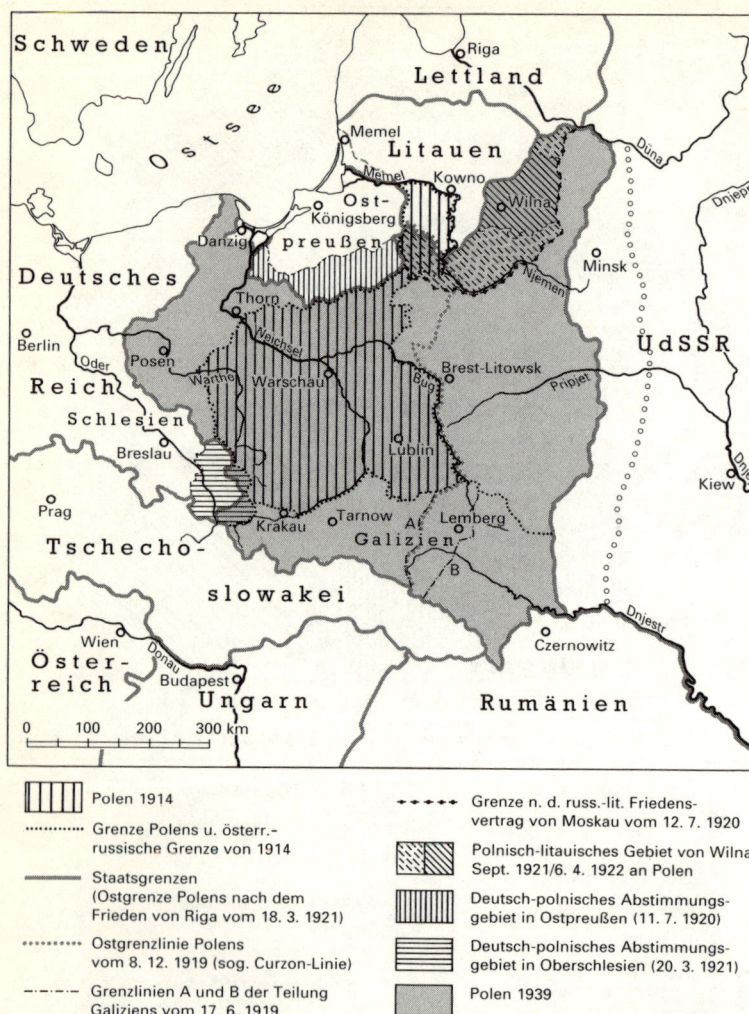

⫴⫴⫴ Polen 1914		••••• Grenze n. d. russ.-lit. Friedens-vertrag von Moskau vom 12. 7. 1920
············ Grenze Polens u. österr.-russische Grenze von 1914		Polnisch-litauisches Gebiet von Wilna, Sept. 1921/6. 4. 1922 an Polen
——— Staatsgrenzen (Ostgrenze Polens nach dem Frieden von Riga vom 18. 3. 1921)		Deutsch-polnisches Abstimmungs-gebiet in Ostpreußen (11. 7. 1920)
·•·•·•·• Ostgrenzlinie Polens vom 8. 12. 1919 (sog. Curzon-Linie)		Deutsch-polnisches Abstimmungs-gebiet in Oberschlesien (20. 3. 1921)
—·—·—· Grenzlinien A und B der Teilung Galiziens vom 17. 6. 1919		Polen 1939
○○○○○ Russischer Vorschlag zur Ostgrenze Polens vom 28. 1. 1920		Entwurf u. Kartographie: W. Kreft, J. G. Herder-Institut, Marburg 1990.

212

Polen 1939–1945

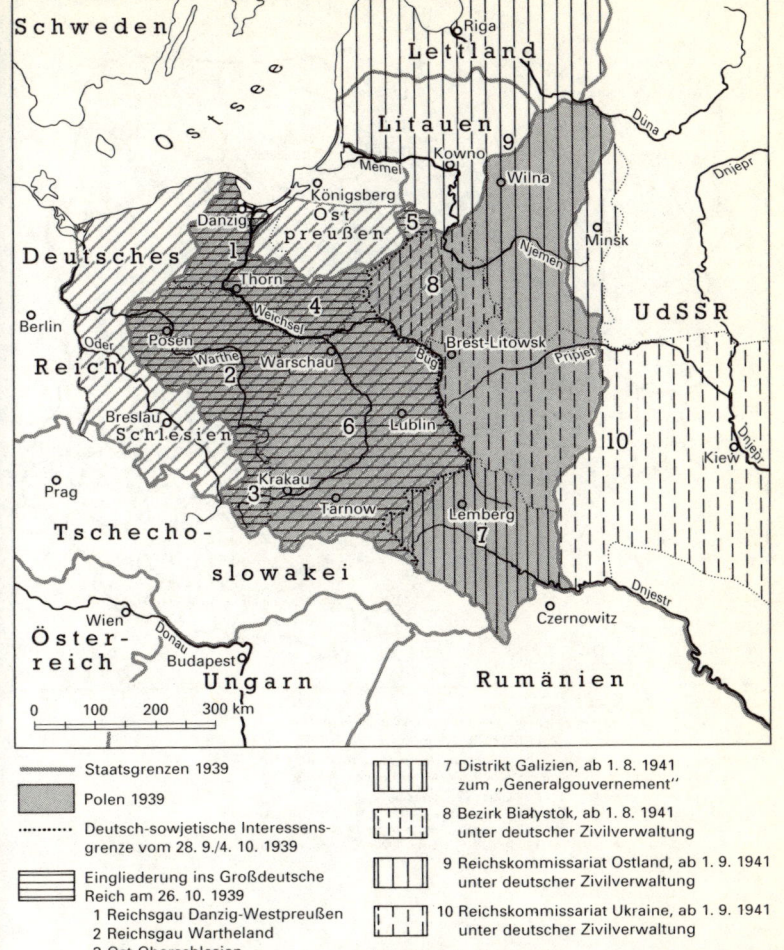

Entwurf u. Kartographie: W. Kreft,
J. G. Herder-Institut, Marburg 1990.

Legend:

~~~~~ Staatsgrenzen 1939

Polen 1939

·········· Deutsch-sowjetische Interessens-
grenze vom 28. 9./4. 10. 1939

Eingliederung ins Großdeutsche
Reich am 26. 10. 1939
  1 Reichsgau Danzig-Westpreußen
  2 Reichsgau Wartheland
  3 Ost-Oberschlesien
  4 Reg.-Bez. Zichenau
  5 Kreis Sudauen

6 „Generalgouvernement", ab 26. 11. 1939
  unter deutscher Zivilverwaltung

7 Distrikt Galizien, ab 1. 8. 1941
  zum „Generalgouvernement"

8 Bezirk Białystok, ab 1. 8. 1941
  unter deutscher Zivilverwaltung

9 Reichskommissariat Ostland, ab 1. 9. 1941
  unter deutscher Zivilverwaltung

10 Reichskommissariat Ukraine, ab 1. 9. 1941
  unter deutscher Zivilverwaltung

Polen nach 1945

213

Die Verwaltungsreform Polens vom 1. Juni 1975

Staatsgrenzen
Wojewodschaftsgrenzen nach dem 1. 6. 1975
Wojewodschaftsgrenzen vor dem 1. 6. 1975
● Wojewodschaftshauptstadt nach dem 1. 6. 1975
○ Wojewodschaftshauptstadt vor dem 1. 6. 1975

Quellen: 1. Polska, mapa administracyjna
(Polen, Verwaltungskarte), 1 : 2.000.000, Warschau 1972.
2. Polska, mapa administracyjna, 1 : 2.000.000, Warschau 1975.
Kartographie: W. Kreft, J. G. Herder-Institut, Marburg 1990.

Aus der Geschichte lernen

Gottfried Niedhart/Dieter Riesenberger (Hrsg.)
Lernen aus dem Krieg?
Deutsche Nachkriegszeiten 1918/1945. Beiträge
zur historischen Friedensforschung
1992. 448 Seiten. 5 Textabb. Abbildungen. Paperback
Beck'sche Reihe Band 446

Fritz Fischer
Hitler war kein Betriebsunfall
3. Auflage. 1992. 272 Seiten. Paperback
Beck'sche Reihe Band 459

Hans Graf von Lehndorff
Die Insterburger Jahre
Mein Weg zur Bekennenden Kirche
26.–30. Tsd. der Gesamtauflage. 1992. 100 Seiten. Paperback
Beck'sche Reihe Band 453

Christian Meier
Vierzig Jahre nach Auschwitz
Deutsche Geschichtserinnerung heute
(Die erste Auflage erschien 1987 unter demselben Titel
im Deutschen Kunstverlag München.)
2., erweiterte Auflage, 1990. 150 Seiten. Paperback
Beck'sche Reihe Band 373

Thomas Assheuer/Hans Sarkowicz
Rechtsradikale in Deutschland
Die alte und die neue Rechte
2., aktualisierte Auflage, 1992. 258 Seiten. Paperback
Beck'sche Reihe Band 428

Otto Dann
Nation und Nationalismus in Deutschland 1770–1990
1992. 363 Seiten. Paperback
Beck'sche Reihe Band 494

Verlag C.H. Beck München

Weltprobleme

Margareta Mommsen (Hrsg.)
Nationalismus in Osteuropa
Gefahrvolle Wege in die Demokratie
1992. 205 Seiten. Paperback
Beck'sche Reihe Band 477

Ernst-Otto Czempiel
Weltpolitik im Umbruch
Das internationale System nach dem Ende des Ost-West-Konflikts
Unveränderter Nachdruck 1991. 142 Seiten. Paperback
Beck'sche Reihe Band 444

Franz Ansprenger
Politische Geschichte Afrikas im 20. Jahrhundert
1992. 208 Seiten. Paperback
Beck'sche Reihe Band 468

Roswitha von Benda
»Dieses Land pack ich nicht«
Junge Deutsche in Israel und der Westbank
Mit einem Nachwort von Shalom Ben-Chorin
1991. 143 Seiten. Paperback
Beck'sche Reihe Band 461

Bassam Tibi
Die fundamentalistische Herausforderung
Der Islam und die Weltpolitik
1992. 273 Seiten. Paperback
Beck'sche Reihe Band 484

Manfred Wöhlcke
Umweltflüchtlinge
Ursachen und Folgen
1992. 132 Seiten mit Tabellen, Schaubildern
und 1 Karte. Paperback
Beck'sche Reihe Band 485

Verlag C.H. Beck München